全国高等院校应用人才培养规划教材·经济管理系列

国际贸易实务教程

主　编　孙　萍

参　编　刘丽杰　周　韧　张桂华

北京大学出版社
PEKING UNIVERSITY PRESS

内容简介

本书以国际货物贸易为研究对象，以合同条款为重点，分十一章全面阐述了国际货物贸易的贸易规则、贸易环节及国际惯例，内容包括国际贸易概述，国际贸易的标的，国际贸易术语，商品价格与核算，国际货物运输，国际货物运输保险，国际货款结算，争议的预防与处理，交易磋商与合同订立，合同的履行以及国际贸易方式。在内容上，本书每章都安排了案例分析，以加深学生对国际贸易实务理论知识的理解。在编写体例上，每章都设有案例导引、本章导读、学习目标、本章小结、思考题、案例分析、技能训练等栏目，以突出对学生的导学作用。

本书可以作为开放大学以及高职高专院校学生的教材，也可作为参加国际商务师、外销员、报关员等资格考试人员的自学参考用书。

图书在版编目(CIP)数据

国际贸易实务教程/孙萍主编. —北京：北京大学出版社，2011.9
(全国高等院校应用人才培养规划教材·经济管理系列)
ISBN 978-7-301-16296-5

Ⅰ.①国…　Ⅱ.①孙…　Ⅲ.①国际贸易－贸易实务－高等学校－教材　Ⅳ.①F740.4

中国版本图书馆 CIP 数据核字(2011)第 176456 号

书　　名：国际贸易实务教程
著作责任者：孙　萍　主编
策 划 编 辑：温丹丹
责 任 编 辑：温丹丹
标 准 书 号：ISBN 978-7-301-16296-5/F·2863
出 版 发 行：北京大学出版社
地　　址：北京市海淀区成府路 205 号　100871
网　　址：http://www.pup.cn
电 子 信 箱：zyjy@pup.cn
电　　话：邮购部 62752015　发行部 62750672　编辑部 62765126　出版部 62754962
印 刷 者：**三河市博文印刷有限公司**
经 销 者：新华书店
787 毫米×1092 毫米　16 开本　13.75 印张　343 千字
2011 年 9 月第 1 版　2014 年 8 月第 2 次印刷
定　　价：27.00 元

前　言

自从我国加入世贸组织以来，对外贸易有了突飞猛进的发展，同时也产生了对国际贸易人才的巨大需求。为促进我国对外贸易的发展，满足企业对进出口技能型人才的需求，许多大中专院校有关专业均开设了国际贸易实务这门课程。

国际贸易实务是一门专门研究国际货物贸易实际业务的课程，它涉及国际贸易法律法规、国际惯例、国际金融、国际运输与保险等相关知识，具有很强的实践性、综合性与应用性。

本书作为开放教育及高职高专的适用教材，在编写上突出以下特点。

第一，内容以必需、实用、够用为原则。本书紧紧围绕应用型人才的培养目标，将外贸业务员职业技能所需要的基本知识纳入书中，并力争做到基本理论简明扼要，实践内容可操作性强，语言表述简洁易懂。

第二，突出课程的实践性特点。每章开篇均通过案例来导入学习内容，以创设学习情境，体现任务驱动式教学；每章的重要知识点处均配有相应的实践案例，以生动诠释理论知识；每章的课后练习均安排案例分析与技能训练，以提高学生分析与解决实际问题的能力。

第三，重视对学习者的导学作用，以迎合学生的自主学习需求。在体例上章前采用案例导引、本章导读、学习目标，章后安排小结、思考题、案例分析、技能训练的形式。

本书由辽宁广播电视大学国际贸易实务课程教学团队编写，其中孙萍担任主编，负责教材的整体设计、审稿以及第一、二、六、七、九章及附录等部分内容的编写，刘丽杰编写第三、四章，周韧编写第五、八章，张桂华编写第十、十一章。

本书在编写过程中，得到长期工作在进出口业务一线的相关人士的指导与帮助，在此谨向他们以及参考文献中的编者表示诚挚的谢意。同时，由于编者水平有限，书中难免存在一定的不足与缺陷，敬请各位读者不吝赐教，以便编者进一步改进与完善。

编　者

2011 年 8 月

前言

目　录

第一章

国际贸易实务概述

案例导引

我国某外贸企业向国外一新客户订购一批初级产品，双方在合同中约定：装运港交货，由卖方负责租船将货物运交我方并办理运输保险，凭即期信用证支付货款。但我方付款赎单后，装运船只却一直未到达目的港，后经多方查询，发现承运人是一家小公司，而且在船舶起航后不久已宣告倒闭，承运船舶是一条旧船，目前船、货均告失踪，此系卖方与船方互相勾结进行诈骗，导致我方蒙受重大损失。

问题：我方应从中吸取哪些教训?

评析：国际贸易活动中，买卖双方来自不同的国家，距离较远且很难相互了解，加上中间环节多、程序复杂，这些因素决定了国际贸易的买卖双方要面对比国内贸易更大、更多的风险。其中，欺诈风险就是诸多风险之一。本案是一件卖方与船方共谋欺诈买方货款的典型案例。我方应从中吸取的教训是：在交易前必须做好客户的资信调查工作，以防上当受骗，尤其是在与新客户做大宗买卖时，更应如此。其次，在订立合同时，要尽可能争取对自己有利的贸易条件，以保护自己的利益，如大宗初级产品的进口交易，在正常情况下，应尽可能争取按我方自己租船装运和办理保险的条件成交，或必要时指定装运船只的船名或所属的船公司，以减少风险。

本章导读

国际贸易是国际间所进行的商品交换活动，其具体运作过程涉及国际贸易法律法规、国际惯例、国际结算、国际货运与保险等多方面内容。本章将为您介绍国际贸易的特点与风险，国际贸易适用的法律规范，以及国际贸易的基本程序。通过本章的学习，您可以对国际贸易实务的具体环节和操作方法有个基本的了解。

学习目标

掌握国际贸易的特点与风险；

熟悉国际贸易的基本程序；

了解国际贸易的法律法规与国际惯例。

第一节 国际贸易的特点与风险

国际贸易泛指世界各国（地区）之间所进行的以货币为媒介的商品交换活动。国际贸易有广义和狭义之分，广义的国际贸包括国际货物贸易、国际服务贸易与国际技术贸易，狭义的国际贸易仅指国际货物贸易。本书所指的国际贸易是狭义的国际贸易，即国际货物贸易。

一、国际贸易的特点

由于国际贸易的贸易环境、贸易条件和贸易做法远远比国内贸易复杂，因此，国际贸易具有许多不同于国内贸易的特点，具体体现在以下几方面。

（1）属跨国交易，贸易环境错综复杂。国际贸易的交易双方处于不同的国家或地区，各国的经济情况、政治制度、文化背景和价值观念各不相同，买卖双方在进行贸易磋商和履行合同的过程中，必然会涉及因上述差异所导致的双方在贸易政策、法律法规、贸易惯例上的冲突。因此，较国内贸易相比，国际贸易所涉及的问题更为复杂。

（2）线长面广，中间环节多。国际贸易的业务中间环节多、涉及面广，如主要环节有：进出口审批、获取产地证、商检、仓储、运输、保险、报关、制单结算、外汇核销、退税等，除了买卖双方当事人外，还涉及中间商、代理商、承运人、银行等相关人员。只有当各个环节相互配合、紧密衔接才能保证整个交易的顺利完成，相反，若一个环节出了问题，则将影响整笔交易的正常进行。

（3）容易受国际局势变化的影响，具有不稳定性。国际贸易容易受到国际政治、经济形势和各国政策变化的影响，尤其是在国际局势动荡不定、国际金融市场与国际市场价格多变的情况下，国际贸易的不稳定性更加明显。

（4）面临的风险更大、更多。在国际贸易中，交易双方的成交量通常比较大，商品在远距离运输的过程中，遇到各种自然灾害、意外事件和其他各种外来风险的可能性随之增加，加上国际政治、经济形势多变，使得国际贸易的风险程度远远高于国内贸易。

上述特点要求从事国际贸易的相关业务的人员，不仅要掌握国际贸易的基本原理、基本知识和基本技能与方法，而且还应具备驾驭市场和随机应变的能力。以确保社会经济效益的顺利实现。

二、国际贸易的风险

国际货物买卖中，交易双方来自不同的国家和地区，交易过程涉及复杂的国际政治、法律环境。因此，较国内贸易相比，国际贸易的风险更大，具体体现在以下几方面。

1. 信用风险

国际贸易中，买卖双方来自不同的国家和地区，交易一方对另一方的经营情况、资信情况等很难充分了解。在这种情况下，交易的一方向另一方提供信用，如卖方承诺收到预付货款后必然履行发货义务，或买方承诺收到货物后必然履行付款义务，一旦提供信用一方出现道德不良、客观上没有能力履行承诺或市场发生不利变化等情况，则另一方就可能发生信用风险。因此，为了回避与降低信用风险，国际贸易的参与主体必须重视市场行情调研与客户资信调查工作，做好过程监控。

2. 运输风险

国际贸易中，货物要经过长途运输才能到达买方所在地。在整个运输、装卸和储存过程中，可能发生各种因自然灾害或人为因素所导致的难以预测与回避的风险而使货物受损。为了能在货物遇险受损时得到相应的补偿，当事人应综合考虑货物特性、包装与运输情况、时事政局等多方面因素，进行合理投保。

3. 汇率风险

国际货款结算往往会涉及多个国家的货币，而各国汇率通常处于不断变化之中，有的甚至非常不稳定，波动幅度较大。如果在签订合同或在货款结算的时间段内，支付货币的汇率发生变化，则会给双方收益带来影响。因此，买卖双方应尽可能争取有利于自己的支付条件，规避汇率风险。

4. 政治风险

国际贸易是涉及不同国家的经济活动，如果其中一国的贸易政策，如关税、外汇管理、进出口限制等发生变化，或是发生暴乱与政局不稳的情况，都有可能给贸易双方带来风险。因此，在国际贸易中，与政治风险高的国家和地区发生贸易时要有较高的政治警惕性。

5. 欺诈风险

欺诈风险是国际贸易中最大的风险，它是由贸易一方向另一方故意告知虚假信息或隐瞒实情等欺诈行为所导致另一方已经或必将遭受财产损失的风险。它可能发生在合同订立、货物运输及货款结算等不同的贸易阶段；欺诈主体可能是进出口商中的一方或双方，或贸易一方与船东共谋，或船东自谋；欺诈目标可能是订金、货款、货物及保险金等。

6. 法律风险

国际贸易中，由于各国的法律体系不同，特别是英美法系和大陆法系国家之间的法律分歧很大，导致当事人对合同条款的理解不一致。因此，国际贸易不可避免的会遇到在法律适用方面的分歧与争议。这就要求交易双方必须要对各国的法律及国际贸易公约与惯例有相当地掌握，以规避国际贸易中的法律风险。

国际贸易的复杂性决定了买卖双方在交易过程中不可避免的面临上述风险，因此，从事国际贸易的专业人员必须具备广泛的专业知识、技能与方法，以规避上述风险的发生或尽可能降低风险带来的损失。

第二节　国际贸易的法律规范

国际货物贸易即是一种经济行为，又是一种法律行为。因此，国际贸易活动必须符合一定的法律规范，即符合各国的国内法、国际条约和国际惯例共同组成的法律框架，才能保证参与主体的权益不受侵害，进而使国际贸易活动持续、健康地发展。

一、国内法

国内法是指由某个国家制定或认可并在本国主权管辖范围内生效的法律。国际货物买卖合同必须符合国内法，即符合某个国家制定或认可的法律。我国《民法通则》对货物买卖关系作了原则性的规定：订立合同，包括涉外合同，都必须遵守我国法律，即使依照法律规定适用于外国法律或者国际惯例的也不得违背我国的社会公共利益。

但是，国际贸易活动中的买卖双方来自不同的国家，而不同的国家往往对同一问题有着不同的法律规定，这就产生了所谓的“法律冲突”，即适用哪国的法律处理争议的问题。为了解决这种“法律冲突”，确保国际贸易的顺利进行，各国通常在国内法中规定“冲突规范”来予以应对。如我国《合同法》规定：除法律另有规定外，国际贸易当事人在签订合同时，可以在合同中规定处理争议所适用的法律，即可以选择我国法律，也可以选择对方所在国法律或双方同意的第三国法律或有关的国际条约来处理合同争议，如果买卖双方未在合同中明确规定处理合同争议所适用的法律，则一旦发生争议，由受理争议的法院或仲裁机构依照交易的具体情况来认定“与合同有最密切关系的国家”的法律进行处理。

二、国际贸易惯例

国际贸易惯例是指在国际贸易实践中逐渐形成并被大多数国家所认可和遵循的，关于国际货物买卖合同双方当事人权利与义务的习惯做法和解释。国际贸易惯例涉及国际贸易活动的很多方面，对国际贸易活动有很重要的指导和约束作用。

在国际贸易活动中，由于各国在文化背景、风俗习惯和法律制度的差异，使得不同国家或地区有不同的贸易做法，这给贸易双方带来了很多的麻烦与纠纷，阻碍了国际贸易的顺利开展。因此，在长期的国际贸易实践中，为了达成共识，避免和减少纠纷，贸易商们自发组织起来，将一些习惯做法和解释进行总结，并编撰成文，作为都能接受的行为规范加以推广。

（一）国际贸易惯例的特点

1. 有明确具体的内容且为许多国家或地区所认可

任何一种国际贸易惯例，都不是国家政府之间通过国际会议讨论形成的，而是由地区、行业、国际社会组织或商业团体对国际贸易中的一些习惯做法进行整理，并编撰成文，其中对有关术语、名词给予了明确的定义和解释，并被多数国家所接受和认可。

2. 不具有法律强制性

国际贸易惯例虽然具有明确的内容，可以作为国际贸易行为规范使用，但它不是国际法律，对当事人没有普遍的强制性。只有在下列情况下，国际贸易惯例才对当事人具有法律约束力：第一，当事人在合同中明确表示选用某项国际惯例；第二，当事人没有排除对其已知道或应该知道的某项惯例的适用，而该惯例在国际贸易中为同类合同的当事人所广泛知道并经常遵守，则视为当事人已默认采用该项惯例。

3. 内容随着实践的发展不断更新

国际贸易惯例比法律更具有灵活性，它的内容、形式及实现手段并不是一成不变的，而是可以随着国际贸易实践的发展而不断地被丰富、更新和修订，以更好地满足实践发展的要要。

（二）国际贸易惯例的适用

当事人在合同中约定适用的国际贸易惯例时，该惯例对当事人具有法律约束力，但不得与合同选择适用的国内法相冲突，如果合同中某一条款与引用的国际惯例对同一问题有不同规定，则只要合同依法成立，可以否定国际贸易惯例的法律效力。

主要的国际惯例

1. 关于贸易术语的国际惯例

（1）国际商会的《国际贸易术语解释通则》是国际货物贸易中最重要的国际惯例。其中，《2000 年国际贸易术语解释通则》解释了 13 种贸易术语的国际惯例；《2010 年国际贸易术语解释通则》解释了 11 种贸易术语的国际惯例。

（2）国际法协会的《1932 年华沙—牛津规则》，该规则主要制定了 CIF 贸易术语的国际惯例。

（3）美国九大商业团体的《1941 年美国对外贸易定义修订本》，该修订本主要说明了 6 种 FOB 贸易术语的国际惯例。

2. 关于国际结算的国际惯例

（1）国际商会的《跟单信用证统一惯例》（2007 年修订，国际商会第 600 号出版物）简称《UCP600》，该惯例对信用证业务中涉及的银行、贸易商及其他相关当事人的权利和义务关系作了明确规定和统一解释。

（2）国际商会的《托收统一以及规则》（1996 年修订，国际商会第 522 号出版物），该惯例对托收业务中，委托人和银行间的权利与义务关系进行了明确规定。

三、国际公约

国际公约，也称国际条约、国际协定，是两个或两个以上主权国家为明确彼此在政治、经济、文化、军事等方面的权利和义务而缔结的，诸如公约、协定、议定书等各种书面协议的总称。国际公约是缔约国之间开展经济贸易往来所必须遵守的准则。

（一）国际公约的适用

国际公约对缔约国之间的一切经济活动都具有法律约束力。但如果当事人所在国在加入公约时提出保留内容，则当事人必须遵守而不得排除或改变。国际公约对非缔约国之间的经济贸易活动并不具有强制性，当事人可以通过在合同中选择适用某一国家的法律来排除公约的适用，或在合同中约定部分的适用公约或对公约内容进行改变。

我国《民法通则》规定：我国缔结或参加的国际公约同我国民事法律有不同规定的，适用国际公约的规定，但我国声明保留的条款除外。

主要的国际公约

1. 有关国际贸易合同的国际公约

（1）联合国国际贸易法委员会制定的《联合国国际货物买卖合同公约》。该公约是我国国际贸易中最重要的一项国际条约。

（2）联合国国际贸易法委员会与国际私法联合会共同制定的《国际货物买卖合同法律适用公约》。该公约是一项统一冲突法的公约，旨在解决各国货物买卖合同的法律冲突问题。

2. 关于国际货物运输的国际公约

（1）几个主要海运国家制定的《统一提单的若干法律规定的国际公约》，简称《1924年海牙规则》。该规则是海上货物运输最重要的国际公约，但内容过于偏袒船方利益。

（2）国际海事委员会制定的《1968年纳比期规则》。该规则对《1924年海牙规则》进行了修改，但仍较偏袒船方利益。

（3）联合国国际贸易法委员会制定的《1978年联合国海上货物运输公约》，简称《1978年汉堡规则》。该规则加重了船方的责任，比较公平地划分了船、货双方的权利与义务关系。

3. 关于国际贸易支付的国际公约

以法国、德国等欧洲大陆国家为主的多个国家制定的《日内瓦统一票据公约》。该公约作为大陆法系的统一票据法，与英美法系的《英国票据法》、《统一商法法典》并存。

（二）《联合国国际货物买卖合同公约》

《联合国国际货物买卖合同公约》，以下简称《公约》，是关于国际货物贸易的主要国际公约。该公约是联合国国际货物贸易法委员会为了照顾到不同的社会、经济和法律制度而制定的国际货物销售合同统一规则，以减少国际贸易的法律障碍，在平等互利基础上促进国际贸易的发展。该公约自1988年1月1日起生效。

我国加入《公约》时提出了两项保留。

1. 关于《公约》适用范围的保留

根据《公约》第1条第（1）款a项规定，如果双方当事人的营业地处于不同国家，而且这些国家都是该公约的缔约国，则该公约适用于他们之间订立的货物贸易合同，即该公约适用营业地处于不同缔约国的当事人之间订立的贸易合同。对于这一点我国没有异议。但该款b条规定，只要双方当事人的营业地处于不同的国家，即使他们的营业地所在国不是公约的缔约国，但如果按照国际私法规则导致适用某缔约国的法律，则该公约也将适用于这些当事人之间订立的国际货物买卖合同。这项规定扩大了公约的适用范围，限制了缔约国国内法的适用。因此，对于这一点，我国提出了保留，即我国只承认《公约》的适用范围仅限于营业地分处于不同缔约国的当事人间所订立的货物贸易合同。

2. 国际贸易买卖合同书面形式的保留

《公约》第11条规定，国际货物买卖合同不一定要以书面形式订立或以书面形式证明，在证明方面不受任何条件的限制，即国际货物买卖合同可以用口头或书面形式成立。对此我国提出了保留，即我国认为国际货物买卖合同必须采用书面形式。

第三节 国际贸易的基本程序

在国际贸易中，交易方式和成交条件不同，其业务环节也不尽相同。但总的来说，不论进口贸易还是出口贸易，一般都包括交易前的准备、合同的商订、合同的履行三个阶段。其中，交易前的准备是合同的商订与履行得以顺利进行的前提与基础，合同的商订是双方能否达成协议和确定各自权利、义务与责任的关键阶段，而合同的履行阶段则是买卖双方按照合同条款履行义务和行使的权利。

一、出口贸易的基本程序

（一）交易前的准备

出口贸易前的准备工作主要包括：开展国际市场调研、编制出口计划、选择适销的目标市场与资信较好的客户、落实货源并作好备货、制定出口商品营销方案或价格方案等内容。国际市场调研主要是对国外的商品供求、产品结构、价格趋势、市场竞争、贸易限制、社会文化及客户资信等内容进行调查。编制出口计划，是为了加强对出口业务的管理，使其各个环节做到紧密衔接、相互配合。此外，出口前还要了解本国出口贸易的有关政策和规定，如出口退税、出口奖励、出口信贷支持等鼓励政策，出口经营权与经营范围、出口许可与配额、出口收汇管理等规定。

（二）出口合同的商订

在做好上述准备工作的基础上，通过函电联系或当面洽谈等方式，与外商就交易商品的品名、品质、数量、包装、价格、交货、支付等内容进行磋商。磋商的一般程序是：询盘、发盘、还盘和接受，当一方的发盘被另一方接受后，合同即告成立。在国际贸易磋商中，可以采用书信、电报或传真等书面形式，也可以是口头形式。但我国法律规定，国际贸易合同的成立必须采用书面形式。

（三）出口合同的履行

出口合同订立后，交易双方就要根据重合同、守信用的原则，履行各自承担的义务。合同履行的具体程序要视合同中的交易条件而定，如按 CIF 条件和信用证付款方式达成的交易，就卖方而言，出口合同主要履行包括下列各环节的工作：落实信用证；租船订舱；商品检验；申报出口且海关放行；办理保险，取得保险单据；装船，缮制、备妥有关单据；向银行交单结汇，收取货款；办理出口退税。

二、进口贸易的业务程序

（一）交易前的准备

进口交易前的准备工作，主要包括下列事项：国际市场调研；编制进口计划；选择采购市场和供货对象；制订进口商品经营方案或价格方案等。此外，进口交易前还应了解国内的进口政策，如对进口许可证与进口限额、外汇管制等规定。

（二）进口合同的商订

进口合同的磋商与订立与出口合同的程序和做法基本相同，但由于所处的立场不同，对贸易条件提出的要求也有所区别，如出口合同商订时要设法提高价格，而进口合同商订时要尽可能地降低价格。此外，进口合同商订时，如属购买高新技术、成套设备或大宗交易，还应注意选配好洽谈人员，组织一个技术全面且精明能干的谈判团队。

（三）进口合同的履行

进口合同的履行与出口合同的履行程序相反，工作侧重点也不一样。如按 FOB 条件和信用证付款方式成交的合同，买方履行合同一般包括下列事项：申报进口许可；按合同规定向银行申请开立或修改信用证；租船订舱到对方口岸接运货物，催促卖方备货装船；收到装船通知后，办理货运保险；审核有关单据，在单证相符时付款赎单；货物到港后，办理进口报关手续；提货与报验；收货等。

进口贸易与出口贸易的一般流程如图 1-1 所示。

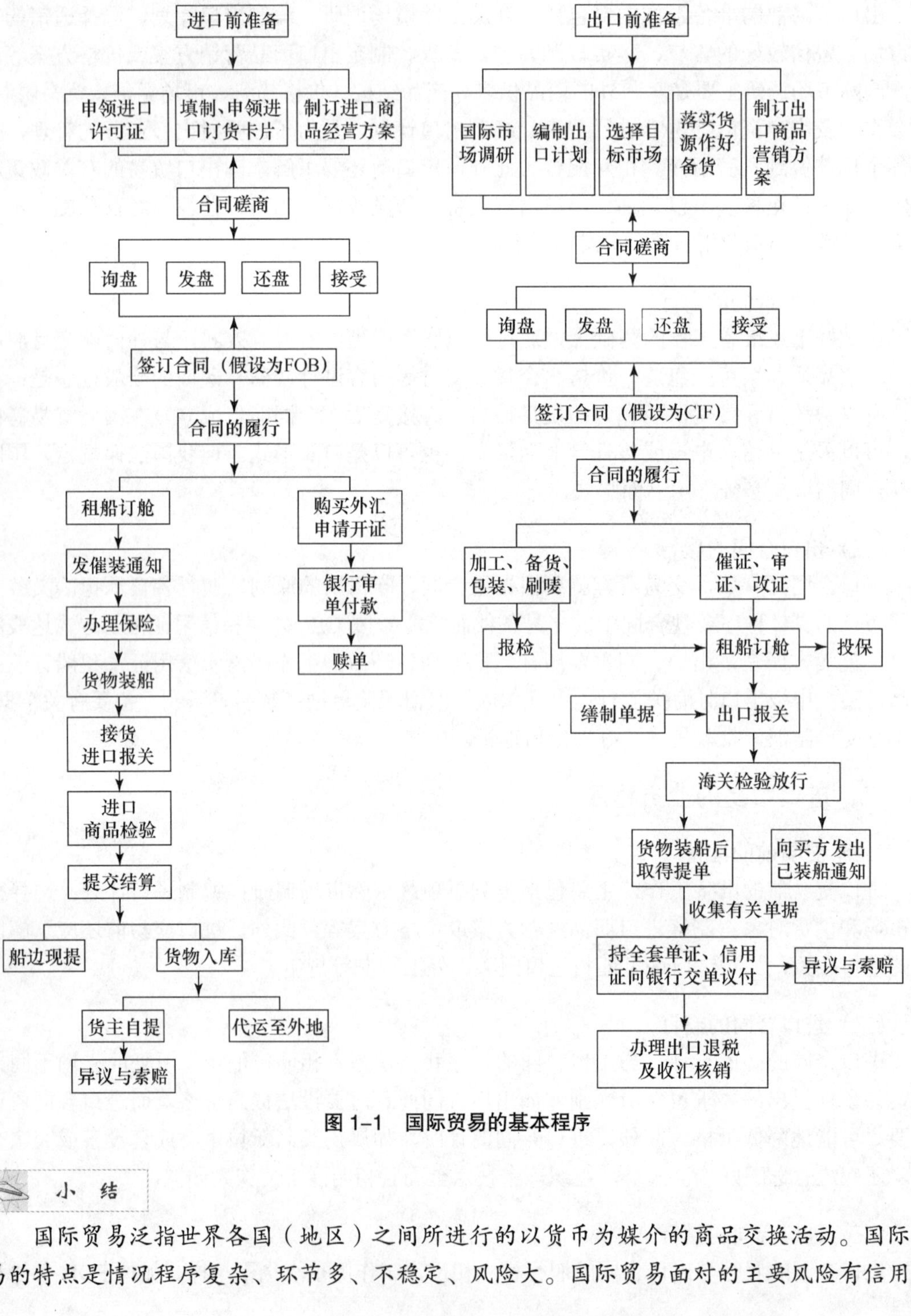

图 1–1 国际贸易的基本程序

小 结

国际贸易泛指世界各国（地区）之间所进行的以货币为媒介的商品交换活动。国际贸易的特点是情况程序复杂、环节多、不稳定、风险大。国际贸易面对的主要风险有信用风险、运输风险、汇率风险、政治风险、欺诈风险、法律风险。国际贸易的法律规范框架包括国内法、国际贸易惯例和国际公约。国际贸易的基本业务程序包括交易前的准备、进出口合同的商订、进出口合同的履行三个阶段。

思考题

（1）国际贸易的特点是什么？

（2）国际贸易面临的风险有哪些？

（3）国际贸易适用的法律规范有哪些？

（4）我国在加入《公约》时作了哪两项保留？

（5）进出口贸易的一般程序是什么？

案例分析

（1）美国商人 A 出售一批 IBM 电脑给中国香港商人 B，双方在美国签订了一份以 CIF 条件成交的贸易合同，货运目的港为中国香港。但在合同执行过程中，双方对合同的形式与解释发生了争议。问此项合同适用哪个国家的法律，为什么？

（2）我国 A 公司跟美国 M 公司以 FOB 条件签订了一笔工艺品出口业务。在此之前，两公司间就相互熟识，只是从未成交过。因此，在 M 公司坚持要以电汇方式支付货款并称这样节约费用对双方有利时，我方考虑双方长时间交往还算彼此了解且此单金额并不大，就答应了对方的要求。在装完货收到提单后即传真给客户。M 公司收到提单后，也很快将货款汇给我方。第一单非常顺利。一个月后 M 公司与我方又签了一个大单，并再次要求以电汇付款，我方同意，于是将货物装运出港。但付款期限已到，我方仍未收到对方货款。调查后获悉，客户在没有正本提单的情况下已提走货物，后虽经我方多次索要货款，但客户均以各种理由拖延，半年后客户人去楼空，传真、E-MAIL 不通，4 万多美元如石沉大海。问我方应吸取哪些教训？

技能训练

（1）以一家出口公司为例，写出该公司的出口贸易流程。

（2）以一家进口公司为例，写出该公司的进口贸易流程。

第二章

国际贸易合同的标的

案例导引

我方S公司与某外商E公司签订了一项冷冻北京鸭的出口合同。合同规定，S公司向E公司出口带头、翼蹼、无毛的一级冷冻填鸭10公吨，冷冻鸭须按照伊斯兰教的方法屠宰，由中国伊斯兰教协会出具有关证明。合同履行中，S公司认为伊斯兰教的宰杀方法会影响冻鸭的外观，于是采用最科学的屠杀方式，即自鸭子口中进刀，将血管割断放血后加工速冻，并请中国伊斯兰教协会出具了“此批冷冻北京填鸭确系采用伊斯兰教方法屠宰”的证明文件。但货物运至E公司所在地后，经当地卫生部门检验，发现这批冻鸭是“钳宰杀法”屠杀，与合同规定的“按伊斯兰教方法屠杀”条款不符。于是，E公司拒绝收货和付款，并通知S公司，要么将冻鸭就地销毁，要么将冻鸭运回。

问题：试分析我方应如何处理？为什么？

评析：在本案中，合同品质条款“一级北京冻鸭”属于用等级表示商品的品质，“伊斯兰教宰杀法”属于用标准表示商品的品质。在履行合同时，中方S公司虽然出自善意，且利用了最先进的科学屠宰方法，但由于擅自改变屠宰方法，违反了双方合同中关于商品品质的约定。根据《公约》规定，卖方有按合同规定的商品品质交货的义务，否则视为违约。因此，中方S公司不仅应承担退货、往返运费和销售差价等一切违约责任，还要承担由此对E公司带来的损失。

本章导读

“标的”是合同中有关当事人权利与义务关系的共同指向对象。在国际贸易合同中，标的条款包括商品的品名、品质、数量、包装四个条款，这四个条款是构成国际货物买卖合同的基本条件。因此，买卖双方洽商交易和订立合同时，必须就合同的标的物及其质量、数量与包装这些主要交易条件在合同中作出明确具体的规定。本章将主要为您介绍合同中商品的品名、品质、数量及包装条款的主要内容。

学习目标

掌握商品品名、品质、数量的表示方法；

掌握运输标志的基本内容；

熟悉合同中商品品名、品质、数量与包装条款的主要内容及注意事项；

了解商品包装的种类和作用。

第一节　商品的品名

在国际贸易中，成交的商品是买卖双方当事人权利与义务所共同指向的对象，没有确定的商品名称，交易就无法展开。因此，商品品名条款是买卖合同中不可缺少的一项主要条款，交易双方在订立买卖合同时，必须列明商品名称。

一、商品品名及其命名方法

商品的品名是能使某种商品区别于其他商品的一种称呼或概念，在一定程度上，商品的品名体现了商品的自然属性、用途以及主要的性能特征，是对成交商品的概要性描述，也是商品说明的一个主要组成部分。

通常商品品名的命名方法有：以商品的主要用途命名，如消毒液、电风扇等；以商品所使用的主要原材料命名，如羊毛衫；以商品的主要成分命名，如人参珍珠霜；以商品的外观造型命名，如喇叭裤；以商品的制作工艺命名，如酿造酱油、精制油；以人物命名，如王致和豆腐乳。

二、合同中的品名条款

合同中的品名条款通常是在“商品名称”或“品名”（Name of Commodity）的标题下，列明交易双方成交商品的名称。有时为了省略起见，也可不加标题，只在合同的开头部分，列明交易双方同意买卖某种商品的文句。

品名条款的规定，还取决于成交商品的品种和特点。就一般商品来说，有时只要列明商品的通用名称即可，如原油、棉花等。但有的商品往往具有不同的品种、等级和型号。因此，为了明确起见，也有把有关具体品种、等级或型号的概括性描述包括进去，作进一步限定，如“特级中国绿茶”“山东花生仁”。此外，有的品名条款还包括商品的品牌、品质规格，如“海尔 29 英寸等离子电视机”，在此情况下，它就不单是品名条款，而是品名条款与品质条款的合并。

三、规定品名条款的注意事项

（一）必须明确、具体

由于商品命名的方法多种多样，因此，在规定品名条款时，必须订明交易标的物的具体名称，避免空泛、笼统或含糊，最好能确切反映商品的用途、性能和特点，以便于合同的履行。

（二）力争实事求是

合同条款中规定的商品品名，必须是卖方能够供应而买方又需要的商品，凡做不到或不必要的描述性词句，都不应列入，以免给履行合同带来困难。

（三）尽可能使用国际上通用的名称

有些商品的名称，各地叫法不一，为了避免误解，应尽可能使用国际上通行的称呼。若使用地方性的名称，交易双方应事先就其含义达成共识。对于某些新商品的定名及其译名，应力求准确、易懂，并符合国际上的习惯称呼。

(四) 其他

因为商品品名的不统一，对于那些名称不同的同一商品，有些国家对其征收不同的关税和班轮运费，或对其实施的进出口限制不同。因此，在确定商品的品名时，应注意选用对自己有利的品名，以降低关税、节省运费开支和方便进出口。

第二节 商品的品质

在国际贸易中，商品品质是决定商品的使用效能与价格的重要因素，也是买卖合同中不可缺少的一项主要交易条件。《公约》规定：卖方交货必须符合合同约定的质量，如卖方交货不符合约定的品质条件，买方有权要求损害赔偿，也可以要求修理或交付替代货物，甚至可以拒收货物和撤销合同。因此，合同中商品的品质条款具有重要的法律和实践意义。

一、商品品质的含义

商品品质（Quality of Goods）是商品的内在品质和外观形态的综合反映。商品的内在品质包括商品的物理性能、机械性能、生物特征、化学成分等自然属性，一般需要借助各种仪器加以辨识。商品的外观形态包括货物的外形、色泽、款式、味觉、嗅觉等，一般通过人们的感官就可以直接辨认。

二、商品品质的表示方法

国际贸易中，商品种类繁多，不同种类的商品，品质表示方法不同，即使是同一种商品，可能会因自然条件、技术和工艺水平以及原材料的使用等因素而使商品品质有所差别。这就要求买卖双方在商订合同时，必须就商品品质作出明确、具体的规定，以确保交易的顺利进行。国际上，商品品质的表示方法很有多种，归纳起来，主要可以分为两大类：以实物表示和以文字说明表示。

(一) 以实物表示商品品质

1. 看货买卖

看货买卖（Sale by Merchandise on Hand），即买卖双方根据成交商品的实际品质进行买卖。通常是先由买方或其代理人在卖方所在地验看货物，达成交易后，卖方即应按验看过的商品交付货物。只要卖方交付的是验看过的商品，买方就不得对品质提出异议。

在国际贸易中，由于交易双方远隔两地，买方到卖方所在地验看货物有诸多不便，即使卖方有现货在手，买方也有代理人代为验看货物，也无法逐件查验。所以，在国际贸易中，看货成交的交易较少，仅适用于寄售、拍卖和展卖业务，或是鲜活商品、古玩、字画及一些工艺品的贸易。

2. 凭样品买卖

凭样品买卖（Sale by Sample）是指卖方或买方先提交若干个能代表商品品质的少量实物，并以此作为将来交货时确定商品品质的标准，卖方必须保证以后交付的商品品质与样品一致。凭样品买卖尤其适用于品质很难用文字说明的货物。

在国际贸易中，凭样品买卖根据样品提供方的不同，可分为以下几种。

（1）凭卖方样品买卖。凭卖方样品买卖（Sale by Seller's Sample），是指交易中以卖方提供的样品作为交货的品质依据。凭卖方样品买卖中，买卖双方在合同中应订明："品质以卖方样品为准"（Quality as Per Seller's Sample）。这时，卖方所交整批货物的品质，都必须与其提供的样品相符。

凭卖方样品买卖时，卖方应注意以下问题。

① 样品的品质应具有代表性，通常在大批货物中选择中等的平均水平为准。

② 应留有底样，即留有"复样"。"复样"最少应留有三份，一并送检验机构编号封样。之后，一份寄给买方，一份自己留存，另一份由检验机构留底，以备将来组织生产、交货及处理质量纠纷之用。留存的复样应妥善保管，对于某些易受环境影响而改变质量的样品，应采取适当保护措施，以确保样品质量的稳定。

③ 寄发样品和留存复样时，要注意编号和注明日期，以便日后查找。

④ 要给履约留有一定余地，在合同中加列"品质与样品大致相同"条款，以利于卖方日后交货。

（2）凭买方样品买卖。在国际贸易中，买方为了使其订购的商品符合自身要求，有时也提供样品交由卖方依样承制，如卖方同意按买方提供的样品成交，称为凭买方样品买卖（Sale by Buyer's Sample），也称来样成交。采用这种品质表示方法时，买卖合同中应订明："品质以买方样品为准"（Quality as Per Buyer's Sample）。日后，卖方所交全部货物的品质必须与买方样品相符。

凭买方样品买卖时，卖方应注意以下问题。

① 所承制的商品必须符合国内相关法律要求。

② 要注意自己的原料、出口能力及加工能力等能否满足合同的需要。

③ 合同中要对工业产权问题作出规定。《公约》第 42 条规定：若卖方按照买方提供的技术图纸、规格等进行生产和交货，如果第三方根据工业产权或其他知识产权要求任何权利或其他要求时，卖方可不负责任。

（3）凭对等样品买卖。在国际贸易中，谨慎的卖方往往不愿意承接凭买方样品交货的交易，以免因交货品质与买方样品不符而招致买方索赔、甚至退货的危险。在此情况下，卖方可根据买方提供的样品，加工复制出一个类似的样品交买方确认，这种经确认后的样品，称为"对等样品"或"回样"，也有称之为"确认样品"（Confirming Sample）。当对等样品被买方确认后，则日后卖方所交货物的品质将必须以对等样品为标准。

案例 2-1 凭样品成交案例

我国某出口商与某一越南客商达成一笔凭样品成交的铁质镰刀出口贸易。合同中规定商品复验有效期为货物到达目的港后的 60 天。货物到目的港经越商复验后，未提出任何异议。但事隔半年，越商来电称：镰刀全部生锈，只能降价出售，因此要求我方按成交价格的 40%赔偿其损失。我方接电后立即查看我方留存的复样，也发现类似情况。问：我方应否同意对方的要求，为什么？

提示：我方不应同意对方的要求。因为，此笔交易系凭样品成交，虽事发后发现留存复样有同样问题。但铁质镰刀生锈的原因不是镰刀这一商品的自身内在缺陷，而是因为管理不当镰刀发生了氧化所致，系是商品本身的自然属性。尽管我方留存的复样也存在着类似现象，但我方也不能同意对方的要求。更何况半年已经超过了合同中规定的 60 天复验期。

（二）以文字说明表示商品品质

1. 凭规格、等级买卖

（1）凭规格买卖。商品规格是指一些足以反映商品品质的若干主要指标，如化学成分、含量、纯度、性能、容量、长短、粗细等。在国际贸易中，用规格来表示商品品质的方法称为凭规格买卖（Sale by Specification）。这种方法较为方便、准确，在国际贸易中应用最为广泛。具体业务中，对于适于凭规格买卖的商品，买卖双方洽谈交易时，应提供具体的规格来说明商品的基本品质状况，并在合同中订明。

例 1：China Sesameseed

Moisture（max.）　6%

Admixture（max.）　2%

Oil Content（wet basis ethylether extract）　54%

中国芝麻

水分（最高）　6%

杂质（最高）　2%

含油量（湿态，乙醚浸出物）　54%

例 2：

Print Shirting	Yarn (counts)	No.of Threads (per inch)	Width (inch)
	20×26	62×59	25/26″
印花布	纱支（支数）	纱线密度（每英寸）	幅宽（英寸）
	20×26	62×59	25/26″

（2）凭等级买卖。商品的等级是指对同一类商品按照其规格中若干主要指标的差异，用文字、数字或符号将其分为不同的品质等级。用等级来表示商品品质的方法称为凭等级买卖（Sale by Grade）。这种品质表示方法通常比较适合于买卖双方均熟悉具体等级内容的商品。

将同一类商品划分出不同的等级，是长期生产和贸易实践的结果。不同等级的商品，其具体规格也不相同。如果买卖双方对所交易商品的等级内容理解一致，则双方只需在合同中订明等级即可。但为了便于合同的履行，避免买卖双方因对交易商品等级理解的不同而发生分歧和争议，双方在品质条款中列明等级的同时，最好一并列明每一等级的具体规格，尤其对于双方都不熟悉的等级内容。例如，我国出口钨砂时，合同中的品质描述不仅可以根据其三氧化钨和锡含量的不同，分为特级、一级和二级三种，且每一级都规定具体规格，如表 2-1 所示。

表 2-1　钨砂等级规格

钨砂等级	三氧化钨含量（最低）	锡含量（最高）
特级	70%	0.2%
一级	65%	0.2%
二级	65%	1.5%

2. 凭标准买卖

商品的标准是指将商品的规格和等级予以标准化并以一定的文件形式表示出来。在国际贸易中，买卖双方往往使用某种标准作为说明和评定商品品质的依据，这种商品品质表示方法称为凭标准买卖（Sale by Sdandard）。国际贸易中所使用的标准一般是由标准化组织、政府机关、行业团体等权威性机构或组织制定、公布，并在一定范围内实施。例如，国际标准化组织的ISO标准，美国的ANSI标准、日本的JIS标准、英国的BS标准、德国的DIN标准等。

随着社会的发展和科技的进步，商品的标准也常常随之不断地修改和变动。因此，同一机构或组织颁布的标准往往有不同年份的版本，版本不同，品质标准的内容也不相同。因此，在合同中援引某个标准时，应当注明采用标准的版本号及其年份。

如：Rifampicin in conformity with B.P.1993

利福平　符合英国药典 1993年版

Femal Mink Overcoat Chinese Standard Body Length 120×115cm

母水貂皮长大衣　中国标准　胸围及身长120×115厘米

在国际贸易中，对于某些品质变化较大而难以规定统一标准的农副产品往往采用“良好平均品质”(Fair Average Quality, F.A.Q)和“上好可销品质”（Good Merchantable Quality, G.M.Q）两种标准表示商品品质。良好平均品质是指一定时期内某地出口货物的平均品质水平，一般是指中等货而言。在采用这种品质表示方法时，一般应加注具体的规格，如“中国桐油良好平均品质游离脂肪不超过4%”。上好可销品质是指卖方交货品质只需保证上好、适于销售即可。这种品质标准比较笼统，在执行中容易引起争执，因此，实际业务中很少使用，主要适用于木材和冰冻类产品。

3. 凭商标或品牌买卖

商标（Trade Mark）是指生产者或商号用来说明其所生产或出售的商品的标志，它可由一个或几个具有特色的单词、字母、数字、图形或图片等组成。品牌（Brand Name）是指工商企业给其制造或销售的商品所冠的名称，以便与其他企业的同类产品区别开来。一个品牌可以专门用在一种产品上，也可用于一个企业的所有产品。用商标或品牌作为交货商品的品质依据，称为凭商标或品牌买卖（Sale by Descriptions）。凭商标或品牌的买卖，一般只适用于一些品质稳定、信誉良好并为消费者所熟悉的工业制成品或经过科学加工的初级产品。

商标或品牌，尤其是国际上久负盛誉的商标或品牌本身是一种品质象征。对于这样的商品，人们在交易中可以仅凭商标或品牌进行买卖，而无需对品质提出详细要求。但是，在实际业务中，如果同一种品牌的商品同时又有许多种不同型号或规格，为了明确起见，必须在规定品牌的同时，明确规定型号或规格。

此外，还需注意的是，品牌和商标作为重要的知识产权，各国都制定了有关法律给予保护。因此，在与外商订立“凭商标或品牌买卖”时，应注意在销往国办理注册手续，维护自己商标的专用权，或是注意该项品牌是否合法，以免运往国外触犯进口国的商标法。在进口外国产品时，要注意出口商是否有权或得到授权使用该商标或品牌，以免引起知识产权上的纠纷。

4. 凭说明书和图样买卖

在国际贸易中，对于结构复杂，材料和设计要求非常严格的一些机器、电器和仪表等技术密集型产品，通常用说明书并附以图样、照片、设计、图纸、分析表及各种数据，来说明其具体性能和结构特点，按这种商品品质表示方法成交时，卖方所交货物的品质必须符合说明书和图样的要求，称为凭说明书和图样买卖（Sale by Descriptions and Illustrations）。

凭说明书和图样买卖时，要求所交的货物必须符合说明书和图样所规定的各项指标。但是，由于这类产品的技术要求比较高，与说明书和图样相符合的产品有时在使用时并不一定能达到设计的要求，所以在合同中除列入说明书的具体内容外，一般需要订立卖方品质保证条款和技术服务条款。例如规定："卖方须在一定期限内保证其商品的质量符合说明书所规定的指标，如在保证期内发现品质低于规定，或部件的工艺质量不良，或因材料内部隐患而产生缺陷，买方有权提出索赔，卖方有义务消除缺陷或更换有缺陷的商品或材料，并承担由此引起的各项费用。"

5. 凭产地名称买卖

在国际货物买卖中，有些产品，因产区的自然条件、传统加工工艺等因素的影响，在品质方面具有其他产区的产品所不具有的独特风格和特色，即仅凭产地名称就可以将这种产品与其他同类商品相区别。对于这类产品，一般也可用产地名称（Name of Origin）来表示其品质，如"四川榨菜"、"北京烤鸭"、"泰国香米"等。

三、合同中的品质条款

在国际贸易中，合同中的品质条款除了要写明具体表述商品品质的一般内容外，为了保证合同顺利履行，避免因交货品质与买卖合同稍有不符而造成违约，可以在品质条款中做出如下变通规定。

（一）约定品质机动幅度

品质机动幅度（Quality Latitude），即允许商品品质的某些特定指标在一定幅度范围内有差异，只要卖方所交货物品质没有超出品质机动幅度的范围，买方就无权拒收。这一方法主要适于某些初级产品，如农副产品等。品质机动幅度的规定方法主要有以下三种。

（1）规定一定的范围。如 Cotton Grey Shirting With 41/42″（棉坯布，幅宽 35/36 英寸）。

（2）规定一定的上、下极限，通常为：最大、最高、最多为多少，最小、最低、最少为多少。如 White Rice，Long-shaped；Broken Grains（max.）25%；Admixture（max.）0.25%；Moisture（max.）15%（白灿米，碎粒最高 25%，杂质最高为 0.25%，水分最高 15%）；Live Yellow Eel 75g and up per Pice（活黄鳝鱼，每条 75 克以上）。

（3）规定上下差异。如 Gray Duck Down 18%,allowing 1% more less（灰鸭毛，含绒量 18%，上下 1%）。

为了体现按质论价、公平交易原则，在允许交货品质有一定的机动幅度时，可在合同中规定视实际交货品质情况调整价格，即品质增减价条款。采用品质增减价条款，一般应选用对价格有重要影响而又允许有一定机动幅度的主要品质指标，对于次要的品质指标或不允许有机动幅度的重要指标，则不适用。

（二）明确品质公差

品质公差（Quality Tolerance）是指国际上公认的产品品质的误差，这种公认的误差即使在合同中没有规定，只要卖方所交付的货物品质在公差范围内，就不视为违约，买方不能因此而拒收或要求调整价格。品质公差通常适用于工业制成品的国际贸易，如机械手表允许每月走时误差若干秒。如果国际上没有公认的品质误差，或是买卖双方对公差范围的理解不一致，为了明确起见，应在合同品质条款中订明双方认可的公差范围。

在品质公差范围内的货物，买方通常不能调整价格，但如果买卖双方在合同中约定按比例计算增减价，也可以根据约定具体调整。

(三) 交货品质与样品大致相同或类似条款

在凭样品买卖的情况下，交易双方容易在交货品质与样品是否一致的问题上产生争议。为了避免争议和便于履行合同，卖方可要求在品质条款中加订“交货品质与样品大体相等”之类的条款。

四、订立品质条款的注意事项

(一) 正确运用各种品质表示方法

合同中的品质条款的规定准确与否与所选用的品质表示方法有直接关系。品质表示方法的选用应视具体商品的特性而定。一般来说，凡能用科学的指标说明其质量的商品，则适于凭规格、等级或标准买卖；难以规格化和标准化的商品，如工艺品等，则适于凭样品买卖；某些质量好并具有一定特色的名优产品，适于凭商标或品牌买卖；性能复杂的机器、电器和仪表，则适于凭说明书和图样买卖；凡具有地方风味和特色的产品，则可凭产地名称买卖。上述这些表示品质的方法，不能随意滥用，而应当合理选择。

此外，凡能用一种方法表示品质的，一般就不宜用两种或两种以上的方法来表示。如同时采用既凭样品又凭规格买卖，则要求交货品质，既要与样品一致，又要符合约定的规格，要做到两全其美，有时难以办到，给履行合同带来困难。

案例 2-2　用标准表示商品品质的案例

A 公司从国外进口一批青霉素油剂，合同规定该商品品质“以英国药局 1953 年标准为准”，但货到目的港后，发现商品有异样，于是请商检部门进行检验。经反复查明，在英国药局 1953 年版本内没有青霉素油剂的规格标准，结果商检人员无法检验，从而使 A 公司对外索赔失去了根据。本案例给我们的教训是什么？

提示：在进口贸易中，一定要重视商品品质条款的制定，如需要用标准来说明商品品质，为了便于安排生产和组织货源，通常以采用我国有关部门所规定的标准成交为宜。此外，也可根据需要酌情采用国际标准化组织或出口国规定的品质标准。但要密切注意各种标准修改和变动的情况，以避免争议与损失。

(二) 从实际出发，防止品质条件偏高或偏低

在规定商品品质条款时，既要考虑国际市场的需求，也要考虑生产部门实际供货的可能性。凡外商对品质要求过高，而我们又实际做不到的条件，诸如皮鞋要求彻底消灭皱纹，豆类要求消灭死虫和活虫等等，不应接受。总之，要根据需要和可能，实事求是地确定品质条件，防止出现偏高或偏低现象。

(三) 合理规定影响品质的各项重要指标

在品质条款中，应有选择地规定各项质量指标。凡影响品质的重要指标，不能出现遗漏，而且应将其订好，对于次要指标，可以少列。对于一些与品质无关紧要的条件，不宜订入，以免条款过于繁琐。

（四）品质条件应明确、具体

为了便于检验和明确责任，规定品质条件时，应力求明确、具体，不宜采用诸如“大约”、“左右”、“合理误差”之类的笼统含糊字眼，以免在交货品质问题上引起争议。但是，也不宜把品质条件定得过死，给履行交货义务带来困难。一般地说，对一些矿产品、农副产品和轻工业品的品质规格的规定，要有一定的灵活性，以利于合同的履行。

第三节　商品的数量

商品数量是制定单价和计算总金额的重要依据，不仅关系到交易规模的大小，还是影响价格和其他交易条件的重要因素。商品的数量是国际货物买卖合同中不可缺少的主要条件之一，《公约》规定，按约定的数量交付货物是卖方的一项基本义务。若卖方提交的货物数量大于约定的数量，则买方可以拒收多交的部分，也可以收取多交部分中的全部或部分，但应按合同价格付款；若卖方交货不足，则应在规定的交货期内补足，并赔偿买方可能的损失。因此，正确掌握成交数量和订好合同中的数量条款，具有十分重要的意义。

一、计量单位

由于各国的度量衡制度有所不同，所以国际货物买卖所使用的计量单位也存在差异。通常国际贸易中常用的度量衡制度有公制、英制、美制和国际单位制。例如就表示重量的“吨”而言，在实行公制的国家按“公吨”来计量，即 1 公吨=1000 千克；在实行英制的国家按“长吨”来计量，即 1 长吨=1016 千克；在实行美制的国家采用“短吨”计量，即 1 短吨=907 千克；在实行国际单位制的国家，没有“吨”的概念，但用“千克”来计量。

国际贸易中，常用的计量单位有下列几种。

（一）重量单位

常用的重量单位有：千克、吨/公吨、长吨、短吨、克、磅、盎司等。按重量计量是货物贸易中最广泛使用的方法。一般的农副产品，矿业产品以及部分工业制成品等大都以重量为单位进行买卖，如羊毛、棉花、谷物、矿产品、沙盐等。

（二）数量单位

常用的数量单位有：只、件、双、台、套、箱，包、桶、袋等。国际贸易中，大多数日用消费品、轻工产品、机械产品及一些杂货，如文具、纸张、玩具、车辆、拖拉机、活牲畜等，都以数量为单位进行买卖。

（三）容积单位

常用的容积单位有：公升、加仑、蒲式耳等。国际贸易中，谷物、液体等类货物通常按容积计量，如小麦、玉米、汽油，酒精、天然瓦斯等。

（四）长度单位

常用的长度单位有：米、尺、英尺、码等。国际贸易中，按长度单位计量的主要适用于纺织品匹头、绳索、电线电缆等商品的交易。

（五）面积单位

常用的面积单位有：平方码、平方米、平方英尺、平方英寸等。国际贸易中，按面积单位计量的主要是皮制品、塑料制品等商品，如塑料篷布、塑料地板、皮革等。

（六）体积单位

常用的体积单位有：立方码、立方米、立方英尺、立方英寸等。在国际贸易中，按体积单位交易的商品大多为化学气体、木材等。

常用的计量单位如表 2-2 所示。

表 2–2　常用计量单位

计量单位	中文名称	英文名称	缩写	适用商品
重量单位	克	gram	g.	一般天然产品及其制成品，如羊毛、棉花、谷物、矿产品等
	千克（公斤）	kilogram	kg.	
	公吨	metric ton	m.t.	
	长吨	long ton	l.t.	
	短吨	short ton	sh.t.	
	磅	pound	lb.	
长度单位	米	meter	m.	纺织品、绳索、电缆电线等
	公里	kilometer	km.	
	厘米	centimeter	cm.	
	毫米	millimeter	mm.	
	码	yard	yd.	
	英尺	foot	ft.	
	英寸	inch	in.	
面积单位	平方米	square meter	sq.m	皮革、玻璃、铁丝网等
	平方英尺	square foot	sq.ft	
	平方码	square yard	sq.yd	
	平方英寸	square inch	sq.in.	
容积单位	升	litre	l.	小麦、玉米、汽油、酒精、啤酒、天然瓦斯等
	毫升	millilitre	ml.	
	加仑	gallon	gal.	
	蒲式耳	bushel	bu.	
体积单位	立方米	cubic meter	cu.m.	化学气体、木材等
	立方英尺	cubic foot	cu.ft.	
	立方码	cubic yard	cu.yd.	
	立方英寸	cubic inch	cu.in.	

续表

计量单位	中文名称	英文名称	缩写	适用商品
数量单位	只	piece	pc.	一般日用工业品、杂货类等
	件	package	pkg.	
	双	pair		
	台、套、架	set		
	打	dozen	doz.	
	罗	gross	gr.	
	大罗	great gross	g.gr.	
	令	ream	rm.	一般日用工业品、杂货类等
	卷	roll 或 coil		
	辆	unit		
	头	head		
	箱	carton 或 case		
	包	bale		
	桶	barrel 或 drum		
	袋	bag		

二、不同的度量衡制度

由于世界各国的度量衡制度不同，以致用同一计量单位计量时，所表示的数量不一。如在用重量单位计量货物时，实行公制（the Metric System ）的国家一般采用公吨，每公吨为 1000 公斤；实行英制（the Britain System）的国家一般采用长吨，每长吨为 1016 公斤；实行美制（the U. S. System）的国家一般采用短吨，每短吨为 907 公斤。

为了避免度量衡不一致在国际贸易中带来的麻烦，国际标准计量组织向全球推出了“国际单位制”，以实现计量方法的标准化。目前已经有 80 多个国家宣布采用国际单位制。根据《中华人民共和国计量法》规定：“国家采用国际单位制。国际单位制计量单位和国家选定的其他计量单位，为国家法定计量单位。”目前，我国除个别特殊领域外，一般不允许再使用非法定计量单位。我国出口商品，除照顾对方国家贸易习惯约定采用公制、英制或美制计量单位外，应使用我国法定计量单位。我国进口的机器设备和仪器等应要求使用法定计量单位，否则，一般不许进口。如确有特殊需要，也必须经有关标准计量管理部门批准。

常用计量单位不同度量衡之间的转换如表 2-3 所示。

表 2–3　常用计量单位不同度量衡的转换

计量单位	公制	英美制
长度单位	1 米（m.）=10 分米（dm.）	=1.0936 码（yards） =3.2808 英尺（feet）
	1 公里/千米（km.）	=1000 米（m.） =0.6214 英里（mi.）
	1 海里（n.m）	=1852 米（m.） =1.1500 英里（mi.）

续表

计量单位	公制	英美制
重量单位	1 千克（k.g.）	=1000 克（g.） =2.205 磅（lb.）
	1 吨/公吨（t./m.t.）	=1000 千克（kg.） =0.984 长吨（l.t.）
	1 克（g.）	=10 分克（dg.） =15.43 谷（grains）
面积单位	1 平方米（sq.m.）	=1.196 平方码（sq.yards）
	1 平方厘米（sq.cm.）	=0.155 平方英寸（sq.inch）
	1 公亩（a.）	=100 平方米（sq.m.） =119.6 平方码（sq.yards）
	1 平方公里（sq.km.）	=0.386 平方英里（sq.mile）
体积单位	1 立方米（cu.m.）	=1.308 立方码（cu.yards）
	1 立方厘米（cu.cm.）	=0.061 立方英寸（cu.inch）
容积单位额	1 升（l.）	=10 公升（dl.） =1.76 品脱（pints）
	10 升（decalitre）	=10 升（l.） =2.20 英加仑（gallons）
	100 升（hectolitre）	=100 升（l.） =2.75 英蒲式耳（bushels）

三、重量的计算方法

在国际贸易中，买卖双方需要视货物的性质、包装、种类、运输方法以及市场习惯等情况来选择适当的计量方法。由于很多货物是采用按重量计量的方法，所以下面就重点介绍计算重量的方法。

(一) 毛重

毛重（Gross Weight）是指商品本身的重量加皮重（Tare），即包括包装材料的重量。这种计重办法一般适用于低值商品。

(二) 净重

净重（Net Weight）是指商品除去其包装物后的实际重量，即毛重减去皮重后的重量。净重是国际贸易中最常见的计重方法。不过，有些价值较低的农产品或其他商品，有时也采用“以毛作净”（Gross for Net）的办法计重。例如，蚕豆 100 公吨，单层麻袋包装以毛作净。所谓“以毛作净”，实际上就是以毛重当作净重计价。

在采用净重计重时，对于如何计算包装重量，国际上有下列几种做法。

（1）按实际皮重（Actual Tare 或 Real Tare）计算。实际皮重即指包装的实际重量，它是指对包装逐件衡量后所得的总和。

（2）按平均皮重（Average Tare）计算。如果商品所使用的包装比较统一，重量相差不大，就可以从整批货物中抽出一定的件数，称出其皮重，然后求出其平均重，再乘以总件数，即可求得整批货物的皮重。近年来，随着技术的发展和包装材料及规格的标准化，用平均皮重计算净重的做法已日益普遍。有人把它称为标准皮重（Standard Weight）。

（3）按习惯皮重（Customary Tare）计算。有些商品，由于其所使用的包装材料和规格已为市场所公认，因此，在计算其皮重时，就无须对包装逐件过秤，按习惯上公认的单件皮重乘以总件数即可。

（4）按约定皮重（Computed Tare）计算。即以买卖双方事先约定的包装重量作为计算的基础。国际上有多种计算皮重的方法，究竟采用哪一种方法来求得净重，应根据商品的性质、所使用包装的特点、合同数量的多寡以及交易习惯，由双方当事人事先在合同中订明，以免事后引起争议。

（三）公量

公量（Conditioned Weight）是指先用科学的方法从商品中抽出所含的实际水分，然后加入标准水分而求得的重量。有些商品，如羊毛、生丝、棉纱、棉花等吸湿较强且经济价值较高，其重量很容易受到客观环境湿度的影响，具有不稳定性。为了准确计算这类商品的重量，国际上通常采用按公量计算。

公量的计算公式为：

实际回潮率=样品中的水分重量÷样品的干净重（即抽出水分后剩余的重量）

公量=商品实际重量×（1＋标准回潮率）/（1＋实际回潮率）

案例 2-3　生丝计重案例

我国某出口商 A 向埃及出口一批生丝，此批生丝实际重量为 10 公吨，国际标准回潮率为 11%，从 10 公吨货物中抽取 10 千克样品，用科学方法去掉其中水分后，净剩羊毛 8 千克。问出口商 A 应选择哪种方法对此批生丝计重，具体重量是多少？

提示：出口商 A 应选择按公量来计算此批生丝的重量，以避免因交货地湿度变化的而影响到生丝的重量。具体计算方法为：实际回潮率=2÷8=25%；公量=10×（1＋11%）÷（1＋25%）=8.889（公吨）。

（四）理论重量

理论重量（Theoretical Weight）是指对一些固定规格、固定尺寸、重量大致相等的货物，以其单个重量乘其件数（或张数）而推算出来的重量，如马口铁、钢板等。

例如：假设某出口公司与客户成交薄形钢板 1 万张，每张重 100 千克，尺寸均为（5×4）平方米。根据上述描述，可以推出该批钢板的理论重量为：100×10000=1000000（千克）。

（五）法定重量和实物净重

按照一些国家海关法的规定，在征收从量税时，商品的重量是以法定重量计算的。所谓法定重量（Legal Weight）是指商品重量加上直接接触商品的包装物料，如销售包装等的重量。而除去这部分重量所表示出来的纯商品的重量，则称为实物净重（Net Net Weight）。

实际业务中，如果货物按重量计量或计价，但未规定采用何种方法计算重量和价格时，根据惯例，应按净重计量。

四、数量机动幅度

数量机动幅度也称为数量增减条款或溢短装条款（More or Less Clause），是指卖方可按双方约定的某一具体数量多交或少交若干的幅度，而不视为违约。这是因为，在粮食、矿砂、化肥和食糖等大宗商品的国际贸易中，受商品特性、货源变化、船舱容量、装载技术和包装等因素的影响，若合同中规定一个固定的交货数量，则卖方将很难准确地按约定数量交货。因此，为了顺利履行合同，在长期的贸易实践中形成了在合同中规定数量机动幅度的做法，对于那些数量难以严格限定的商品，只要卖方的交货数量在约定的数量增减幅度范围内，即视为正常交货，而不视为违约。如：1000 metric ton，2% more or less（1000公吨，2%溢短装），根据这一条款，卖方交货数量可以为980公吨～1020公吨。

（一）可溢装或短装的幅度

可溢装或短装的幅度通常以百分比表示，具体的百分比数量通常视商品特性、行业或习惯和运输方式等因素而定，在使用时可表示为“1000 metric ton，2% more or less”或“1000 metric ton±2%”。

（二）溢装或短装的选择权

溢短装的选择权通常归卖方所有，但FOB贸易术语下也可由派船方持有或由船方根据舱容量来确定。

（三）溢装或短装货物的作价

卖方在机动幅度内多交或少交的货物，一般应按照合同规定的价格计价。以这种计价方法时，当市场价格上升，少交对卖方有利；当市场价格下跌，多交对卖方有利。这时，卖方就很可能会在规定的溢短装幅度内故意少交或多交货物，以获取额外利益。为了防止卖方利用行市变化和溢短装条款故意多交或少交货物，损害买方利益，对于那些市场价格波动大且频繁的货物，卖方在溢短装幅度内多装或少装的货物可以不按合同价格计价，而按交货时或者装船时或者卸船时的市场价格来作价。但如果合同中未对溢装或短装货物的价格作出另外规定，则仍按照合同价格计价。

五、订立数量条款的注意事项

（一）正确掌握成交数量

在商订商品成交量时，应做到心中有数，避免盲目成交。具体地说，在商订出口商品的成交数量时，应根据国际市场的供求状况、国内货源供应情况以及国外客户的资信情况和经营能力来合理确定；在商订进口商品成交量时，应根据国内的实际需要、支付能力和行情变化等情况来合理确定。

（二）数量条款应明确具体

在数量条款中，对成交商品的具体数量、使用何种计量单位和计量方法、数量机动幅度的大小及其选择权与计价方法等内容均应列明，并避免使用易产生分歧的“大约”、“近似”、“左右”（about、approximately）等模糊表示。

《UCP600》第 30 条关于机动幅度的规定

（1）如成交量前使用“约”、“近似”、“左右”或类似意义的词语用于信用证金额或信用证规定的数量或单价时，应解释为允许对有关金额或数量或单价有不超过 10%的增减幅度，此规定既适用于散装货，也适用于包装货。

（2）除非信用证规定所列的货物数量不得增减，在支取金额不超过信用证金额的条件下，即使不准分批装运，货物数量也允许有 5%的增减幅度，但以包装单位个数或货物自身个数规定货物的数量时不适用。

第四节 商品的包装

国际贸易中，除少数直接装入运输工具的散装货和在形态上自成件数无须包装或略加捆扎即可成件的裸装货不必包装外，绝大多数商品都需要有适当的包装，以确保商品在流通和销售过程中品质完好、数量完整、便于操作、吸引顾客及促进销售。由于商品包装涉及买卖双方的利益，因此，商品包装条件必须在合同中予以明确，如果交易一方违反了合同中约定的包装条件，则另一方有权提出索赔，甚至拒收货物。

一、运输包装

运输包装，又称外包装或大包装，是为了满足货物运输、装卸和存储的要求，对货物进行的成件或成箱的包装。它的主要作用在于保护商品，防止货物在运输过程中出现货损货差，便于存储、检验、计数、分拨等。

（一）运输包装的分类

1. 单件运输包装

单件运输包装是指货物在运输过程中作为一个计件单位的包装，如采用箱、桶、袋、包、捆等单件容器对货物进行包装。

采用单件包装时，合同中的包装条款须注明所使用的包装材料，如纸箱、木桶等。另外，对于单件的容量也应在合同中注明。

2. 集合运输包装

集合运输包装是指将一定数量的单件运输包装组合成的一件大包装。采用集合包装可以大大提高装卸效率，降低运输成本，减少商品损耗。

集合运输包装可分为以下几种。

（1）集装箱（Container）。集装箱是一种运输货物的容器，一般由钢板、铝板等金属材料制成，有足够的强度和耐磨性，密封性好，可以连同箱内货物直接装卸、搬运及反复多次使用。国际上常用的 8×8×20 集装箱容量为 31~35 立方米，载货重量最多可达 18 公吨。

（2）托盘（Pallet）。托盘是按一定规格制成的单层或双层平板载货工具，在平板上将若干单件包装的商品，码在托盘上，然后用绳索、收缩薄膜或拉伸薄膜等物料，将商品与托盘组合加固起来，组成一个运输单位，便于在运输过程中使用机械进行装卸、搬运和堆放，适用于箱装罐头等比较小的包装商品。

（3）集装袋或集装包（Flexible Container）。集装袋或集装包是一种用合成纤维或复合材料编织成的圆形大包，可容 1~4 公吨货物，最多可达 13 公吨，主要适用于装载粉粒状货物，如化肥、矿砂、面粉、食糖、水泥等。有些国家为了提高货物的装卸速度和港口码头的使用效率，常常在信用证上规定进口货物必须使用集合运输包装，否则不准卸货。

（二）运输包装的要求

在国际贸易中，商品大都需要经过长途运输才能到达收货人或消费者手中。为了保证长途运输中，货物保存完好，就必需配备适宜的运输包装。一般来说，国际贸易商品的运输包装比国内贸易商品的运输包装要求更高。

1. 必须适应商品的特性

每种商品都有自己的特性。例如，水泥怕潮湿，玻璃制品容易破碎，流体货物容易渗漏和流失等，这就要求上述商品的运输包装应具有防潮、防震、防漏、防锈和防毒等良好性能。

2. 必须适应不同运输方式的要求

不同的运输方式对运输包装的要求不同。例如，海运包装要求牢固，并具有防止挤压和碰撞的功能；铁路运输包装，要求具有不怕震动的功能；航空运输包装，要求轻便而且不宜过大。

3. 必须考虑有关国家的法律规定和客户的要求

各国法律对运输包装的规定不一。例如，美国政府宣布，从 1998 年 12 月 17 日起，凡未经处理的中国木制包装箱和木制托架，一律不准入境，以免带进天牛（即甲虫）而危害美国森林。又如，有些国家禁止使用柳藤、稻草之类的材料作为包装用料，因恐将病虫害带入；有些国家对包装标志和每件包装的重量，有特殊的规定和要求。此外，如客户就运输包装提出某些特定的要求时，也应根据需要和可能予以考虑。

4. 要便于各环节有关人员进行操作

运输包装在流通过程中需要经过装卸、搬运、储存、保管、清点和查验，为了便于这些环节的有关人员进行操作，要求包装的设计要合理，包装规格和每件包装的重量与体积要适当，包装方法要科学，包装上的各种标示要符合要求。

5. 要在保证包装质量的前提下节省费用

运输包装的重量、体积和成本的大小，将直接关系国际贸易相关参与主体的经济利益。因此，在进行包装设计和选用包装材料时，应在保证包装质量的前提下注意节约。此外，考虑到进口国的关税税则，对输往征收从量税国家的商品，不宜采用自身重量大的包装；对输往征收从价税国家的商品，不宜采用价格昂贵的包装，以免增加税收成本。

（三）运输包装的标志

运输包装的标志是指为了便于在装卸、运输、仓储、检验和交接中识别货物，防止货物损坏，而在商品包装上刷制的标志。运输包装的标志是商品包装的一个重要组成部分，按其作用的不同，可分为运输标志、指示性标志、警告性标志三类。

1. 运输标志（Shipping Mark）

运输标志又称唛头，是一种识别标志，通常由一个简单的几何图形和一些字母、数字及简单的文字组成，其主要作用是便于装卸、运输、海关检查及储存过程中对商品的识别、点数，防止错发、错运等。

运输标志的内容繁简不一，通常由买卖双方根据商品特点和具体要求在合同中予以明确。一般来说，运输标志的主要内容包括：收货人或买方的名称或代号、目的地的名称或代号、件号等，这些内容通常刷制在运输包装的正面，因此也称为正唛。此外，有的运输标志还包括：生产国别、合同号、许可证号、装容数量、重量等内容，这些内容通常刷制在运输包装的侧面，也称为侧唛。运输标志样例见图 2-1。

正唛	侧唛
JFI NEW YORK NO.5/100	61DFR-H2010 ART.NO.:8662 COLOUR:NAVY SIZE:XXL XL L M 10 10 5 5 N.W.:20KG. MEAS:30×50 × 40CM MADE IN CHINA

图 2–1 运输标志样例

需要指出的是，在国际贸易中，为了便于刷唛、刻唛、节省时间与费用，以及在制单和信息传递过程中使用电信手段，国际标准化组织推荐的标准运输标志均无任何几何图形或其他图形。此外，唛头的具体内容通常是由卖方来决定，有时也可以由买方指定，但要求必须在合同中予以明确指明“买方应在货物装运前若干天告知唛方”字句，以免影响货物装运。

2. 指示性标志图

指示性标志是指对易碎、易损坏的商品，以简单、醒目的图形和文字在包装上标出，以提示商品在装卸、运输和保管的过程中需要注意的事项。

各国对指示性标志的色彩、图形及形式、位置与尺寸等都有相应的规定，国际标准化组织也制定了国际海运的指示性标志。具体业务中，可以同时使用本国和国际标准化组织的两套标志。图 2-2 是几种常见的指示性标志。

图 2–2 指示性标志示意图

3. 警告性标志

警告性标志又称危险品标志，是指在危险货物包装上刷写或粘贴的标示商品危险性质和等级的图形及文字。其作用是针对易燃、易爆等危险性货物，提示有关人员在运输过程中注意采用相关的保护措施。

在危险品上刷写警告性标志具有强制性。我国《危险货物标志》规定危险商品运输包装上必须打上相应的警告性标志。国际上有关运输组织也制定了危险商品运输规则。我国在具体业务中，通常在运输标志同时刷写我国危险商品运输警告性标志和国际海运危险商品运输警告性标志。上述运输包装上的各类标志，都必须按有关规定标打在运输包装上的明显部位，标志的颜色要符合有关规定的要求，防止退色、脱落，使其一目了然，容易辨认。常见的几种警告性标志如图 2-3 所示。

图 2–3　常见的几种警告性标志

二、销售包装

销售包装，又称内包装或小包装，它是直接接触商品并随商品进入零售网点和消费者直接见面的包装。这类包装除必须具有保护商品的功能外，更应具有装潢和宣传的作用，以吸引顾客，促进促销。因此，在设计销售包装时，要求其必须具备便于陈列展售、便于识别商品、便于携带和使用以及要有艺术吸引力等特点。

（一）销售包装的装潢画面

在销售包装上，一般都附有装潢画面。其装潢画面要求美观大方，富有艺术吸引力，并突出商品特点。其图案和色彩，应适应有关国家的民族习惯和爱好。例如，信伊斯兰教的国家忌用猪形图案，日本认为荷花图形不吉祥，意大利喜欢绿色，埃及禁忌蓝色等等。在设计装潢画面时，应投其所好，以利于扩大出口。

（二）销售包装上的文字说明

在销售包装上应有必要的文字说明，如商标、品牌、品名、产地、数量、规格、成分、用途和使用方法等。文字说明要同装潢画面紧密结合，互相衬托，彼此补充，以达到宣传和促销的目的。使用的文字必须简明扼要，并让销售市场的顾客能看懂，必要时也可以中外文同时并用。

案例 2-4 失败的茶叶包装

在法国某大型超级市场里,有一批黄色竹制罐装的茶叶。在茶叶罐子的一面刻有中文“中国茶叶”四个字，而罐子的另一面刻有中国古代仕女的图案。茶叶的整体包装看上去精致美观、艺术性强且极具民族特色，但是，此茶叶却较少有消费者问津，销路一直不好，试分析其中可能的原因。

提示： 国际贸易中，商品的销售包装除了要具备必要的保护作用外，更应突出其促销作用，除了要美观外，还要有关于商品品名、特点、产地、规格、功效及使用方法等必要的中外对照的文字说明。而本案中，从茶叶的包装上看，单纯地侧重了艺术性，忽视了必要的文字说明，且文字说明没有外文。这样大多数的法国消费者不识中文，也不知内装何物，更不知道有关此商品的其他信息，销路自然不好。

（三）销售包装上的条形码

条形码是由一组配有数字的黑白及粗细间隔不等的平行条纹所组成，只要将条形码对准光电扫描器，计算机就能自动地识别条形码的信息，确定品名、品种、数量、生产日期、制造厂商、产地等，并据此在数据库中查询其单价，进行货款结算，打出购货清单，这就有效地提高了结算的效率和准确性，也方便了顾客。

在国际上通用的条形码有两种：一种是由美国、加拿大组织的统一编码委员会编制，其使用的物品标识符号为 UPC 码；一种是由欧共体 12 国成立的欧洲物品编码协会编制，该组织后改为国际物品编码协会，其使用的物品标示符号为 EAN 码。1941 年 4 月我国正式加入国际物品编码协会，该会分配给我国的国别号为 690，凡标有 690、691、692 条形码的商品，即表示是中国出产的商品。

三、中性包装与定牌

中性包装与定牌是国际贸易中常见的习惯做法。我国在出口业务中，应国处客户的要求，经常使用。

（一）中性包装

中性包装是指在出口商品内外包装上即不注明生产国别、地名和厂商名称，也不标明商标、牌名的包装。中性包装包括无牌中性包装和定牌中性包装两种。无牌中性包装是指包装上既无生产地名和厂商名称，又无商标、牌名；定牌中性包装是指包装上仅有买方指定的商标或品牌，但无生产地名和出口厂商的名称。

采用中性包装是为了打破某些进口国家与地区的关税和非关税壁垒以及适应交易的特殊需要（如转口销售等），它是出口国家厂商加强对外竞销和扩大出口的一种手段。

（二）定牌

定牌是指卖方按照买方的要求，在其出售的商品或包装上标明买方指定的商标或牌号。

在我国出口贸易中，使用定牌有如下做法。

（1）商品包装上只标明外商指定的商标或品牌，而不加注生产国别及出口厂商名称，即定牌中性包装。

（2）商品及其包装标明外商指定的商标或品牌，但在商标或品牌下标示“中国制造”字样。

（3）接受国外买方指定的商标或品牌，同时在商标或品牌下注明由买方所在国家工厂制造，及定牌定产地。

案例 2-5 定牌出口案例

某香港客商向我方某乡镇企业订购 8 万件印有“可口可乐”英文标识的无领 T 恤衫，价值 128 000 元。我方企业昼夜赶制，并将货物按时装运，但货物抵港时却被告知我方侵犯了“可口可乐”商标权，最终该批货在香港被销毁。本案例给我们的教训是什么？

提示：在定牌交易中，为了避免工业产权的纠纷，出口方可以采取两种做法：一是在合同中注明“如发生工业产权争议由买方负责”；二是订约前要求买方提供合法使用该商标或品牌的有效证明文件并留存。

四、订立包装条款的注意事项

国际货物买卖合同中的包装条款主要包括包装材料、包装方式、包装规格、包装标志和包装费用的负担等内容。由于国际货物运输通常路途遥远、环节多等特点，对运输包装的要求更严格，因此买卖双方在商订包装条款时，应注意以下内容。

（一）要考虑商品特点和不同运输方式的要求

商品的特性、形状和使用的运输方式不同，对包装的要求也不相同。因此，在约定包装材料、包装方式、包装规格和包装标志时，必须从商品在储运和销售过程中的实际需要出发，使约定的包装科学、合理，并达到安全、适用和适销的要求。

（二）对包装的规定要明确具体

约定包装时，应明确具体，如在合同中列明包装材料、包装方式、每件重量或数量、加注尺寸、加固条件等。合同中的包装条款不宜使用无统一解释、容易引起争议的词语，如一般不宜采用 “海运包装”（Seaworthy Packing）和“习惯包装”（Customary Packing）之类的术语。

（三）明确包装费用由何方负担

关于包装费用，一般包括在货价之内，不另计收。但如果买方有特殊包装要求，则超出的包装费用由买方承担，并应在合同中明确规定。

小 结

本章主要介绍了国际贸易合同的标的，包括：商品的品名、品质、数量、包装。货物的品质是国际货物买卖合同的主要条件之一，是买卖双方交接货物的重要依据。在订立品质条款时，要正确运用各种表示品质的方法，注意科学性和合理性相结合，也可规定一定的品质机动幅度。货物数量是计算单价、总额的重要依据，也是洽商交易的主要条件之一。数量条款主要由交货数量和计量单位构成，合同中要规定数量机动幅度条款，以免发生争议。货物包装是商品的盛载物、保护物与宣传物。它不仅具有保护商品的性能，而且拥有宣传、美化商品的魅力。包装标志主要包括运输标志、指示性和警告性标志及其他标志等。

思考题

（1）规定品名条款应注意什么问题？

（2）什么是商品的品质？表示品质的方法有哪些？

（3）什么叫凭标准买卖？应注意哪些问题？

（4）签订国际货物买卖合同中的品质条款应注意的问题是什么？

（5）何谓品质机动幅度和品质公差？在买卖合同中约定品质机动幅度和品质公差的意义何在？

（6）国际贸易中常用的度量衡制度有哪些？

（7）何谓溢短装条款？溢短装的选择权由谁掌握合适？

（8）订立国际货物买卖合同中的包装条款应注意哪些问题？

案例分析

（1）某汽车公司向非州出口一批汽车共计 300 辆，合同中规定黑色、绿色、蓝色各 100 辆，不得分批装运。该厂在发货时发现蓝色汽车库存仅有 95 辆，因短缺 5 辆蓝色，便以 5 辆黑色顶替蓝色出口。请问：该公司这种做法会产生什么后果？

（2）大连某厂向中东出口一批门锁，合同规定 3~4 月份装船，但需要买方认可回样之后方能发运。2 月下旬买方开立信用证上亦有同样文字。该厂三次试寄回样，均未获买方认可，所以该厂迟迟未能如期装船。到 5 月份后，外商以延误船期为由提出索赔要求，问：我方应如何处理？

（3）韩国 KM 公司向我 BR 土畜产公司订购大蒜 650 公吨，双方当事人几经磋商最终达成了交易。但在缮制合同时，由于山东胶东半岛地区是大蒜的主要产区，通常我国公司都以此为大蒜货源基地，所以 BR 公司就按惯例在合同品名条款打上了“山东大蒜”。可是在临近履行合同时，大蒜产地由于自然灾害导致歉收，货源紧张。BR 公司紧急从其他省份征购，最终按时交货。但 KM 公司来电称，所交货物与合同规定不符，要求 BR 公司作出选择，要么提供山东大蒜，要么降价，否则将撤销合同并提出贸易赔偿。试问，KM 公司的要求是否合理？

（4）某年我出口公司出口到加拿大一批货物，计值 80 万美元。合同规定用塑料袋包装，每件要使用英、法两种文字的唛头。但我某公司实际交货改用其他包装代替，并仍使用只有英文的唛头，国外商人为了适应当地市场的销售要求，不得不雇人重新更换包装和唛头，后向我方提出索赔。问：我方应如何处理？

技能训练

（1）如卖方按每箱 5000 美元的价格出售某商品 200 箱，合同规定“数量允许有 5%的增减幅度，由卖方决定”。则按照此条款，卖方最多可装多少箱？最少可装多少箱？如实际装运 204 箱，买方应付款多少？

（2）合同数量条款规定：“About500M/T”或“500M/T 5% more or less at seller’s option”。则这两种规定方式对买卖双方有无区别？为什么？在后一种规定情况下，卖方最多可交货多少公吨？最少可交多少公吨？如何计价？

第三章

国际贸易术语

案例导引

某公司进口一批货物以FOB条件成交。结果在目的港卸货时，发现有两件货物外包装破裂，里面的货物有被水浸的痕迹。经查证，货物外包装破裂系在装船时吊钩不牢而使货物掉到船甲板上所致，外包装的破裂造成了里面货物被水浸泡。

问题：本案中，买方能否以卖方没有完成交货义务为由向卖方索赔？

评析：买方不能向卖方索赔。国际贸易中，使用不同的术语成交，买卖双方的责任、风险与费用的分担不同。当按FOB术语成交时，卖方应在规定的装运港和规定的时间将货物交于买方指派的船只上，完成交货义务。但卖方承担货物的风险从货物于装运港越过船舷时开始转移给买方。就本案例而言，包装物破裂不是在越过船舷前而是在越过船舷后发生的，该项损失按风险划分界限，理应由买方自己承担。

本章导读

在国际货物买卖中，卖方的基本义务是提交规定的货物和单据，买方的基本义务则是接受货物和单据并支付货款。但买卖双方磋商时仅仅明确基本义务远远不够，还必须对货物交接过程中存在的风险、责任和费用进行明确划分，而且这些划分将直接影响商品的价格。在实际业务中，对于上述问题，往往通过使用贸易术语来予以明确。本章将为您系统地介绍国际贸易术语的含义与作用、常用的六个国际贸易术语及其他国际贸易术语的使用。

学习目标

掌握主要贸易术语的特点、风险、费用和责任的划分以及适用的运输方式；
掌握主要贸易术语的价格核算及换算、佣金与折扣的含义及计算方法；
熟悉国际贸易术语的选用；
了解其他国际贸易术语。

第一节　国际贸易术语概述

国际贸易中，买卖双方需要通过磋商来明确的事项很多，如货物交接地点的确定，货物发生损坏或灭失的风险如何划分、由谁负责办理货物的运输、保险、进出口手续，以及办理上述事项时所需的各种费用由谁承担等等。如果每笔交易买卖双方都要就上述事项逐一磋商确定，则必将耗费大量的时间和费用，并影响交易的达成。因此，经过长期的国际贸易实践，逐渐形成了概括性极强的贸易术语，用于确定买卖双方应尽的义务以及有关风险、责任与费用的划分。

一、贸易术语含义与作用

贸易术语（Trade Terms），是指用以说明国际贸易中买卖双方责任、费用和风险划分以及价格构成的专门用语或这个用语的英文字母缩写。例如："装运港交货"，英文缩写"FOB"。由于这些贸易术语与商品的价格构成有关，因此也称为价格术语。

（一）贸易术语含义

1. 明确买卖双方的交货条件

交货条件是指交易双方在交货地点、风险转移界线，以及运输、保险、报关等各个贸易环节各自需承担和履行的责任与义务，是交易得以确立与顺利进行的基本条件。国际贸易术语，如"FOB"，用几个简单的字母清楚地界定了买卖双方各自要承担的风险、责任与费用，即卖方负责办理出口通关手续以及在约定装运港将货物装到买方指定的船上，买方则负责租船订舱，并承担货物越过船舷后的一切风险与费用。

2. 表示商品的价格构成

在交易中，如果商品的成本不发生变化，则商品的价格将与买卖双方承担的责任大小有直接关系。通常买卖双方中，卖方承担的责任越大，则其要面对的风险越高，支付的费用也越多，商品价格就越高；反之价格就越低。不同的贸易术语要求买卖双方在交易中所承担的责任也不同，因此，贸易术语的选用在决定买卖双方各自承担的责任大小的同时，商品价格的构成基础也得以确定。

（二）贸易术语作用

在国际贸易中，贸易术语的使用有着非常重要的作用，这主要表现在两个方面。

1. 简化交易手续，加速合同的订立

由于每个贸易术语都有其特定的含义，因此，在交易的磋商过程中，只要买卖双方商定采用哪个贸易术语成交，那么双方即可明确各自在交易过程中应当承担的责任、费用和风险，同时也使双方可以尽快地核算出自己的成本，对对方的报价作出准确地反应，从而在交易价格上迅速达到一致。显然，贸易术语的使用有利于简化交易手续，缩短洽商时间，有利于买卖双方迅速达成交易并签订合同。

2. 规范合同的执行，有利于解决交易纠纷

在交易中，签订合同只是一种手段，其真正的目的是保证双方履行自己应尽的责任和义务，从而使交易顺利完成。但是，在每一个具体的交易过程中，情况又会是千差万别、不断变化的，这往往是买卖双方在签订合同时难以把握的，因此，即使买卖双方较为认真地拟定了合同的每一项条款，仍然难免会出现违约和失误的情况。而在这种情况下，依据对贸易术语的一般解释来处理双方的争议则成为重要的手段。在长期的实践中，贸易术语已由国际上的一些权威机构进行了详细的解释，形成了国际惯例，成为规范买卖双方在交易中行为的准则和判别双方是否履行应尽责任和义务的重要工具。

二、有关贸易术语的国际惯例

贸易术语形成之初，在相当长的一段时间内，由于各国文化背景、商业习惯的较大差异，不同的国家和地区在使用这些贸易术语时存在分歧。对同一贸易术语的不同解释，导致当事人之间经常产生误解、争议和诉讼。为此，一些国际商业组织经过长期的努力和实践，形成了国际上广为接受的国际贸易惯例。有关贸易术语的国际贸易惯例主要有以下三种：

（一）《1932 年华沙-牛津规则》

国际法协会于 1928 年在波兰首都华沙制定了关于 CIF 买卖合同的统一规则，称之为《1928 年华沙规则》。这一规则专门对 CIF 的性质、买卖双方所承担的风险、责任和费用的划分以及货物所有权转移的方式等问题都作了比较详细的解释。在 1930 年的纽约会议、1931 年的巴黎会议和 1932 年的牛津会议上，该规则被进一步修订，并更名为《1932 年华沙—牛津规则》，并沿用至今。

（二）《1941 年美国对外贸易定义修订本》

1919 年，美国九个商业团体制定了《美国出口报价及其缩写条例》， 1941 年在美国的第 27 届全国对外贸易会议上对该条例作了进一步修订，并命名为《1941 年美国对外贸易定义修订本》，该修订本解释了如下六种贸易术语。

（1）EX Point of Origin：原产地交货价。

（2）FAS（Free Along Side Ship）：装运港船边交货价。

（3）C&F（Cost & Freight）：成本加运费价。

（4）CIF（Cost Insurance Freight）：成本加保险费、运费价。

（5）EX Dock：目的港码头交货价。

（6）FOB（Free on Board）：运输工具上交货价。

注意：上述 FAS、FOB 与国际商会中的这两种术语不同。

（三）《国际贸易术语解释通则》

《国际贸易术语解释通则》缩写形式为 INCOTERMS，它是国际商会为了统一对各种贸易术语的解释而制定的。最早的《通则》产生于 1936 年，后来为适应国际贸易业务发展的需要国际商会先后进行过多次修改和补充。

1.《2000 年国际贸易术语解释通则》

《2000 年国际贸易术语解释通则》（以下简称《2000 年通则》）是国际商会在《1990 年通则》的基础上修订产生的，并于 2000 年 1 月 1 日起生效。

在内容和结构方面，《2000 年通则》保留了《1990 年通则》包含的 13 种术语，并仍将这 13 种术语按不同类别分为 E、F、C、D 四个组。E 组只包括 EXW 一种贸易术语，这是在商品产地交货的贸易术语。F 组包含有 FCA、FAS 和 FOB 三种术语，按这些术语成交，卖方须将货物交给买方指定的承运人，从交货地至目的地的运费由买方负担。C 组包括 CFR、CIF、CPT、CIP 四种术语，采用这些术语时，卖方要订立运输合同，但不承担从装运地启运后所发生的货物损坏或灭失的风险及额外费用。D 组包括五种术语，它们是 DAF、DES、DEQ、DDU 和 DDP。按照这些术语达成交易，卖方必须承担将货物运往指定的进口国交货地点的一切风险、责任和费用，按上述进行分类的列表如表 3-1 所示。

表 3-1 《2000 年通则》13 种贸易术语

E 组 (启运术语，Departure)	EXW（Ex Works）	工厂交货
F 组 (主要运费未付术语，Main Carriage Unpaid)	FCA（Free Carrier） FAS（Free Alongside Ship） FOB（Free On Board）	货交承运人 装运港船边交货 装运港船上交货
C 组 (主要运费已付术语，Main Carriage Paid)	CFR（Cost and Freight） CIF（Cost, Insurance and Freight ） CPT（Carriage Paid To） CIP（Carriage and Insurance Paid to）	成本加运费 成本加保险费、运费 运费付至 运费、保险费付至
D 组 (到达术语，Arrival)	DAF（Delivered At Frontier） DES（Delivered Ex Ship） DEQ（Delivered Ex Quay） DDU（Delivered Duty Unpaid） DDP（Delivered Duty Paid）	边境交货 目的港船上交货 目的港码头交货 未完税交货 完税后交货

其中，C 组术语的风险划分界限和费用划分界限相分离；以 F 组和 C 组术语成交的合同都属于装运合同，是象征性交货术语；以 D 组术语成交的合同属于到达合同，E 组和 D 组术语是实际交货的术语；D 组术语中，除 DEQ 下卖方负责卸货外,其余的术语下卖方均不负责卸货。

2.《2010 年国际贸易术语解释通则》

《2010 年国际贸易术语解释通则》（以下简称《2010 年通则》）是国际商会在《2000 年通则》的基础上修订产生，于 2011 年 1 月 1 日起生效。

《2010 年通则》删除了《2000 年通则》的 4 个 D 组贸易术语，添加了 2 个新的贸易术语，并将 11 种贸易术语分为适合任何运输方式和适合水运两类，如表 3-2 所示。

表 3-2 《2010 年通则》11 种贸易术语

适合任何运输方式的术语	EXW（Ex Works） FCA（Free Carrier） CPT（Carriage Paid To） CIP（Carriage and Insurance Paid To） DAT（Delivered at Terminal） DAP（Delivered at Place） DDP（Delivered Duty Paid）	工厂交货 货交承运人 运费付至 运费/保险费付至 指定终点站交货 指定目的地交货 完税后交货
适合海运和内河航运的术语	FAS（Free Along Side Ship） FOB（Free on Board） CFR（Cost and Freight） CIF（Cost, Insurance and Freight ）	装运港船边交货 装运港船上交货 成本加运费 成本、保险费加运费

需要说明的是，国际贸易惯例本身不是法律，对国际贸易当事人并不具有强制性，因

此，在适用的时间效力上不存在“新法取代旧法”的说法。即《2010 年通则》实施之后并非《2000 年通则》就自动废止，当事人在订立贸易合同时仍然可以选择适用《2000 年通则》甚至《1990 年通则》。鉴于当前《2010 年通则》刚刚实施，未来的两三年《2000 年通则》仍然会被大量使用，《2010 年通则》的贸易纠纷也在两三年之后也才会大量出现。因此，本教材仍以介绍《2000 年通则》的贸易术语为主，其他各章所涉及的贸易术语均针对于《2000 年通则》而言。

此外，国际惯例对贸易双方不具有法律强制性，故买卖双方有权在合同中做出与某项惯例不符的规定。但国际贸易惯例对贸易实践仍具有重要的指导作用，如果双方都同意采用某种惯例来约束该项交易，并在合同中做出明确规定，则这一约定的惯例对双方都具有约束力，一旦在合同履行中发生争议，受理该争议案的司法和仲裁机构可依此惯例进行判决或裁决。如果双方对某一问题没有做出明确规定，也未注明该合同适用某项惯例，在合同执行中发生争议时，受理该争议案的司法和仲裁机构也往往会引用某一国际贸易惯例进行判决或裁决。

第二节 《2000 年通则》六个常用国际贸易术语

在国际商会《2000 年通则》中所解释的 13 个贸易术语中，经常使用的有 FOB、CIF、CFR、FCA、CPT、CIP 六个。因此，掌握这六个常用国际贸易术语的具体含义和内容是非常重要的。

一、FOB 贸易术语

（一）FOB 贸易术语的含义

FOB 的全称是 Free on Board（...named port of shipment），即装运港船上交货。《2000 年通则》对 FOB 的规定是，按此术语成交时，由买方负责派船接运货物，卖方应在合同规定的装运港和规定的期限内，将货物装上买方指派的船只，并及时通知买方。当货物在装船越过船舷时，卖方即完成交货义务，风险由卖方转移至买方。

FOB 贸易术语适用于海运和内河运输，如果双方无意以船舷为界交货，则应使用 FCA 术语。使用 FOB 报价的商品价格构成为出口商品成本。

（二）买卖双方的义务

1. 卖方义务

（1）在合同规定的时间和装运港口，将合同规定的货物交到买方指派的船上，并及时通知买方。

（2）承担货物交至装运港船上之前的一切与货物有关的费用和货物灭失或损坏的风险。

（3）负责办理货物出口清关，并承担相应的费用与风险。

（4）负责提交商业发票和证明货物已交至船上的货运单据，或具有同等作用的电子信息。

2. 买方义务

（1）负责租船订舱，支付运费，并给予卖方有关船名、装货地点和要求交货时间的充分通知。

（2）承担货物在装运港越过船舷后的一切费用和风险。

（3）负责办理货物进口清关及承担相应的费用与风险。

（4）根据买卖合同的规定受领货物并支付货款。

（三）FOB 术语下需要注意的问题

1. “船舷为界”的确切含义

以装运港船舷作为划分风险的界限是 FOB、CFR 和 CIF 同其他贸易术语的重要区别之一。“船舷为界”表明货物在装上船之前的风险，包括在装船时货物跌落码头或海中所造成的损失，均由卖方承担。而货物装上船之后，包括在起航前和在运输过程中所发生的损坏或灭失，则由买方承担。

在实际业务中，因为装船是一个连续性、整体性的过程，包括将货物从码头上吊起、越过船舷、装入船舱，甚至还要将货物在船舱里摆放好。因此，严格地讲，船舷为界只是说明风险划分的界限，而装船责任与费用划分以“船舷为界”显然不太现实。因此，通常买卖双方在使用 FOB 术语成交后，还需进一步就装船的责任和费用再明确划分，以避免理解上的分歧和不必要的纠纷。

2. 关于船货衔接问题

FOB 条件下，由买方负责租船订舱，卖方应按合同规定的时间和地点将货物装上船，这就存在船货衔接的问题。如果处理不当，发生船等货或货等船的情况，势必影响合同的正常履行。

根据有关法律和惯例，如果买方未能按时派船，包括未经对方同意提前将船派到和延迟派到装运港，则卖方有权拒绝交货，以及由买方承担由此产生的各种损失和费用，如空舱费（Dead Freight）、滞期费（Demurrage）及卖方增加的仓储费等。如果买方按期派船到装运港且给予卖方充分通知，而卖方因未备妥货物不能按时装运，则由此产生的损失和费用由卖方承担。总之，按 FOB 术语成交，对于装运期和装运港要慎重规定，有关备货和派船事宜，要加强联系，保证船货衔接。

3. FOB 的变形

FOB 的变形是为了解决装船费用由谁负担的问题而产生的，主要包括以下几种。

（1）FOB Liner Terms（FOB 班轮条件），即装船费用由船方或买方承担。

（2）FOB Under Tackle（FOB 吊钩下交货），即卖方负担将货物交到买方指定船舶的吊钩所及之处的费用，而吊装入舱以及其他各项费用，一概由买方负担。

（3）FOB Stowed（FOB 理舱费在内），即卖方负责将货物装入船舱并承担包括理舱费在内的装船费用。理舱费是指货物入舱后进行安置和整理的费用。

（4）FOB Trimmed（FOB 平舱费在内），即卖方负责将货物装入船舱并承担包括平舱费在内的装船费用。平舱费是指对装入船舱的散装货物进行平整所需的费用。

在许多标准合同中，为表明由卖方承担包括理舱费和平舱费在内的各项装船费用，常采用 FOBST（FOB Stowed and Trimmed）来表示。

4. 与《1941 年美国对外贸易定义修订本》的区别

（1）所适用的运输方式不同。《2000 年通则》中的 FOB 仅适用于水上运输，而《定义修订本》中的 FOB 适用于任何运输方式。

（2）出口手续及费用的负担不同。《2000 年通则》中的 FOB 是卖方负责办理出口清关手续，而《定义修订本》中的 FOB 解释为，卖方根据买方的请求，在买方负担费用的情况下，协助买方取得出口所需要的证件，并由买方支付出口税和其他出口税费。

（3）交货地点不同。《定义修订本》中的 FOB 是在交通工具上交货，这种交货方式有六种情况，仅第五种情况与《2000 年通则》相同，即在船上交货。所以在与美国及北美国家进行贸易往来时，若采用船上交货应在 FOB 和港名之间加“Vessel”（船）字样，如“FOB Vessel New York”证明是在纽约港交货。若只写“FOB New York”，可能是在纽约市内的某地交货。

案例 3-1　FOB 贸易术语使用案例

我国有一家公司曾按每公吨 242 美元 FOB Vessel New York 条件与美国签订进口 200 公吨钢材的合同，后我方公司如期开出了金额为 48400 美元的信用证，但美商收到信用证后来函要求增加信用证金额至 50000 美元，不然有关出口税及签证费用应由我方另外电汇。试分析原因。

提示：本案例问题出在美商在使用《1941 年美国对外贸易定义修订本》中的 FOB 的条件，而我方业务员不了解美国的 FOB Vessel 与《2000 年通则》中的 FOB 的不同之处，不了解两者在出口清关手续及费用负担上的区别。FOB Vessel 规定，应由买方支付出口税及各种签证费用。

二、CIF 术语

（一）CIF 术语的含义

CIF 的全文是 Cost Insurance and Freight（…named port of destination），即成本加保险费、运费（……指定目的港）。是指货物在指定装运港越过船舷时卖方即完成交货，但其必须支付将货物运至指定目的港的运费，交货后货物灭失或损坏的风险及由于各种事件造成的任何额外费用，均转移给买方。另外，卖方还须办理保险并支付保险费。

按《2000 年通则》规定，CIF 术语仅适用于海运和内河运输，如果买卖双方无意以船舷为界交货，则应改用 CIP 术语。

由于 CIF 术语后面跟的是目的港，所以我国习惯上把 CIF 称作“到岸价”，其实这种叫法是不准确的，它容易被误解为卖方负责将货物运到目的港并承担到此为止的一切费用和风险，这与 CIF 本身的含义是相违背的，必须加以注意。

（二）买卖双方的义务

1. 卖方义务

（1）签订从指定装运港承运货物的合同；在合同规定的时间和港口，将合同要求的货物装上船并支付至目的港的运费；装船后须及时通知买方。

（2）承担货物在装运港越过船舷之前的一切费用和风险。

（3）按照买卖合同的约定，自负费用办理水上运输保险。

（4）自负风险和费用，取得出口许可证或其他官方批准证件，并办理货物出口所需的一切海关手续。

(5) 提交商业发票和在目的港提货所用的通常的运输单据或具有同等作用的电子信息，并且自费向买方提供保险单据。

2. 买方义务

(1) 接受卖方提供的有关单据，受领货物，并按合同规定支付货款。

(2) 承担货物在装运港越过船舷之后的一切风险。

(3) 自负风险和费用，取得进口许可证或其他官方证件，并且办理货物进口所需的海关手续。

(三) CIF 术语下需要注意的问题

1. 关于象征性交货

所谓象征性交货是指卖方只要在约定日期和地点完成装运，并向买方提交包括物权凭证在内的有关单证，就算完成了交货义务，而无须保证到货。

所谓实际交货是指卖方必须将货物实际交给买方或其指定人，不能以交单代替交货。

CIF 是一种典型的象征性交货合同，即卖方凭单交货、买方凭单付款。

2. 关于风险划分界限的问题

CIF 术语下，风险划分界限与费用划分界限相分离。风险划分在装运港， 费用划分则是在目的港。就是说，卖方虽然承担从交货地至目的港的运输责任，并负担相关费用，但是并不承担从交货地至目的港的运输途中货物发生损坏、灭失及延误的风险。

3. CIF 合同中的保险问题

CIF 术语中的“I”表示 Insurance，即保险。从价格构成来讲，这是指保险费，就是说货价中包括了保险费；从卖方的责任讲，他要负责办理货运保险。具体包括如下。

(1) 卖方是为买方代办保险的性质：风险转移界限说明风险已经转移，卖方无利益可言，是为买方利益进行投保，保险费最终由买方承担。

(2) 保险险别：合同明确规定保险险别、保险金额等内容，卖方按合同办理投保；合同未规定则卖方只需投保最低的险别，但若买方要求，并由买方承担费用可加保其他险。

(3) 买方有权拒绝未经保险的货物，即使该货物已安全抵达目的港也不例外。

4. 关于租船订舱的问题

采用 CIF 术语成交，卖方的基本义务之一是租船订舱，办理从装运港至目的港的运输事宜，具体包括如下。

(1) 卖方若不能及时租船订舱而导致不能及时装船交货，为违反要件。

(2) 卖方只负责按通常条件租船订舱，使用通常类型的轮船，经习惯行驶的航线装运货物。

(3) 考虑到实际交货时运费大幅度上涨的问题，可在合同中订明运费上涨额度由买方负担。

(4) 装船后一般都发装船通知。

5. 关于卸货费用的负担问题（CIF 术语的变形）

CIF 的变形，主要有以下几种。

(1) CIF Liner Terms（CIF 班轮条件）。这一变形是指卸货费用按照班轮的做法来办，即买方不负担卸货费，而由卖方或船方负担。

（2）CIF Landed（CIF 卸至码头）。这一变形是指由卖方承担将货物卸至码头上的各项有关费用，包括驳船费和码头费。

（3）CIF Ex Tackle（CIF 吊钩下交接）。这一变形是指卖方负责将货物从船舱吊起卸到买方指定船舶吊钩所及之处（码头上或驳船上）的费用。在船舶不能靠岸的情况下，租用驳船的费用和货物从驳船卸至岸上的费用，一概由买方负担。

（4）CIF Ex Ship's Hold（CIF 舱底交接）。按此条件成交，货物运达目的港在船上办理交接后，自船舱底起吊直至卸到码头的卸货费用，均由买方担负。

CIF 的上述变形，只为解决卸货费用的负担问题，并不改变交货地点以及风险划分的界限。

案例 3-2　CIF 贸易术语使用案例

我国某出口公司按 CIF 条件向欧洲某国进口商出口一批草编制品。合同中规定由我方向中国人民保险公司投保了一切险，并采用信用证方式支付。我方在规定的期限，在指定的装运港装船完毕，船舶公司签发了提单，然后在中国银行议付了款项。第二天，我方接到客户来电，称，装货海轮在海上失火，草编制品全部烧毁，要求我方出面向保险公司提出索赔，否则要求我方退回全部货款。问我方应如何处理？

提示：我方不应同意对方的要求。CIF 合同属于象征性交货合同，卖方只要按期在约定的地点完成装运，并向买方提交符合合同规定的单据，就完成了交货义务，而无须保证到货。即卖方凭单交货，买方凭单付款，只要卖方提交了合格的单据，即使货物在运输途中损坏或灭失，买方也必须履行付款义务。本案中，我方完成了交货义务，可以不理会买方要求。买方应凭卖方提交的保险单向保险公司索赔或向承运人等相关责任人索赔，而不是向卖方索赔。

三、CFR 术语

（一）CFR 术语的含义

CFR 的全文是 Cost and Freight（...named Port of destination），即成本加运费（……指定目的港）。是指卖方于货物在装运港越过船舷即完成交货，但其必须支付将货物运至指定目的港的运费；交货后货物灭失或损坏的风险以及由于各种事件造成的任何额外费用，均转移给买方。

按《2000 年通则》规定，CFR 术语仅适用于海运或内河运输，如果买卖双方无意以船舷为界交货，则应改用 CPT 术语。

（二）买卖双方的义务

1. 卖方义务

（1）签订从指定装运港将货物运往约定目的港的合同；在买卖合同规定的时间和港口，将合同要求的货物装上船并支付至目的港的运费；装船后及时通知买方。

（2）承担货物在装运港越过船舷之前的一切费用和风险。

（3）自负风险和费用，取得出口许可证或其他官方证件，并办理货物出口所需的一切海关手续。

（4）提交商业发票，及自费向买方提供为买方在目的港提货所用的通常的运输单据，或具有同等作用的电子信息。

2. 买方义务

（1）接受卖方提供的有关单据，受领货物，并按合同规定支付货款。

（2）承担货物在装运港越过船舷以后的一切风险。

（3）自负风险和费用，取得进口许可证或其他官方证件，并且办理货物进口所需的海关手续，支付关税及其他有关费用。

（三）CFR 术语下需要注意的问题

1. 卖方装船通知的重要性

按照 CFR 条件达成的交易，卖方需要特别注意的问题是，货物装船后必须及时向买方发出装船通知，以便买方办理投保手续。因为一般的国际贸易惯例以及有些国家的法律，如英国《1893 年货物买卖法》（1979 年修订）中规定："如果卖方未向买方发出装船通知，致使买方未能办理货物保险，那么货物在海运途中的风险被视为由卖方负担。"这就是说，如果货物在运输途中遭受损失或灭失，由于卖方未发出通知而使买方漏保，那么卖方就不能以风险在船舷转移为由免除责任。

2. CFR 术语的变形

为解决大宗货物的租船运输中的卸货费用负担问题，产生了 CFR 的变形。业务中常见的 CFR 变形有以下几种。

（1）CFR Liner Terms（CFR 班轮条件）。这一变形是指卸货费按班轮做法办理，即买方不负担卸货费。

（2）CFR Landed（CFR 卸至码头）。这一变形是指由卖方承担卸货费，包括可能涉及的驳船费在内。

（3）CFR Ex Tackle（CFR 吊钩下交接）。这一变形是指卖方负责将货物从船舱吊起卸到买方指定船舶吊钩所及之处（码头上或驳船上）的费用。船舶不能靠岸时，租用驳船费用由买方负担。

（4）CFR EX Ship's Hold（CFR 舱底交接）。按此条件成交，船到目的港在船上办理交接后，由买方自行启舱，并负担货物由舱底卸至码头的费用。

案例 3-3 CFR 贸易术语使用案例

某市一进出口公司按 CFR 贸易术语与法国马赛一进口商签订出口一批抽纱台布的合同，价值 8 万美元。货物于 1 月 8 日上午装"昌盛轮"完毕，当天因经办该项业务的外销员工作繁忙，等到 9 日上班时才想起给买方发装船通知。法商收到我装船通知向当地保险公司申请投保时，该保险公司已获悉"昌盛轮"已于 9 日凌晨在海上遇难而拒绝承保。于是法商立即来电表示该批货物损失应由我进出口公司承担并同时索赔 8000 美元，且拒不赎单。试分析本案例中货物损失应由哪方负担？为什么？

提示：《2000 年通则》规定，按 CFR 条件成交，卖方必须给予买方货物已装船的充分通知。"充分"既指内容上的充分，也指时间上的充分，即卖方应及时发出装船通知，以便买方有充分的时间为风险已转移至买方的货物投保。如卖方未尽到此义务，则应对由此产生的损失负责。此时，货物虽越过船舷，但损失仍应由卖方负担。

四、FCA 术语

（一）FCA 术语的含义

FCA 的全文是 Free Carrier（...named place），即货交承运人（……指定地点）。是指卖方在规定的时间、地点将货物交给买方指定的承运人，并办理出口清关手续，即完成交货义务。按《2000 年通则》规定，FCA 适用于各种运输方式。

（二）买卖双方的义务

1. 卖方义务

（1）在合同规定的时间、地点，将合同规定的货物置于买方指定的承运人控制下，并及时通知买方。

（2）承担将货物交给承运人控制之前的一切费用和风险。

（3）自负风险和费用，取得出口许可证或其他官方批准证件，并办理货物出口所需的一切海关手续。

（4）提交商业发票或具有同等作用的电子信息，并自费提供通常的交货凭证。

2. 买方义务

（1）签订从指定地点承运货物的合同，支付有关的运费，并将承运人名称及有关情况及时通知卖方。

（2）根据买卖合同的规定受领货物并支付货款。

（3）承担受领货物之后所发生的一切费用和风险。

（4）自负风险和费用，取得进口许可证或其他官方证件，并且办理货物进口所需的海关手续。

（三）FCA 术语下需要注意的问题

1. 关于交货的问题

在 FCA 条件下，通常是由买方安排承运人，与其订立运输合同，并将承运人的情况通知卖方。该承运人可以是拥有运输工具的实际承运人，也可以是运输代理人或其他人。按照《2000 年通则》的解释，交货地点的选择直接影响到装卸货物的责任划分问题。如果双方约定的交货地点是在卖方所在地，卖方负责把货物装上买方安排的承运人所提供的运输工具即可。如果交货地点是在其他地方，卖方就要将货物运交给承运人，在自己所提供的运输工具上完成交货义务，而无须负责卸货。如果在约定地点没有明确具体的交货点，或者有几个交货点可供选择，卖方可以从中选择为完成交货义务最适宜的交货点。

2. 关于运输及相关费用问题

FCA 适用于包括多式联运在内的各种运输方式，卖方交货的地点也因采用的运输方式不同而异。有时卖方须在出口国的内陆，如车站、机场或内河港口，办理交货。不论在何处交货，根据《2000 年通则》的解释，卖方都要自负风险和费用，取得出口许可证或其他官方批准证件，并办理货物出口所需的一切海关手续。这一规定对一些在出口国的内地口岸就地交货和交单结汇的做法是十分适宜的。

按照 FCA 术语成交，一般是由买方自行订立从指定地点承运货物的合同，但是，如果买方有要求，并由买方承担风险和费用的情况下，卖方也可以代替买方指定承运人并订立运输合同。当然，卖方也可以拒绝订立运输合同，如果拒绝，应立即通知买方，以便买方另行安排。

在 FCA 条件下，买卖双方承担的费用一般也是以货交承运人为界进行划分，即卖方负担将货物交给承运人控制之前的有关费用，买方负担货交承运人之后的各项费用。

3. 关于风险划分界限的问题

在采用 FCA 术语成交时，买卖双方的风险划分是以货交承运人为界。这一风险划分适用于海洋运输以及陆运、空运等其他运输方式。但由于 FCA 与 F 组其他术语一样，一般是由买方负责订立运输契约，并将承运人名称及有关事项及时通知卖方，卖方才能如约完成交货义务，并实现风险的转移。而如果买方未能及时给予卖方上述通知，或者他所指定的承运人在约定的时间未能接受货物，则关于其后的风险承担《2000 年通则》所做解释如下：自规定的交付货物的约定日期或期限届满之日起，由买方承担货物灭失或损坏的一切风险，但以货物已被划归本合同项下为前提条件。可见，对于 FCA 条件下，风险转移的界限问题并不能简单片面地理解为一概于交承运人处置货物时转移。因为在一般情况下，确实是在货交承运人时，风险由卖方转移给了买方，但如果由于买方的原因，使卖方无法按时完成交货义务，只要货物已被特定化，那么风险转移的时间就可以前移。

案例 3-4 FCA 贸易术语使用案例

我某出口企业按 FCA Shanghai Airport 条件向印度某进口商出口手表一批，货价 5 万美元，交货期为 8 月份，自上海空运至孟买。支付条件为：买方凭航空公司空运到货通知即期全额电汇货款。我出口企业于 8 月 31 日将货物运至机场由航空公司收货并出具了航空运单。我方随即向印度买方发去装运通知。航空公司于 9 月 2 日将货空运至孟买，并将到货通知等有关单据送至孟买某银行，该银行立即通知印商来收取单据并电汇货款。此时，国际市场手表价格下跌，印商以我方交货延迟为由拒绝付款提货。我方坚持对方必须立即付款。双方争执不下。问：我方是否交货延迟？买方是否应付款？

提示：我方没有交货延迟，买方应付款。因为，FCA 为货交承运人术语，卖方的交货义务是将货物如期交给买方指定的承运人。卖方交货后，即可凭承运人出具的运输单据向买方收取货款。本案例中，我方按期把货物运至机场由航空公司收货并出具了航空运单，完成了交货义务。印商应向我方付款，向航空公司提出索赔。

五、CPT 术语

（一）CPT 术语的含义

CPT 的全文是 Carriage Paid to（...named place of destination），即运费付至（……指定目的地）。是指卖方除按约定向指定的承运人交货外，还必须支付将货物运至指定目的地的运费、办理出口清关手续。买方承担货交承运人之后的一切风险和其他费用。

在 CPT 条件下，卖方交货的地点，可以是在出口国的内陆，也可以在其他地方，如边境地区的港口或车站等。不论在何处交货，卖方都要负责办理货物出口报关的手续。可见，CPT 在交货地点、风险划分界限方面与 FCA 相同，但在 CPT 条件下，从交货地点至指定目的地的运输责任与费用均由卖方承担。按《2000 年通则》规定，CPT 适用于任何运输方式。

(二) 买卖双方的义务

1. 卖方义务

(1) 订立将货物运往指定目的地的运输合同，并支付有关运费。

(2) 在合同规定的时间、地点，将合同规定的货物置于承运人控制之下，并及时通知买方。

(3) 承担将货物交给承运人控制之前的风险。

(4) 自负风险和费用，取得出口许可证或其他官方批准证件，并办理货物出口所需的一切海关手续，支付关税及其他有关费用。

(5) 提交商业发票和自费向买方提供在约定目的地提货所需的通常的运输单据，或具有同等作用的电子信息。

2. 买方义务

(1) 接受卖方提供的有关单据，受领货物，并按合同规定支付货款。

(2) 承担自货物在约定交货地点交给承运人控制之后的风险。

(3) 自负风险和费用，取得进口许可证或其他官方证件，并办理货物进口所需的海关手续，支付关税及其他有关费用。

(三) CPT 术语下应注意的问题

1. 风险划分的界限问题

按照 CPT 术语成交，虽然卖方要负责订立从启运地到指定目的地的运输契约，并支付运费，但是卖方承担的风险并没有延伸至目的地。按照《2000 年通则》的解释，货物自交货地点至目的地的运输途中的风险由买方而不是卖方承担，卖方只承担货物交给承运人控制之前的风险。在多式联运情况下，卖方承担的风险自货物交给第一承运人控制时即转移给买方。

2. 责任和费用的划分问题

采用 CPT 术语时，买卖双方要在合同中规定装运期和目的地，以便于卖方选定承运人，自费订立运输合同，将货物运往指定的目的地。卖方将货物交给承运人之后，应向买方发出货已交付的通知，以便于买方在目的地受领货物。如果双方未能确定目的地买方受领货物的具体地点，卖方可以在目的地选择最适合其要求的地点。

按 CPT 术语成交，卖方只是承担从交货地点到指定目的地的正常运费。正常运费之外的其他有关费用，一般由买方负担。货物的装卸费可以包括在运费中，统一由卖方负担，也可以由双方在合同中另行规定。

3. CPT 与 CFR 的异同点

CPT 与 CFR 同属于 C 组术语，按这两种术语成交，卖方承担的风险都是在交货地点随着交货义务的完成而转移，卖方都要负责安排自交货地至目的地的运输事项，并承担其费用。另外，按这两种术语订立的合同，都属于装运合同，卖方只需保证按时交货，而无须保证按时到货。

CPT 与 CFR 的主要区别在于适用的运输方式不同，交货地点和风险划分界限也不相同。CFR 适用于水上运输方式，交货地点在装运港，风险划分以船舷为界；CPT 适用于各种运输方式，交货地点因运输方式的不同而由双方约定，风险划分以货交承运人为界。除此之外，卖方承担的责任、费用以及需提交的单据等方面也有区别。

案例 3-5 CPT 贸易术语使用案例

有一份 CPT 合同，卖方将货物装上船之后，没有及时电告买方，第三天才通知买方，买方也没太在意。货物在运输途中的第二天就遇上大暴雨造成货物损坏，当货物到达目的地的时候，买方发现货物已腐烂。买方要求卖方退款，卖方却认为是买方自己不办理保险，拒绝赔款。问：应由哪方承担责任？

提示：这很显然应由卖方承担损失。根据国际贸易惯例，如果由买方办理保险业务的，卖方要在货物装船后 24 小时之内告之买方，以便买方到目的港接受货物和办理保险。

六、CIP 术语

（一）CIP 术语的含义

CIP 的全文为 Carriage and lnsurance Paid to （...named place of destination），即运费保险费付至（……指定目的地）。卖方除按约定向指定承运人交货外，还必须支付将货物运至指定目的地的运费，交货后的一切风险和费用则由买方承担。另外，卖方还必须负责订立货运保险合同，并支付保险费。按《2000 年通则》规定，适用于各种运输方式。

（二）买卖双方的义务

1. 卖方义务

（1）订立将货物运往指定目的地的运输合同，并支付有关运费。

（2）在合同规定的时间、地点，将合同规定的货物置于承运人的控制之下，并及时通知买方。

（3）承担将货物交给承运人控制之前的风险。

（4）按照买卖合同的约定，自负费用投保货物运输险。

（5）自负风险和费用，取得出口许可证或其他官方批准证件，并办理货物出口所需的一切海关手续，支付关税及其他有关费用。

（6）提交商业发票和在约定目的地提货所需的通常的运输单据或具有同等作用的电子信息，并且自费向买方提供保险单据。

2. 买方义务

（1）接受卖方提供的有关单据，受领货物，并按合同规定支付货款。

（2）承担自货物在约定地点交给承运人控制之后的风险。

（3）自负风险和费用，取得进口许可证或其他官方证件，并且办理货物进口所需的海关手续，支付关税及其他有关费用。

（三）CIP 术语下应注意的问题

1. 正确理解风险和保险问题

按 CIP 术语成交的合同，卖方要负责办理货运保险，并支付保险费，但货物从交货地运往目的地的运输途中的风险由买方承担。所以，卖方的投保仍属于代办性质。根据《2000

年通则》的解释，CIP 术语成交时，一般卖方要按双方协商确定的险别投保，而如果双方未在合同中规定应投保的险别，则由卖方按惯例投保最低的险别，保险金额一般是在合同价格的基础上加成 10%。

2. 应合理确定价格

与 FCA 相比，CIP 条件下卖方要承担较多的责任和费用。他要负责办理从交货地至目的地的运输，承担有关运费；办理货运保险，并支付保险费。这些都应反映在货价之中。所以，卖方对外报价时，要认真核算成本和价格。在核算时，应考虑运输距离、保险险别、各种运输方式和各类保险的收费情况，并要预计运价和保险费的变动趋势等。从买方来讲，也要对卖方的报价进行认真分析，做好比价工作，以免接受不合理的报价。

3. 应了解 CIP 与 CIF 的区别

CIP 与 CIF 有相似之处，他们的价格构成中都包括了通常的运费和约定的保险费，而且，按这两种术语成交的合同均属于装运合同。但 CIP 和 CIF 术语又有明显的区别，这在交货地点、风险划分界限以及卖方承担的责任和费用方面都表现出来。产生这些差别的主要原因是二者适用的运输方式不同。CIF 适用于水上运输，交货地点在装运港，风险划分以装运港船舷为界，卖方负责租船订舱，支付从装运港到目的港的运费，并且负责办理水上运输险，支付保险费。而 CIP 术语则适用于各种运输方式，交货地点要根据运输方式的不同由双方约定，风险是在承运人控制货物时转移。卖方要负责办理从交货地点到指定目的地的全程运输，而不仅仅是水上运输。卖方办理的保险，也不仅仅是水上运输险，还要包括各种运输险。

案例 3-6 CIP 贸易术语使用案例

柬埔寨乔洪进出口贸易公司向比利时科斯商行出口泰国大豆，并签订了 FOB 合同。柬埔寨乔洪进出口贸易公司在装船前向检验机构申请检验，检验结果是货物符合合同的质量要求。柬埔寨乔洪进出口贸易公司在装船后及时向比利时科斯商行发出装船通知，但在海上航行中由于海浪过大，大米被海水浸泡，质量降低。货物到达目的港后，比利时科斯商行要求柬埔寨乔洪进出口贸易公司赔偿差价损失。问：柬埔寨乔洪进出口贸易公司是否应该对上述损失负责？如果本合同以 CIP 术语成交，大米被海水浸泡的风险损失又分别由谁承担？

提示：FOB 术语买卖双方的风险划分是货物越过船舷为界，越过船舷之后的一切费用和风险都由买方承担，故柬埔寨乔洪进出口贸易公司不应该赔偿差价损失。如果采用 CIP 贸易术语的话，虽然是由卖方负责运输并支付费用，但风险在货物交给第一承运人时已经转移给了买方，所以差价损失也不应由卖方承担。

七、FOB、CFR、CIF 与 FCA、CPT、CIP 的异同

常用的六种贸易术语 FOB、CFR、CIF 与 FCA、CPT、CIP 之间，既有区别，又有许多共同之处。

（一）联系

FCA、CPT、CIP 这三种贸易术语实际上是 FOB、CFR、CIF 三种贸易术语的推广，即将术语的适用范围推广到任何运输方式。

（二）区别

（1）适用的运输方式不同。FOB、CFR、CIF 三种术语仅适用于海运和内河运输，其承运人一般只限于船舶公司；而 FCA、CPT、CIP 三种术语适用各种运输方式，包括多式联运，其承运人可以是船舶公司、铁路局、航空公司，也可以是安排多式联运的联合运输经营人。

（2）交货和风险转移的地点不同。FOB、CFR、CIF 的交货地点均为装运港，风险均以在装运港越过船舷时从卖方转移至买方。而 FCA、CPT、CIP 的交货地点，需视不同的运输方式和不同的约定而定，它可以是在卖方处所由承运人提供的运输工具上，也可以是在铁路、公路、航空、内河、海洋运输承运人或多式联运承运人的运输站或其他收货点。至于货物灭失或损坏的风险，于卖方将货物交由承运人保管时，即自卖方转移至买方。

（3）装卸费用负担不同。按 FOB、CFR、CIF 术语，卖方承担货物在装运港越过船舷为止的一切费用。但由于货物装船是一个连续作业，各港口的习惯做法又不尽一致，所以，在使用程租船运输的 FOB 合同中，应明确装船费由何方负担，在 CFR 和 CIF 合同中，则应明确卸货费由何方负担。而在 FCA、CPT、CIP 术语下，如涉及海洋运输，并使用程租船装运，卖方将货物交给承运人时所支付的运费（CPT、CIP 术语），或由买方支付的运费（FCA 术语），已包含了承运人接管货物后在装运港的装船费和目的港的卸货费。这样，在 FCA 合同中的装货费的负担和在 CPT、CIP 合同中的卸货费的负担问题均已明确。

（4）运输单据不同。在 FOB、CFR、CIF 术语下，卖方一般应向买方提交已装船清洁提单。而在 FCA、CFR、CIP 术语下，卖方提交的运输单则视不同的运输方式而定。如在海运和内河运输方式下，卖方应提供可转让的提单，有时也可提供不可转让的海运单和内河运单；如在铁路、公路、航空运输或多式联运方式下，则应分别提供铁路运单、公路运单、航空运单或多式联运单据。

FOB、CFR、CIF 与 FCA、CPT、CIP 之间关系如图 3-1 所示。

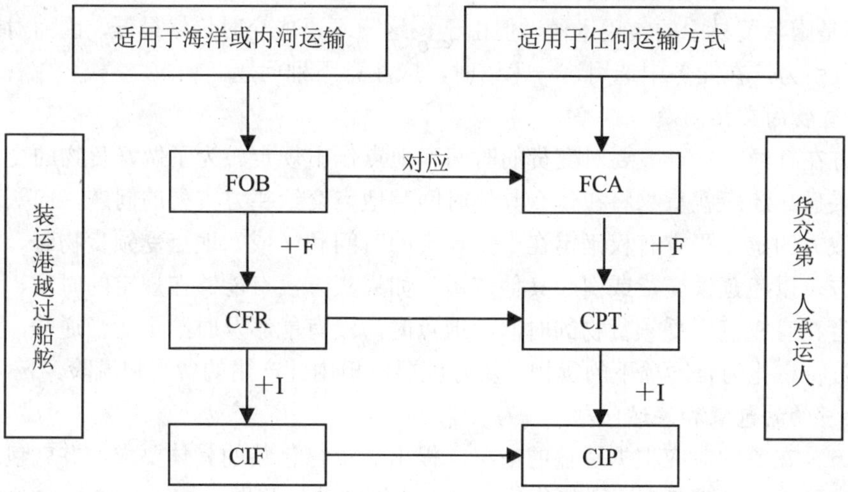

图 3-1　常用贸易术语关系图

第三节 《2000年通则》其他国际贸易术语

除了第二节介绍的FOB、CIF、CFR、FCA、CPT、CIP六种主要的贸易术语外，《2000年通则》对其他七种贸易术语，也分别做了解释。这些术语有其不同的含义，适用于不同的贸易情况，也是国际贸易实务中必须掌握的。现简要介绍如下：EXW、FAS、DAF、DES、DEQ、DDU、DDP，交易双方可根据具体业务的需要灵活选用。

一、EXW术语

（一）EXW术语的含义

EXW，英文全文是Ex Works（...named place），即工厂交货（……指定地点）。这是指当卖方在其所在地或其他指定的地点（如工场、工厂或仓库）将货物交给买方处置时，即完成交货，卖方不办理出口清关手续或将货物装上任何运输工具。

采用EXW条件成交时，卖方承担的风险、责任以及费用都是最小的。

根据《2000年通则》的解释，EXW术语适用于各种运输方式。

（二）买卖双方的基本义务

1. 卖方义务

（1）在合同规定的时间、地点，将合同要求的货物置于买方的处置之下。

（2）承担将货物交给买方处置之前的一切费用和风险。

（3）提交商业发票或具有同等作用的电子信息。

2. 买方义务

（1）在合同规定的时间、地点，受领卖方提交的货物，并按合同规定支付货款。

（2）承担受领货物之后的一切费用和风险。

（3）自负费用和风险，取得出口和进口许可证或其他官方批准证件，并办理货物出口和进口的一切海关手续。

（三）EXW术语下需要注意的问题

EXW不是国际贸易中的常用术语，但由于按这一术语成交时价格最低，因而对于买方具有一定的吸引力。在业务中选用这一术语时，应注意下列问题。

1. 关于货物的交接问题

买卖双方在订约时，一般要对交货的时间和地点作出规定。为了做好货物的交接，卖方在货物备妥后，还应就货物将在什么具体时间和地点交给买方支配的问题，向买方发出通知。如果双方约定，买方有权确定在一个规定的时间和（或）地点受领货物时，买方应及时通知卖方，以免延误交货或引起其他差错。如果买方没有能够在规定的时间、地点受领货物，或者在有权确定受领货物的时间、地点时，没有能够及时给予适当通知，那么，只要货物已被特定化为合同项下的货物，买方就要承担由此产生的费用和风险。

2. 关于货物的包装和装运问题

作为买方，在签约时应根据运输的情况，提出对货物包装的具体要求，并就包装费用负担问题作出规定，以避免事后引起争议。关于货物的装运问题，按《2000年通则》的解释，由买方自备运输工具到交货地点接运货物。一般情况下，卖方不承担将货物装上运输工具的责任及费用，但如果双方约定，由卖方负责将货物装上买方安排的运输工具并承担相关的费用，则应在签约时对上述问题作出明确规定。

3. 关于办理出口手续的问题

在工厂交货条件下，办理货物出口手续的责任在买方，尽管有时可要求卖方代办，但货物被禁止出口的风险还是由买方承担的。因此，在成交之前，买方应了解出口国政府的有关规定，例如是否允许在该国无常驻机构的当事人在该国办理出口结关手续。当买方无法做到直接或间接办理货物的出境手续时，则不应采用这一贸易术语成交。

二、FAS 术语

(一) FAS 术语的含义

FAS 的全文是 Free Alongside Ship（...named port of shipment），即船边交货（……指定装运港）。这是指卖方在指定的装运港将货物交到船边，即完成交货。买方必须承担自那时起货物灭失或损坏的一切风险。

(二) 买卖双方的基本义务

1. 卖方义务

（1）在合同规定的时间和装运港口，将合同规定的货物交到买方所派船只的旁边，并及时通知买方。

（2）承担货物交至装运港船边的一切费用和风险。

（3）自负费用和风险，取得出口许可证或其他官方批准证件，并且办理货物出口的一切海关手续。

（4）提交商业发票或具有同等作用的电子信息，并且自负费用提供通常的交货凭证。

2. 买方义务

（1）订立从指定装运港口运输货物的合同，支付运费，并将船名、装货地点和要求交货的时间及时通知卖方。

（2）在合同规定的时间、地点，受领卖方提交的货物，并按合同规定支付货款。

（3）承担受领货物之后所发生的一切费用和风险。

（4）自负费用和风险，取得进口许可证或其他官方批准证件，并且办理货物进口的一切海关手续。

(三) 使用 FAS 术语应注意的问题

实际业务中，在使用 FAS 术语时应着重注意以下问题。

1. 对 FAS 的不同解释

根据《2000 年通则》的解释，FAS 术语只适合于包括海运在内的水上运输方式，交货地点只能是装运港。但是，按照《美国对外贸易定义》的解释，FAS 是 Free Along Side 的缩写，即指交到运输工具的旁边。因此，在同北美国家的交易中使用 FAS 术语时，应在 FAS 后面加上 Vessel 字样，以明确表示“船边交货”。

2. 办理出口手续的问题

按照《1990 年通则》的规定，在 FAS 条件下，卖方本身并无义务办理出口结关手续和提供出口国政府签发的有关证件。只有当买方有要求，并由买方承担风险和费用的前提下，卖方才可协助办理。但《2000年通则》中对这一问题作出了修改，按照《2000年通则》的规定，采用FAS术语成交时，办理货物出口报关的风险、责任和费用改由卖方承担。这是考虑到原先的规定在实际操作时，给买方带来诸多困难或不便。

3. 要注意船货衔接问题

因为在FAS条件下，从装运港至目的港的运输合同要由买方负责订立，买方要及时将船名和要求装货的具体时间、地点通知卖方，以便卖方按时做好备货出运工作。卖方也应将货物交至船边的情况及时通知买方，以利于买方办理装船事项。如果买方指派的船只未按时到港接受货物，或者比规定的时间提前停止装货，或者买方未能及时发出派船通知，只要货物已被清楚地划出，或以其他方式确定为本合同项下的货物，由此而产生的风险和损失均由买方承担。

三、DAF术语

（一）DAF术语的含义

DAF的全文是Delivered At Frontier（...named place），即边境交货（……指定地点）。这是指当卖方在边境的指定地点和具体交货点，在毗邻国家海关边界前，将仍处于交货的运输工具上尚未卸下的货物交给买方处置，办妥货物出口清关手续但尚未办理进口清关手续时，即完成交货。“边境”一词可用于任何边境，包括出口国边境。因而，用指定地点和具体交货点准确界定所指边境，这是极为重要的。主要适用于铁路和公路运输，也可以适用于其他运输方式。

（二）买卖双方的基本义务

1. 卖方义务

（1）订立将货物运往边境约定交货地点的运输合同，并支付有关运费。

（2）在合同规定的时间，在边境约定地点将货物置于买方控制之下。

（3）承担将货物在边境约定地点交给买方控制之前的风险和费用。

（4）自负风险和费用，取得出口许可证或其他官方批准证件，并办理货物出口所需的一切海关手续，支付关税及其他有关费用。

（5）提交商业发票和自费向买方提交通常的运输单证或在边境指定地点交货的其他凭证或具有同等作用的电子信息。

2. 买方义务

（1）接受卖方提供的有关单据，在边境约定地点受领货物，并按合同规定支付货款。

（2）承担在边境约定地点受领货物之后的风险和费用。

（3）自负风险和费用，取得进口许可证或其他官方证件，并且办理货物进口所需的海关手续，支付关税及其他有关费用。

（三）DAF术语下需要注意的问题

实际业务中，在使用DAF术语时应着重注意以下问题。

1. 关于风险转移问题

国外有使用Free Border或Franco Border的做法，按照一般的解释，采用这两种术语时，卖方只是负责安排运输并支付运至边境某地的运费，卖方的交货地点并未延伸至边境指定地点，所以只相当于 CPT 条件。因此，在按 DAF 术语成交时，交易双方应该明确，卖方承担的风险只有在边境指定地点完成交货时才转移给买方，而不是在此之前。

2. 关于边境交货地点问题

当边境上有几个可供交货的地点时，双方当事人应该明确商定其中某一地点作为交货地点，并且在 DAF 之后列明，以免在履约时引起争执。如果双方在定约时未能就具体的交货地点作出明确规定，卖方有权自行选择最适宜的边境地点作为交货地点。如果该地点是位于进口国的港口，《2000 年通则》建议当事人采用 DES（目的港船上交货）或 DEQ（目的港码头交货）。

四、DES 术语

（一）DES 术语的含义

DES 的全文是 Delivered Ex Ship（…named port of destination），即船上交货（……指定目的港）。这是指在指定的目的港，货物在船上交给买方处置，但不办理货物进口清关手续，卖方即完成交货。卖方必须承担货物运至指定的目的港卸货前的一切风险和费用。如果当事各方希望卖方负担卸货的风险和费用，则应使用 DEQ 术语。适用于水上运输方式。

（二）买卖双方的基本义务

1. 卖方义务

（1）签订将货物运往约定目的港的水上运输合同，并支付有关运费。

（2）在合同规定的时间，将货物运至约定目的港通常的卸货地点，并在船上将货物置于买方处置之下。

（3）承担在目的港船上将货物置于买方处置之前的风险和费用。

（4）自负风险和费用，取得出口许可证或其他官方批准证件，并办理货物出口所需的一切海关手续，支付关税及其他有关费用。

（5）提交商业发票和自负费用向买方提交提货单或为买方在目的港提取货物所需的通常的运输单证，或具有同等作用的电子信息。

2. 买方义务

（1）接受卖方提供的有关单据，在目的港船上受领货物，并按合同规定支付货款。

（2）承担在约定目的港的船上受领货物之后的风险和费用。

（3）自负风险和费用，取得进口许可证或其他官方证件，支付卸货费用，并且办理货物进口所需的海关手续，支付关税及其他有关费用。

（三）使用 DES 术语应注意的问题

实际业务中，在使用 DES 术语时应着重注意以下问题。

1. 共同做好货物的交接工作

对于卖方来讲，要及时将船舶预计到港时间通知买方，使买方做好接货的准备工作。此外，卖方要及时将提货单或通常的运输单据（提单或海运单等）提交给买方，使其得以受领货物。对于买方来讲，要自负风险和费用取得进口许可证，当买方有权决定交货时间和具体地点时，要及时通知卖方。另外，当卖方已按上述规定做好了交货准备工作时，买方要及时在船上受领货物。如果买方未能及时通知卖方或未能及时受领货物，那么，买方要承担由此而产生的额外费用和风险。

2. 要了解DES与CIF的区别

有人误称CIF为“到岸价”，这是单纯从其主要价格构成来考虑的，因为按CIF条件成交，卖方要负责安排从装运港到目的港的运输和保险，承担相应的运费和保险费。但由于CIF属于装运港交货，风险已在装运港货物越过船舷时转移，运输途中的风险由买方承担。卖方并不保证把货送到目的口岸，因而称其为“到岸价”是不当的。从这个意义上讲，若海轮能直接靠岸，DES 则是名副其实的到岸价。因为卖方要负责将货物安全运达目的港，在船上将货物实际交给买方才算是完成交货。在DES条件下，卖方不仅要负责正常的运费、保险费，还要负责诸如转船、绕航等产生的额外费用，以及根据需要加保各种特殊附加险而支付的保险费。由此可见，DES 与 CIF 在交货地点、风险划分界限、责任和费用的负担等问题上都有区别。

五、DEQ术语

（一）DEQ术语的含义

DEQ的全文是Delivered EX Quay（...named port of destination），即码头交货（……指定目的港）。通常称作目的港码头交货。这是指卖方在指定的目的港码头将货物交给买方处置，不办理进口清关手续，即完成交货。卖方应承担将货物运至指定的目的港并卸至码头的一切风险和费用。DEQ 术语要求买方办理进口清关手续并在进口时支付一切办理海关手续的费用、关税、税款和其他费用。适用于水上运输方式。

（二）买卖双方的基本义务

1. 卖方义务

（1）签订将货物运往约定目的港的水上运输合同，并支付有关运费。

（2）在合同规定的时间，将货物运至约定的目的港，承担卸货的责任和费用，并在目的港码头将货物置于买方的处置之下。

（3）承担在目的港码头将货物置于买方的处置下之前的风险和费用。

（4）自负风险和费用，取得出口许可证或其他官方批准证件，并办理货物出口所需要的一切海关手续，支付关税及其他有关费用。

（5）提交商业发票和自负费用向买方提供提货单或为买方在目的港码头提取货物所需的通常的运输单证，或具有同等作用的电子信息。

2. 买方义务

（1）接受卖方提供的有关单据，在目的港码头受领货物，并按合同规定支付货款。

（2）承担在约定目的港码头受领货物之后的风险和费用。

（3）自负风险和费用，取得进口许可证或其他官方证件，并且办理货物进口所需的海关手续，支付关税及其他有关费用。

（三）使用DEQ术语应注意的问题

实际业务中，在使用DEQ术语时应着重注意以下问题。

1. 由买方承担货物的进口报关责任、费用和风险

DEQ和DES都是在目的港交货的术语，在如何安排好途中的运输、保险以及做好货物

的交接手续等问题上，二者的注意事项也基本相同。鉴于世界各国在使用 DEQ 术语时，对于由谁负责办理进口手续的问题，做法并不完全统一，因此，使用此术语时，必须加以注意。《1990 年通则》规定，办理货物进口报关的责任、费用和风险由卖方承担。而《2000年通则》改为由买方承担，这是考虑到大多数国家的清关手续发生了变化，作此改变，更便于实际操作。但同时还规定，如果双方同意由卖方承担货物进口报关的全部或部分费用，必须在合同中以明确的文字表示出来。

2. 仅适用于水上运输和交货地点为目的港码头的多式联运

《2000 年通则》中还强调指出，DEQ 术语仅仅适用于水上运输和多式联运方式。在多式联运方式下，卖方也是在将货物从船上卸至目的港码头时完成交货。同时指出，如果双方同意由卖方承担责任、费用和风险，将货物由码头运至其他地方，则应采用 DDU 或 DDP 术语。

六、DDU 术语

(一) DDU 术语的含义

DDU 的全文是 Delivered Duty Unpaid（...named place of destination），即未完税交货（……指定目的地）。这是指卖方在指定的目的地将货物交给买方处置，不办理进口手续，也不从交货的运输工具上将货物卸下，即完成交货。卖方应承担将货物运至指定的目的地的一切风险和费用，不包括在需要办理海关手续时在目的地国进口应交纳的任何“税费”(包括办理海关手续的责任和风险，以及交纳手续费、关税、税款和其他费用)。买方必须承担此项“税费”和因其未能及时输货物进口清关手续而引起的费用和风险。适用于各种运输方式。

(二) 买卖双方的基本义务

1. 卖方义务

（1）订立将货物按照惯常路线和习惯方式运至进口国内约定目的地的运输合同，并支付有关运费。

（2）在合同规定的时间、地点，将合同规定的货物置于买方处置之下。

（3）承担在指定目的地约定地点，将货物置于买方处置下之前的风险和费用。

（4）自负风险和费用，取得出口许可证或其他官方批准证件，并办理货物出口所需的一切海关手续，支付关税及其他有关费用。

（5）提交商业发票和自负费用向买方提交提货单或为买方在约定目的地提取货物所需的通常的运输单证，或具有同等作用的电子信息。

2. 买方义务

（1）接受卖方提供的有关单据，在进口国内地约定地点受领货物，并按合同规定支付货款。

（2）承担在目的地约定地点受领货物之后的风险和费用。

（3）自负风险和费用，取得进口许可证或其他官方批准证件，并办理货物进口所需的一切海关手续，支付关税和其他有关费用。

(三) 使用 DDU 术语时卖方应注意的问题

实际业务中，在使用 DDU 术语时应着重注意以下问题。

1. 进口清关手续的办理是否便利

在DDU交货条件下，卖方要承担义务将货物运到进口国内约定目的地，实际交给买方。但是货物进口的清关手续和进口税却不是由卖方负担，而是由买方负担。这对于一些自由贸易区以及订有关税同盟的国家间的贸易是适宜的。而如果进口国是属于清关困难而且耗时的国家，买方有时不能及时顺利地完成清关手续，这种情况下要求卖方承担按时在目的地交货的义务将有一定的风险。所以，作为卖方在出口业务中采用DDU交货条件之前，应先了解进口国海关管理方面的情况，如果预计进口清关会遇到困难，则不应采用DDU术语。《2000年通则》规定，如果双方同意由卖方承担货物进口清关的风险和费用，必须在合同中以明确的文字表示出来。

2. 卖方应注意办理货物保险

按照《2000年通则》的解释，按DDU条件成交，卖方并无订立保险合同的义务，这主要是因为DDU属于实际交货，交货前的风险由卖方承担，订立保险合同与否，同买方并不相干。但由于国际贸易中存在着各种难以预料的风险，特别是采用DDU成交时，卖方要负责将货物从出口国运至进口国内的最终目的地，这中间要涉及许多环节和长距离运输，货物遭遇自然灾害或意外事故导致损失的可能性很大。因此，卖方应通过投保的方式转移风险。至于投保何种险别，要根据货物的性质以及运输方式和路线来决定。

七、DDP术语

(一) DDP术语的含义

DDP的全文是Delivered Duty Paid（...named place of destination），即完税后交货（……指定目的地）。这是指卖方在指定的目的地，办理完进口清关手续，将在交货运输工具上尚未卸下的货物交与买方，完成交货。卖方必须承担将货物运至指定的目的地的一切风险和费用，包括在需要办理海关手续时在目的地应交纳的任何进口"税费"（包括办理一切海关手续、交纳海关手续费、关税、税款和其他费用的责任和风险）

该术语是唯一一个需要卖方办理进口清关手续的术语，也是卖方承担责任、费用及风险最大的术语，卖方所要的价格也最高。属于实际交货，适用于各种运输方式。

(二) 买卖双方的基本义务

1. 卖方义务

(1) 订立将货物按惯常路线和习惯方式运往指定目的地的运输合同，并支付有关运费。

(2) 在合同规定的时间、地点，将合同规定的货物置于买方的处置之下。

(3) 承担在指定目的地的约定地点将货物置于买方的处置下之前的风险和费用。

(4) 自负风险和费用，取得出口和进口许可证及其他官方批准证件，并且办理货物出口和进口所需的海关手续，支付关税及其他有关费用。

(5) 提交商业发票和自负费用提交提货单或买方为提取货物所需的通常的运输单证，或具有同等作用的电子信息。

2. 买方义务

(1) 接受卖方提供的有关单据，在目的地约定地点受领货物，并按合同规定支付货款。

(2) 承担在目的地约定地点受领货物之后的风险和费用。

(3) 根据卖方的请求，并由卖方负担风险和费用的情况下，给予卖方一切协助，使其取得货物进口所需的进口许可证或其他官方批准证件。

(三) 使用 DDP 术语应注意的问题

实际业务中，在使用 DDP 术语时应着重注意以下问题。

1. *妥善办理投保事项*

由于按照 DDP 术语成交，卖方要承担很大的风险，为了能在货物受损或灭失时及时得到经济补偿，卖方应办理货运保险。选择投保的险别时，也应与 DDU 术语一样，根据货物的性质、运输方式及运输路线来灵活决定。

2. *关于运输方式问题*

按照《2000 年通则》的解释，DDP 和 DDU 术语均适用于各种运输方式，但是，当交货地点是在目的港的船上或码头时，应采用 DES 或 DEQ 术语。

3. *其他注意事项*

在 DDP 交货条件下，卖方是在办理了进口结关手续后在指定目的地交货的，这实际上是卖方已将货物运进了进口方的国内市场。如果卖方直接办理进口手续有困难，也可要求买方协助办理。如果双方当事人同意由买方办理货物的进口手续和支付关税，则应采用 DDU 术语。如果双方当事人同意在卖方承担的义务中排除货物进口时应支付的某些费用(如增值税)，应写明 "Delivered Duty Paid，VAT UnPaid (…named place of destination)"，即 "完税后交货，增值税未付 (……指定目的地)"。

第四节　《2000 年通则》国际贸易术语的选用

国际商会的《2000 年通则》对国际贸易中使用的各种贸易术语下买卖双方承担的基本义务作出了较为明确的规定，但在实际业务中，当事人对外成交时选用何种贸易术语，还需根据交易的具体情况仔细斟酌，做到既有利于达成交易，又避免因承担过大的风险而造成意外的损失。这就要求我们在对上述十三种贸易术语有了一般了解的基础上，再作进一步的归纳分析，以便深入掌握。

一、《2000 年通则》中十三种贸易术语比较

《2000 年通则》共解释了十三种贸易术语，这些术语从不同的角度划分了买方和卖方在交易中的责任、风险与费用。了解术语在这些方面的不同，是我们掌握和选用他们的关键。表 3-3 将十三种术语的责任、费用与风险进行了比较。

表 3–3　《2000 年通则》中十三种贸易术语比较

国际代码	交货地点	风险转移界限	出口报关责任与费用负担	进口报关责任与费用负担	适用的运输方式
EXW	商品产地、所在地	货交买方	买方	买方	任何方式
FCA	出口国内地、港口	货交承运人	卖方	买方	任何方式
FAS	装运港口	货交船边后	卖方	买方	水上运输

续表

国际代码	交货地点	风险转移界限	出口报关责任与费用负担	进口报关责任与费用负担	适用的运输方式
CFR	装运港口	货物越过装运港船舷	卖方	买方	水上运输
CIF	装运港口	货物越过装运港船舷	卖方	买方	水上运输
CPT	出口国内地、港口	货交承运人处置时起	卖方	买方	任何方式
CIP	出口国内地、港口	货交承运人处置时起	卖方	买方	任何方式
DAF	两国边境的指定地点	货交买方处置时起	卖方	买方	任何方式
DES	目的港口	目的港船上货交买方时起	卖方	买方	水上运输
DEQ	目的港口	在目的港码头货交买方时起	卖方	买方	水上运输
DDU	进口国内	在指定目的地将货交买方时起	卖方	买方	任何方式
DDP	进口国内	在指定目的地将货交买方时起	卖方	卖方	任何方式

二、各组贸易术语的不同特点

（一）E组贸易术语

按E组的EXW这一贸易术语达成的交易，在性质上类似于国内贸易。因为卖方是在本国的内地完成交货，其所承担的风险、责任和费用都局限于出口国内，所以，在卖方与买方达成的契约中可不涉及运输和保险的问题。而且，除非合同中有相反规定，卖方一般无义务提供出口包装，也不负责将货物装上买方安排的运输工具。如果买方需要卖方去做，可以事先在合同中规定。另外，如果买方不能直接或间接地办理出口和进口手续，则不应采用这一术语成交。

（二）F组贸易术语

F组中包括的三种贸易术语FCA、FAS和FOB，他们在交货地点、风险划分界限以及适用的运输方式等方面并不完全相同，然而他们也有相同之处，其共同点是按这些术语成交时，卖方要负责将货物按规定的时间运到双方约定的交货地点，并按约定的方式完成交货。从交货地点到目的地的运输事项由买方安排，运费由买方负担。买方要指定承运人，订立从交货地至目的地的运输合同，并通知卖方。可见，按这些术语达成交易，卖方承担的费用在交货地点随着风险的转移而相应地转移给了买方。另外，按照《2000年通则》的解释，采用这三种贸易术语成交时，均由卖方负责货物出口报关的手续和费用，由买方负责货物进口报关的手续和费用。

由于按F组术语成交时，卖方负责在交货地点提交货物，而由买方安排运输工具到交货地点接运货物，所以，如何做好船货的衔接工作至关重要。F组贸易术语成交的合同称作装运合同。

（三）C组贸易术语

C组贸易术语中的CFR和CIF是在装运港交货，风险划分均以船舷为界，适用于水上运输方式；CPT和CIP则是在约定地点向承运人交货，风险划分以货交第一承运人为界，适用于各种运输方式。但他们同为一组也具有共同之处，那就是卖方在约定的装运港（地）

交货后，还要负责办理货物从装运港（地）到目的港（地）的运输事项，并承担相关费用。因按本组术语成交，货价构成因素中都包括运费，故国际商会在《2000 年通则》的引言中称本组术语项下“主要运费已付”。当然，其中的 CIF 和 CIP 下，卖方还要负责办理货运保险，并承担保险费用。由于卖方承担的风险仍然是在装运港（地）交货时转移，所以，不应将他们看做是到货合同。

C 组术语下，风险划分和费用划分是两个不同的概念，风险划分在装运港（地），费用划分则是在目的港（地）。就是说，卖方虽然承担从交货地至目的地的运输责任，并负担相关费用，但是，他并不承担从交货地至目的地的运输途中货物发生损坏、灭失及延误的风险。

（四）D 组贸易术语

D 组包括的五种贸易术语中，除了 DAF 是在两国边境指定地点交货外，其他四种术语都是在进口国的目的港或目的地交货。卖方要承担货物运至该地点之前的一切风险和费用。按照 D 组术语成交的合同称到货合同（Arrival Contract）。可见，D 组术语条件下，卖方所承担的风险要大于前面各组。

三、与交货有关的其他问题

（一）贸易术语与合同性质的关系

贸易术语是确定买卖合同性质的一个重要因素。在一般情况下，贸易术语的性质与买卖合同的性质是相吻合的。按 E 组术语成交，卖方在产地交货，故其签订的合同为产地交货合同。按 F 组和 C 组术语成交时，卖方都是在启运国或装船国履行其交货义务，这两种术语都具有装运地或装运港交货的性质，因此，按这两组术语签订的买卖合同，其性质都属于装运合同。但是，按 D 组术语成交时，卖方必须承担货物运至目的地的所有费用和风险，即在到达地点履行其交货义务，故按 D 组术语签订的买卖合同，其性质属于到达合同的类别。

贸易术语是确定买卖合同性质的重要因素，但它并不是决定合同性质唯一的因素。例如，交易双方在签订合同时使用了 CIF 术语，但同时又约定“以货物到达目的港作为支付货款的前提条件”。结果，货物在中途遇到海难，没有按合同的规定到达目的港。买方拒绝支付货款，双方引起诉讼。法官审理后认为，按此条件签订的合同，不是装运合同，而是到达合同，因此判定卖方没有履行其交货义务，买方有权拒绝付款。在这一案例中，可以说支付条件是确定合同性质的决定因素。由此可见，确定买卖合同的性质，不能单纯看采用何种贸易术语，还应看买卖合同中的其他条件是如何规定的。

（二）风险的提前转移问题

一般来讲，卖方承担的风险是在双方约定的交货地点的特定界限，随着交货义务的完成而转移的。也就是说，卖方交货后，货物损坏或灭失的风险，以及负担与货物有关的费用的义务便从卖方转移到买方。通常情况下，买方不承担交货之前所发生的货物损坏或灭失的风险以及相关的费用。但是，各种贸易术语下都规定了当买方没有按约定受领货物或没有给予卖方完成交货义务的必要指示，例如给予装船时间或交货地点的通知，那么，风险和费用的转移可以提前到交货之前。

（三）包装和检验问题

国际贸易中的大多数商品需要一定的包装，然而，包装的用料和方式等却因商品的性质和采用的运输方式的不同有着很大的差异。为了切实起到保护商品的作用，避免事后的争端，《2000 年通则》在每一术语的卖方义务第九条中都规定：卖方必须自负费用提供按照卖方在订立合同前已知的有关该货物运输（如运输方式、目的地）所要求的包装（除非按照相关行业惯例，合同项下的货物通常无须包装）。包装应作适当标记。这一规定只限于在订立合同前卖方已知道有关运输的情况。《联合国国际货物销售合同公约》对此也有类似的规定，即货物包装必须“适用于订立合同时曾明示或默示地通知卖方的任何特定目的，除非情况表明买方并不依赖卖方的技能和判断力，或者这种依赖是不合理的”。

关于货物的检验问题，《2000 年通则》中也规定，货物在装运前的检验费用由买方负担，因为这是为了买方的利益而进行的。但如果是出口国的有关当局强制进行的检验，那么除在 EXW 条件下，仍由买方承担检验费用，在其他术语下，则由卖方负担。

四、选用贸易术语时应考虑的主要因素

在国际贸易中，贸易术语是确定合同性质、决定交货条件的重要因素，选定适当的贸易术语对促进合同的订立和履行，提高企业的经济效益具有重要的意义。作为交易的当事人，在选择贸易术语时主要应考虑以下因素：

（一）考虑运输条件

买卖双方采用何种贸易术语，首先应考虑采用何种运输方式。在本身有足够运输能力或安排运输无困难，而且经济上又合算的情况下，可争取按由自身安排运输的条件成交（如按 FCA、FAS 或 FOB 进口，按 CIP、CIF 或 CFR 出口）。否则，则应酌情争取按由对方安排运输的条件成交（如按 FCA、FAS 或 FOB 出口，按 CIP、CIF 或 CFR 进口）。

（二）考虑货源情况

国际贸易中货物品种很多，不同类别的货物具有不同的特点，他们在运输方面各有不同要求，故安排运输的难易不同，运费开支大小也有差异。这是选用贸易术语应考虑的因素。此外，成交量的大小，也直接涉及安排运输是否有困难和经济上是否合算的问题。当成交量太小，又无班轮通航的情况下，负责安排运输的一方势必会增加运输成本，故选用贸易术语时也应予以考虑。

（三）考虑运费因素

运费是货价构成因素之一，在选用贸易术语时，应考虑货物经由路线的运费收取情况和运价变动趋势。一般来说，当运价看涨时，为了避免承担运价上涨的风险，可以选用由对方安排运输的贸易术语成交，如按 C 组术语进口，按 F 组术语出口。在运价看涨的情况下，如因某种原因不得不采用按由自身安排运输的条件成交，则应将运价上涨的风险考虑到货价中去，以免遭受运价变动的损失。

（四）考虑运输途中的风险

在国际贸易中，交易的商品一般需要通过长途运输，货物在运输过程中可能遇到各种自然灾害、意外事故等风险，特别是在遇到战争或正常的国际贸易遭到人为障碍与破坏的

时期和地区，则运输途中的风险更大。因此，买卖双方洽商交易时，必须根据不同时期、不同地区、不同运输路线和运输方式的风险情况，并结合购销意图来选用适当的贸易术语。

（五）考虑办理进出口货物结关手续有无困难

在国际贸易中，关于进出口货物的结关手续，有些国家规定只能由结关所在国的当事人安排或代为办理，有些国家则无此项限制。因此，当某出口国政府规定，买方不能直接或间接办理出口结关手续，则不宜按 EXW 条件成交，而应选用 FCA 条件成交；若进口国当局规定，卖方不能直接或间接办理进口结关手续，此时则不宜采用 DDP，而应选用 D 组的其他术语成交。

第五节 《2010 年国际贸易术语解释通则》

随着国际贸易的发展，国际商会为了适应免税区不断扩大，电子交易逐渐增多，运输方式的变化和货物在运输中的安全越来越被重视等新趋势，对《2000 年通则》进行了修订，出版了《2010 年通则》，并于 2011 年 1 月 1 日开始实施。

一、《2010 年通则》较《2000 年通则》相比的变化

（一）重大变化

1. *术语种类的变化*

《2010 年通则》删去了《2000 年通则》中的 4 个术语：DAF、DES、DEQ、DDU，新增了 2 个术语：DAT、DAP，并将 11 种贸易术语按所适用的运输方式不同划分为两大类，即适用于水运的术语和适用于其他运输方式的术语，以提醒使用者注意不要将仅适用于水运的术语用于其他运输方式。即用 DAP 取代了 DAF、DES 和 DDU 三个术语，DAT 取代了 DEQ，且扩展至适用于一切运输方式。

2. *术语义务项目上的变化*

《2010 年通则》每种术语项下买卖双方各自的义务虽然仍列出项目，但与《2000 年通则》不同之处在于，卖方在每一项目中的具体义务不再“对应”买方在同一项目中相应的义务，而是改为分别描述，并且各项目内容也有所调整。《2010 年通则》术语下买卖双方义务如表 3-4 所示。

表 3–4 《2000 年通则》对买卖双方义务的规定

卖方义务	买方义务
A1 卖方的一般义务	B1 买方的一般义务
A2 许可证、其他许可、安全清关及其他手续	B2 许可证、其他许可、安全清关及其他手续
A3 运输合同及保险合同	B3 运输合同及保险合同
A4 交货	B4 提货
A5 风险转移	B5 风险转移
A6 费用划分	B6 费用划分
A7 通知买方	B7 通知卖方

续表

卖方义务	买方义务
A8 交货单据	B8 提货证明
A9 查对、包装及标记	B9 货物检验
A10 信息协助和相关费用	B10 信息协助和相关费用

由上述内容可以得知，第二项和第十项改动较《2000 年通则》明显，尤其是第十项要求卖方和买方分别要帮助对方提供包括与安全有关的信息和单据，并向受助方索偿因此而发生的费用。在第二项中也增加了取得或提供帮助取得安全清关的义务。为与此配合，进出口商在某些情形下必须提前提供有关货物接受安全扫描和检验的相关信息，这一要求体现在 A2/B2 和 A10/B10 中。

3. 新增 DAT 和 DAP 两个术语

新版本增加了 DAT 和 DAP 两个全新的术语。DAT 是指在指定目的地或目的港的集散站交货，DAP 是指在指定目的地交货。两者的主要差异是 DAT 下卖方需要承担把货物由目的地（港）运输工具上卸下的费用，DAP 下卖方只需在指定目的地把货物处于买方控制之下，而无须承担卸货费，具体解释如下。

（1）DAT 贸易术语。

① DAT 贸易术语的含义。DAT（Delivered At Terminal，目的地或目的港的集散站交货）指卖方在指定的目的港或目的地将货物从运输工具上卸下交由买方处置即完成交货义务，且卖方承担货物运至指定的目的港或目的地卸货前的一切风险。其中，“Terminal”包括任何地点，可以是码头、仓库、集装箱堆场、公路、铁路、航空站点等。

本术语适用于任何运输方式，包括多式联运。

② 买卖双方的义务（如表 3-5 所示）。

表 3–5 DAT 贸易术语买卖双方的义务

卖方基本义务	买方基本义务
a．卖方必须自担风险和费用，取得任何出口许可证、其他官方许可证或其他文件，并在需要办理海关手续时办理货物出口及从他国过境所需的一切海关手续 b．卖方必须自付费用订立运输合同，将货物运至指定目的地或目的港，并从运输工具上卸下 c．卖方必须承担交货前货物灭失或损坏的一切风险和费用 d．向买方提交约定的单证或相等的电子信息 e．在买方自负风险和费用的情况下，按买方要求提供卖方安全清关和后续所需的单据和信息	a．买方必须按照销售合同规定支付价款 b．买方必须在卖方按照规定交货时受领货物，从卖方交付货物时起，承担货物灭失和损坏的一切风险 c．在卖方自负风险和费用的情况下，按卖方要求提供卖方运输、出口和安全清关所需的信息

③ 使用 DAT 需要注意的问题。

• 卖方应当在指定的目的地或目的港将货物从运输工具上卸下，并承担卸货费；

• 交易双方应对指定的地点进行精确的规定；

• 如果约定由卖方承担货物从指定地点遇到另一地点的费用和风险，则可采用 DAP 或 DDP。

（2）DAP 贸易术语。

① DAP 贸易术语的含义。DAP（Delivered At Place，目的地交货）是指卖方在指定的目的地将货物交由买方处置即完成交货义务，无须将货物从运输工具上卸下。卖方承担货物运至指定目的地的一切风险。

该术语适用于任何运输方式，包括多式联运。

② 买卖双方的义务（如表 3-6 所示）。

表 3–6　DAT 贸易术语买卖双方的义务

卖方基本义务	买方基本义务
a. 卖方必须自担风险和费用，取得任何出口许可证、其他官方许可证或其他文件，并在需要办理海关手续时办理货物出口及从他国过境所需的一切海关手续 b. 卖方必须自付费用订立运输合同，将货物运至指定目的地或目的港 c. 卖方必须承担交货前货物灭失或损坏的一切风险和费用 d. 向买方提交约定的单证或相等的电子信息 e. 在买方自负风险和费用的情况下，按买方要求提供买方安全清关和后续所需的单证和信息	a. 买方必须按照销售合同规定支付价款 b. 买方必须在卖方按照规定交货时受领货物，从卖方交付货物时起，承担货物灭失和损坏的一切风险 c. 在卖方自负风险和费用的情况下，按卖方要求提供卖方运输、出口和安全清关所需的信息

③ 使用 DAP 需要注意的问题。

• 交易双方应对指定的地点进行精确的规定，如未约定或按照惯例也无法确定具体交货点，则卖方可在目的地选择最适合其目的的交货点；

• 如果卖方订立运输合同支付的费用中包含了卸货费，除非双方另有约定，否则卖方无权向买方索偿；

• 如果约定由卖方负责进口报关，则宜采用 DDP。

4. “船舷”的变化

《2000 年通则》针对传统的适用于水上运输的主要贸易术语，如 FOB、CFR 和 CIF 均强调卖方承担货物至在指定装运港越过船舷时为止的一切风险，买方承担货物自在指定装运港越过船舷时起的一切风险。《2010 年通则》 为与这三种术语中所涉及的风险、费用以及“On Board”术语相对称，不再设定“船舷”的界限，只强调卖方承担货物装上船为止的一切风险，买方承担货物自装运港装上船开始起的一切风险。以“船舷”来划分买卖双方的风险长期以来饱受争议，而实际上“船舷”只是个买卖双方活动领域之间假想的界限，长期以来已不能反映各国港口的惯常做法。此次修订删除了“船舷”的规定，强调在 FOB，CFR 和 CIF 下买卖双方的风险以货物在装运港口被装上船时为界，而不再规定一个明确的风险临界点。

5. 对连环贸易的补充

新版本在指导性说明中对 FAS、FOB、CFR 和 CIF 几种适用水上运输的术语首次提及连环贸易，即“String Sales”。在大宗货物买卖中，货物常在一笔连环贸易下的运输期间被多次买卖，连环贸易中货物由第一个卖方运输，作为中间环节的卖方就无须装运货物，而是由“获得”所装运的货物而履行其义务。因此，新版本对此连环贸易模式下卖方的交付义务做了细分，以弥补以前版本中在此问题上未能反映的不足。

（二）一般性变化

1. 增加了“使用指南”

新版本对每一种术语都给出了“使用指南”，相比较《2000 年通则》，该说明更加完善，每一个规则都做根本性的解说。除了定义外，还说明何时适用本术语以及在何种情形下适用其他术语，风险负担何时移转，买卖双方间的成本或费用以及出口手续如何划分等事宜，以及双方应明确规定交货的具体地点和未能规定所引起的费用的负担。需要注意的是，在“使用指南”中通常要求双方当事人自行明确风险转移的临界点，而非由《2010 年通则》本身去规定这些临界点。

2. 关于被删除的术语

《2010 年通则》删除了 DAF，DES，DEQ 和 DDU 四种术语，增加了 DAT 和 DAP 两个新术语。需要指出的是当事人仍可在新版本实施后继续选择使用《2000 年通则》。或者如果合同中出现了新版本中没有的术语（诸如 DAF 等）仍将被认为适用早期版本。当然，为避免误解，如使用诸如 DES 或 DEQ 等被删除的术语，应在合同中标明适用《2000 年通则》。

3. 扩大了贸易术语的适用范围

考虑到对于一些大的区域贸易集团，如欧洲单一市场而言，国与国之间的边界手续已不那么重要了，新版本首次正式明确这些术语不仅适用于国际销售合同，也适用于国内销售合同。具体到义务时，新版本在几处明确进出口商仅在需要时才办理出口/进口报关手续和支付相应费用，如 A2/B2 条款，A6/B6 条款。

4. 赋予电子通信方式与纸质通信方式相同的效力

在《2010 年通则》以前的版本中， 明确规定允许用电子数据交换（EDI）信息纸面单据。在《2010 年通则》A1/B1 条款中，只要贸易双方同意或是当地管理允许，则电子通信方式与纸质通信方式具有同等的效力。

5. 明确码头卸货费的负担

在一些贸易术语中，卖方负责安排运输将货物运至指定目的地，表面上看是卖方自付费用，但实际上是由买方负担，因为卖方早已把这部分费用包含在货物价格中。运输成本有时包括货物在港口内的卸货者集装箱码头设施费用，而且承运人或者码头的运营方也可能向接收货物的买方收取这些费用。在这些情况下，买方就要注意避免为一次服务付两次费，一次包含在货物价格中付给卖方，一次单独付给承运人或码头的运营方。《2010 年通则》在相关术语的 A6/B6 条款中对这种费用的分配做出了详细规定，旨在避免上述情况的发生。

二、《2010 年通则》贸易术语的选用

针对《2010 年通则》中两大类共 11 种不同贸易术语，建议进 / 出口商在具体交易时从以下思路选择适于自己的贸易术语来使用。

（一）适合任何运输方式的贸易术语的选择

（1）如果卖方仅想使其责任限于在其所在地或另一指定地点将货物置于买方处置之下，而不承担任何其他义务（包括不承担出口清关手续）时，则可考虑使用 EXW。

（2）如果卖方愿意自己办理出口清关，且在承运人指定地点将货物交付于买方处置之下时，则应考虑使用 FCA。

（3）如果卖方除承担 FCA 所必须履行的义务外，还愿意签订到目的地的运输合同时，则可考虑选择 CPT。

（4）如果卖方除承担 CPT 所必须履行的义务外，还愿意承担到目的地的最低保险时，则可考虑选择 CIP。

（5）如果卖方欲在目的地指定地点交货，且愿意承担货物运送到该地点的费用（卸货费除外）和风险时，则可考虑选择 DAP。

（6）如果卖方除承担 DAP 所必须履行的义务外，还愿意承担货物运送到该地点从运输工具上卸货所产生的费用时，则可考虑选择 DAT。

（7）如果卖方除承担 DAP 所必须履行的义务外，还愿意承担货物的进口报关和有关关税时，则可考虑选择 DDP。

（二）适合水上运输方式的贸易术语的选择

（1）如果卖方愿意在装运港船边交货或者获得所要交付的货物时，则应考虑使用 FAS。

（2）如果卖方愿意在装运港船上交货或者获得所要交付的货物时，则应考虑使用 FOB。

（3）如果卖方除承担 FOB 所必须履行的义务外，还愿意承担费用提供到指定目的港的运输合同时，则应考虑使用 CFR。

（4）如果卖方除承担 CFR 所必须履行的义务外，还愿意承担到指定目的港的最低保险时，则应考虑使用 CIF。

小　结

贸易术语表明了商品价格的构成，明确了交接货物时买卖双方的责任、费用和风险的划分。有关贸易术语的国际贸易惯例包括《1932 年华沙-牛津规则》、《1941 年美国对外贸易定义修订本》和《国际贸易术语解释通则》。这些贸易惯例一旦被商人采纳，对买卖双方就具有约束力。《2000 年通则》的六个常用国际贸易术语有：FOB、CIF、CFR、FCA、CPT、CIP。除了以上六种主要贸易术语，在《2000 年通则》中还有其他七种术语，这些术语虽不常用，但在某些情况下，还是可以满足买方或卖方的特定要求的。《2010 年通则》对《2000 年通则》进行了修订，删去了四个术语：DAF、DES、DEQ、DDU，新增了两个术语：DAT、DAP，并将 11 种贸易术语分为适用于水运和适用于任何运输方式两大类。

在实际业务中，买卖双方都希望选用对自身有利的贸易术语。因此，要根据形势、任务和政策的要求，结合我方的经营意图，充分考虑运输条件和货源情况，运价动态、港口因素与风险程度合理地选用。

思考题

（1）什么是贸易术语？

（2）什么是象征性交货与实际交货？

（3）简述《1932年华沙—牛津规则》。

（4）你如何理解国际贸易惯例对合同当事人的约束力问题？

（5）为什么不宜将CIF称作“到岸价”？

（6）怎样理解CFR条件下装船通知的特殊重要性？

（7）请指出FOB、CFR和CIF的相同点和区别。

（8）请比较FCA、CPT和CIP的异同点。

案例分析

（1）某出口公司按CIF伦敦向英商出售一批红枣，由于商品季节性较强，双方在合同中规定：“买方须于9月底前将信用证开到，卖方保证运货船只不得迟于12月2日驶抵目的港，如果货轮迟于12月2日抵达目的港，买方有权取消合同，如果货款已付，卖方将货款退还买方。”试分析这一合同的特点。

（2）我公司与外商按CIF成交一批出口货物。货物在合同规定的时间和装运港装船，受载船只在航运中触礁沉没。当我出口公司凭符合要求的单据要求国外进口商支付时，进口方以货物已全部损失不能得到货物为由，拒绝接受单据和付款。试问：进口方的做法是否正确？为什么？

（3）我公司按EXW条件对外出口一批电缆。但在交货时，买方以电缆的薄纸不适宜出口运输为由，拒绝提货和付款。问：买方的行为是否合理？

（4）我国北方A化工进出口公司与美国加利福尼亚B化学制品公司按照FOB大连条件签订了一笔化工原料的买卖合同。A公司在规定的装运期届满前三天将货物装上B公司指派的某新加坡轮船公司的海轮上，且装船前检验时，货物的品质良好，符合合同的规定。货到目的港旧金山，B公司提货后经目的港商检机构检验发现部分货物结块，品质发生变化。经调查确认原因是货物包装不良，在运输途中吸收空气中的水分导致原颗粒状的原料结成硬块。于是，B公司向A公司提起索赔。但A公司认为，货物装船前经检验是合格的，品质变化是在运输途中发生的，也就是越过船舷之后才发生的，按照国际贸易惯例，其后果应由买方承担，因此，A公司拒绝赔偿。试问，A公司的申辩是否有理？此争议应如何处理？并请说明理由。

（5）我国山东某出口公司按CIF条件与韩国某进口公司签订了一笔初级产品的交易合同。在合同规定的装运期内，卖方备妥了货物，安排好了从装运港到目的港的运输事项。在装船时，卖方考虑到从装运港到目的港距离较近，且风平浪静，不会发生什么意外，因此，没有办理海运货物保险。实际上，货物也安全及时抵达目的港，但因卖方所提交的单据中缺少了保险单，买方是以卖方所交的单据不全为由，要求拒收货物拒付货款。请问，买方的要求是否合理？此案应如何处理？

技能训练

以下是我国某公司所签订的三个国际货物买卖合同中的商品单价。请翻译下列条款内容，并分析分别是进口还是出口贸易。

（1）USD 20.00 per yard FOB Dalian.

（2）GBP 46.00 per set CPT Beijing.

（3）GBP 2.50 per doz. DES London.

第四章

商品价格与核算

案例导引

我某出口公司向法国某进口公司就某类出口商品询盘，法商报价为每公吨 400 欧元 CIF 马赛，而我公司对该商品内部掌握价为 FOB 大连每公吨人民币 2978 元。当时中国银行外汇牌价为每 1 欧元的买入价人民币 938.12 元，卖出价人民币 942.35 元。我公司备有现货，只要不低于公司内部掌握价即可出售。现该商品自中国某口岸至汉堡港的运费为每公吨人民币 598 元，保险费为每公吨人民币 102 元。

问题：问我公司能否接受此报价？为什么？

评析：本案例通过比较我方 FOB 报价与法方 FOB 报价就可以知道我公司能否接受法方的报价。法商报价为每公吨 400 欧元 CIF 马赛，折合 FOB 人民币报价为 $400\times938.12-598-102=3052.48$ 元。而我公司对该商品内部掌握价为 FOB 大连每公吨人民币 2978 元。因此，经过比较，法方报价高于我公司价格，我公司可以接受此报价。

本章导读

在国际贸易中，如何确定进出口商品价格和规定合同中的价格条款，是交易双方最关心的一个重要问题。因此，讨价还价往往成为交易磋商的焦点，价格条款便成为买卖合同中的核心条款，买卖双方在其他条款上的利害与得失，一般也会在商品价格上体现出来。因为，合同中的价格条款与其他条款有着密切的联系，价格条款的内容与其他条款的约定相互产生一定的影响。在实际业务中，正确掌握进出口商品价格，合理采用各种作价办法，选用有利的计价货币，适当运用与价格有关的佣金和折扣，并订好合同中的价格条款，对体现对外政策和经营意图，完成进出口任务和提高外贸经济效益，都具有十分重要的意义。本章将主要为您介绍价格制定的原则与方法、计价货币的选择、佣金与折扣、价格换算与盈亏核算及合同中的价格条款等内容。

学习目标

掌握进出口商品价格的制定原则和方法；

掌握主要贸易术语的价格换算、佣金与折扣的含义及计算方法；

掌握国际货物买卖合同中价格条款的规定办法、作价方法；

熟悉影响商品价格的各种因素；

了解计价货币的选择、出口换汇成本和盈亏率的计算。

第一节 价格制定的原则与方法

价格的掌握是一项十分复杂的工作，为了做好此项工作，必须正确贯彻我国进出口商品的作价原则，切实掌握国际市场价格的变动趋势，充分考虑影响价格的各种因素，加强成本和盈亏的核算，并掌握价格换算方法。

一、价格制定的原则

在确定进出口商品价格时，必须遵循下列三项原则。

（一）按照国际市场价格水平作价

有些大宗商品或主要商品在国际贸易中有重要的集散地或交易场所，这些就是我们通常说的国际市场，但也有些国际市场是无形的，只能通过一些机构或组织了解商品价格的水平和变化趋势。我们可以将商品交易所的价格、国际组织或国际公司在媒体上公布的价格、各国外贸部门或海关统计的价格作为参考依据。

掌握国际市场价格水平，可以参照以下四种情况：（1）以输出国（地区）为中心的国际商品集散地销售价格为依据，例如，纽约商品交易所的棉花价格；芝加哥交易所的小麦、谷物价格；沙特阿拉伯的出口原油价格等。（2）以进口国（地区）为中心的商品集散地的销售价格为依据，例如，伦敦五金交易所的有色金属材料价格等。（3）以输往国（地区）当地的市场价格为参照，如我国出口的轻纺产品、农副土特产品、手工艺品等都以当地的国际贸易价格为依据。（4）以我国广州出口商品交易会成交的价格为参照。我国每年举办春、秋两届广交会，在广交会上成交的价格，都是参考了国际市场价格水平的，可作为平时出口销售价格的参考。

（二）要结合国别、地区政策作价

我国的对外贸易工作是国家外交关系的一个重要方面，必须体现我国对外经济政策，在制定出口商品外销价格时，必须符合对外经济政策的要求，对不同的国家和地区，在不同的时期要区别对待。例如，对港、澳、台地区要给予特别的优惠待遇；对于友好的国家给予适当的优惠；对于与我敌对的国家一般不准同他们做生意。

（三）要结合购销意图作价

进出口商品价格受供求关系影响。价格是一种营销的手段，因此可根据购销意图来确定成交价格的大致水平，如低价多销、高价少销以获利等。要面对市场的竞争状况，灵活掌握价格。需要提醒大家的是，为了防止进口反倾销，不要一味地压低出口或进口价格。

此外，还要考虑影响价格的各种具体因素。如：商品的质量和档次、交货条件、运输距离、成交数量、季节性需求的变化，支付条件和汇率变动的风险等等。

二、价格制定的方法

在国际货物买卖中，可以根据不同情况，分别采取下列各种作价办法。

（一）固定价格

我国进出口合同，绝大部分都是在双方协商一致的基础上，明确地规定具体价格，这

也是国际上常见的做法。合同价格一经确定，就必须严格执行。除非合同另有约定，或经双方当事人一致同意，任何一方都不得擅自更改。它具有明确、具体、肯定和便于核算的特点。

为了减少价格风险，在采用固定价格时，首先必须对影响商品供需的各种因素进行细致的研究，对价格的前景作出判断，以此作为决定合同价格的依据；其次，必须对客户的资信进行了解和研究，慎重选择订约的对象。

国际商品市场的变化往往受各种临时性因素的影响，变化莫测。在此情况下，固定价格往往会给买卖双方带来巨大的风险。因此，为了减少风险，促成交易，提高履约率，在合同价格的规定方面，也日益采取一些变通做法。

（二）非固定价格

非固定价格，即一般业务上所说的“活价”，大体上可分为下述几种。

1. 具体价格待定

具体价格待定的订价方法又可分为以下两种。

（1）在价格条款中明确规定订价时间和订价方法。例如：“在装船月份前 45 天，参照当地及国际市场价格水平，协商议定正式价格”；或“按提单日期的国际市场价格计算”。

（2）只规定作价时间，例如：“由双方在××年×月×日协商确定价格”。这种方式由于未就作价方式作出规定，容易给合同带来较大的不稳定性，双方可能因缺乏明确的作价标准，而在商订价格时各执己见，相持不下，导致合同无法执行。因此，这种方式一般只适用于双方有长期交往并已形成比较固定的交易习惯的合同。

2. 暂定价格

在合同中先订立一个初步价格，作为开立信用证和初步付款的依据，待双方确定最后价格后再进行最后清算，多退少补。例如：“单价暂定 CIF 神户，每公吨 1000 英镑，作价方法：以××交易所三个月期货，按装船月份月平均加价 5 英镑计算，买方按本合同规定的暂定价开立信用证”。

3. 部分固定价格，部分非固定价格

为了照顾双方的利益，解决双方在采用固定价格或非固定价格方面的分歧，也可采用部分固定价格，部分非固定价格的作法，或是分批作价的办法，交货期近的价格在订约时固定下来，余者在交货前一定期限内作价。

非固定价格是一种变通做法，在行情变动剧烈或双方未能就价格取得一致意见时，采用这种做法有一定的好处。例如，有助于暂时解决双方在价格方面的分歧；解除客户对价格风险的顾虑；可使交易双方排除价格风险。但先订约后作价的方法，易导致合同的不稳定性，如双方在作价时不能取得一致意见，合同就会面临无法执行的风险。

（三）价格调整条款

在国际上，随着某些国家通货膨胀的加剧，有些商品合同特别是加工周期较长的机器设备合同，都普遍采用所谓“价格调整条款”（Price Adjustment（Revision）Clause），要求在订约时只规定初步价格（Initial Price），同时规定如原料价格、工资发生变化，卖方保留调整价格的权利。

在价格调整条款中，通常使用下列公式来调整价格：

$P=P_0[A+B(M/M_0)+C(W/W_0)]$

在上述公式中：

P——代表商品交货时的最后价格；

P_0——代表签订合同时约定的初步价格；

M——代表计算最后价格时引用的有关原料的平均价格或指数；

M_0——代表签订合同时引用的有关原料的平均价格或指数；

W——代表计算最后价格时引用的有关工资的平均数或指数；

W_0——代表签订合同时引用的工资平均数或指数。

A——代表经营管理费用和利润在价格中所占的比重；

B——代表原料在价格中所占的比重；

C——代表工资在价格中所占的比重；

A、B、C——所分别代表的比例在签合同确定后固定不变。

在使用这类条款时必须注意工资指数和原料价格指数的选择，并在合同中予以明确。注意是按原料价格和工资的变动来计算合同的最后价格。

价格调整条款是在通货膨胀的条件下，出口厂商转嫁国内通货膨胀、确保利润的一种手段。其应用范围已从原来的机械设备交易扩展到一些初级产品交易。

第二节 计价货币的选择

由于世界各国的货币价值并不是一成不变的，特别是在世界许多国家普遍实行浮动汇率的条件下，通常被用来计价的各种主要货币的币值更是严重不稳。国际货物买卖通常的交货期都比较长，从订约到履行合同，往往需要有一个过程。在此期间，计价货币的币值是要发生变化的，甚至会出现大幅度的起伏，其结果必然直接影响进出口双方的经济利益。因此，如何选择合同的计价货币就具有重大的经济意义，是买卖双方在确定价格时必须注意的问题。

一、计价货币与结算货币

计价货币（Money of Account）是指合同中规定用来计算价格的货币。如合同中的价格是用一种双方当事人约定的货币（如美元）来表示的，没有规定用其他货币支付，则合同中规定的货币，既是计价货币，又是支付货币（Money of Payment）。如在计价货币之外，还规定了其他货币（如英镑）支付，则英镑就是支付货币。在一般的国际货物买卖合同中，价格都表现为一定量的特定货币（如每公吨为300美元），通常不再规定支付货币。根据国际贸易的特点，计价货币可以是出口国家货币，也可以是进口国家货币或双方商定的第三国货币。

世界各国和地区都有自己的货币，种类繁多，大体可分为三类：一类属自由兑换货币，是指对国际经常往来的付款资金转移不施加限制，不施行歧视性货币措施或多种货币汇率，在另一成员国要求下，随时有义务换回对方在经常往来中所结存的本国货币。目前世界上已有50多个国家和地区的货币为自由兑换货币，如美元、英镑、日元等。自由兑换货币使用十分方便，被广泛选为计价货币。第二类属于有限度自由兑换货币，有些国家对本国货币在国际经常往来付款和资金转移施加各种限制，通常有多种汇率，对外汇交易也有所限制，在实际业务中不要使用这种货币。第三类属不能自由兑换货币，在国际市场上该货币不能自由流通和兑换，在实际业务中一般不使用。

二、计价货币的选择

根据国际贸易的特点，用来计价的货币，可以是出口国家货币，也可以是进口国家货币或双方同意的第三国货币，由买卖双方协商确定。在选择计价货币时要注意以下几个问题。

（一）使用可自由兑换的货币

除双方国家订有贸易协定和支付协定，而交易本身又属于上述协定的交易，必须按规定的货币进行清算外，一般进出口合同都是采用可兑换的、国际上通用的或双方同意的货币进行计价和支付。

（二）把握“进软出硬”的原则

在合同规定用一种货币计价，而用另一种货币支付的情况下，因两种货币在市场上的地位不同，其中有的坚挺（称硬币），有的疲软（称软币），这两种货币按什么汇率进行结算，是关系到买卖双方利害得失的一个重要问题。

在出口贸易中应选择硬币或具有上浮趋势的货币作为计价货币，在进口贸易中选择软币或具有下浮趋势的货币作为计价货币，以减缓外汇收支可能带来的价值波动损失。

在国际市场上，货币之间的软硬程度不同，发展趋势也不一致。因此，具体到某一笔交易，都必须在深入调查研究的基础上，尽可能争取把发展趋势对我方有利的货币作为计价货币。“进软出硬”是从理论上说的，在世界业务中，以什么货币作为计价货币，还应视双方的交易习惯、经营意图以及价格而定。

（三）多种货币组合

“多种货币组合”亦称“一揽子货币计价”，是指在进出口合同中使用两种以上的货币来计价，以消除外汇汇率波动的风险。当公司进口或出口货物时，假如其中一种货币发生升值或贬值，而其他货币的价值不变，则该货币价值的改变不会给公司带来很大的外汇风险，或者说风险因分散而减轻；若计价货币中几种货币升值，另外几种货币贬值，则升值的货币所带来的收益可以抵消贬值的货币所带来的损失，从而减轻或消除外汇风险。如果为达成交易而不得不采用对我方不利的货币，则可以采用这种方法。

（四）利用保值条款以避免计价货币汇率的风险

在出口贸易中，可以使用外汇保值条款办法来减少汇率风险。外汇保值条款有三种类型，可根据业务具体情况，选择一种使用，这三种类型如下所示。

（1）计价用硬币，支付用软币。支付时按计价货币与支付货币的现行牌价进行支付，以保证收入不致减少。

（2）计价与支付都用软币，但签订合同时明确该货币与另一硬币的比价，如支付时这一比价发生变化，则原货价按这一比价的变动幅度进行调整。

(3) 确定一个软币与硬币的“商定汇率”，如支付时软币与硬币的比价超过“商定汇率”一定幅度时，才对原比价进行调整。

第三节 佣金与折扣

在合同价格条款中，有时会涉及佣金（Commission）和折扣（Discount；Allowance）。价格条款中所规定的价格，可分为包含有佣金或折扣的价格和不包含这类因素的净价（Net Price）。

一、佣金

（一）佣金的含义

在国际贸易中，有些交易是通过中间代理商进行的。佣金（Commission）是代理人或经纪人等中间商为委托人介绍生意或代买代卖而收取的报酬。包含有佣金的价格，在业务中通常称为“含佣价”。

根据佣金是否在价格条款中表明，可分为“明佣”和“暗佣”。凡在合同价格条款中，明确规定佣金的百分比，叫做“明佣”。如不标明佣金的百分比，甚至连“佣金”字样也不标示出来，有关佣金的问题由双方当事人另行约定，这种暗中约定佣金的做法，叫做“暗佣”。佣金直接关系到商品的价格，货价中是否包括佣金和佣金比例的大小，都影响商品的价格。显然，含佣价比净价要高。正确运用佣金，有利于调动中间商的积极性和扩大交易。

（二）佣金的规定办法

在商品价格中包括佣金时，通常应以文字来说明，例如：“每公吨 200 美元 CIF 旧金山，包括 2%佣金”（US＄200 per M／T CIF San Francisco including 2%commission）。也可在贸易术语上加注佣金的缩写英文字母“C”和佣金的百分比来表示，例如：“每公吨 200 美元 CIFC2%旧金山”（US＄200 per M／T CIF SanFrancisco including 2%commission）。商品价格中所包含的佣金，除用百分比表示外，也可以用绝对数来表示，例如：“每公吨付佣金 25 美元”。如中间商为了从买卖双方获取“双头佣金”或为了逃税，有时要求在合同中不规定佣金，而另按双方暗中达成的协议支付。佣金的规定应合理，其比率一般掌握在 1%至 5%之间，不宜偏高。

（三）佣金的计算与支付方法

在国际贸易中，计算佣金的方法不一，有的按成交金额约定的百分比计算，也有的按成交商品的数量来计算，即按每一单位数量收取若干佣金计算。在我国进出口业务中，计算方法也不一致，按成交金额和成交商品的数量计算的都有。在按成交金额计算时，有的以发票总金额作为计算佣金的基数，有的则以 FOB 总值为基数来计算佣金。如按 CIFC 成交，而以 FOB 值为基数计算佣金时，则应从 CIF 价中减去运费和保险费，求出 FOB 值，然后以 FOB 值乘佣金率，即得出佣金额。

关于计算佣金的公式如下。

单位货物佣金额=含佣价×佣金率　　（4-1）

净价=含佣价－单位货物佣金额=含佣价×（1－佣金率） （4-2）

含佣价=净价/（1－佣金率） （4-3）

案例 4-1 佣金计算案例

在一笔国际贸易中，如果一方报净价 FOB 每公吨 100 美元，则在不影响净收入的条件下，FOBC5%应报多少？

提示：FOBC5%=100/（1—5%）=105.26（美元）

佣金的支付一般有两种做法：一种是由中间代理商直接从货价中扣除佣金；另一种是在委托人收清货款之后，再按事先约定的期限和佣金比率，另行付给中间代理商。在支付佣金时，应防止错付、漏付和重付等事故发生。

按照一般惯例，在独家代理情况下，如委托人同约定地区的其他客户达成交易，即使未经独家代理过手，也得按约定的比率付给其佣金。

二、折扣

（一）折扣的含义

折扣是指卖方按原价给予买方一定百分比的减让，即在价格上给予适当的优惠。国际贸易中使用的折扣，名目很多，除一般折扣外，还有为扩大销售而使用的数量折扣（Quantity Discount）、为实现某种特殊目的而给予的特别折扣（Special Discount）以及年终回扣（Turn over Bonus）等。凡在价格条款中明确规定折扣率的，叫做“明扣”。交易双方就折扣问题已达成协议，而在价格条款中却不明示折扣率的，叫做“暗扣”。折扣直接关系到商品的价格，货价中是否包括折扣和折扣率的大小，都影响商品价格，折扣率越高，则价格越低。折扣如同佣金一样，都是市场经济的必然产物，正确运用折扣，有利于调动采购商的积极性和扩大销路，在国际贸易中，它是加强对外竞销的一种手段。

（二）款中折扣的表示方法

在国际贸易中，折扣通常在合同价格条款中用文字明确表示出来。例如：“CIF 伦敦每公吨 200 美元，折扣 3%”（US＄200 per M/T CIF London including 3% discount）。此例也可这样表示：“CIF 伦敦每公吨 200 美元，减 3%折扣”（US＄200 Per M/T CIF London Less 3 % discount）。此外，折扣也可以用绝对数来表示。例如：“每公吨折扣 6 美元”。

在实际业务中，也有用“CIFD”或“CIFR”来表示 CIF 价格中包含折扣。这里的“D”和“R”是“Discount”和“Rebate”的缩写。鉴于在贸易往来中加注的“D”或“R”含义不清，可能引起误解，故最好不使用此缩写语。

交易双方采取暗扣的做法时，则在合同价格中不予规定。有关折扣的问题，按交易双方暗中达成的协议处理，这种做法属于不公平竞争。公职人员或企业雇佣人员收取“暗扣”，应属贪污受贿行为。

（三）折扣的计算与支付方法

折扣通常是以成交额或发票金额为基础计算出来的。例如，CIF 伦敦，每公吨 2000 美元，折扣 2%，卖方的实际净收入为每公吨 1960 美元，其计算方法如下。

单位货物折扣额=原价（或含折扣价）×折扣率 (4-4)

卖方实际净收入=原价－单位货物折扣额 (4-5)

折扣一般是在买方支付货款时预先予以扣除，也有的折扣金额不直接从货价中扣除，而按暗中达成的协议另行支付给买方，这种做法通常在给“暗扣”或“回扣”时采用。

第四节 价格换算与盈亏核算

在国际贸易中，出口报价通常使用 FOB、CFR、CIF 三种价格，不同的贸易术语表示其价格构成因素不同。例如，FOB 术语中不包括从装运港至目的港的运费和保险费；CFR 术语中则包括从装运港至目的港的通常运费；CIF 术语中除包括从装运港至目的港的通常运费外，还包括保险费。我们应明确价格构成，确定成本、费用和利润的计算依据，然后将各部分合理汇总。

一、商品价格核算

（一）商品价格的构成

1. 商品价格的构成

商品价格主要由成本、费用和利润三大要素构成，其中每一要素之间又具有不同的界定并赋予不同的经济含义。上述三大要素之间相互影响、相互作用，构成了出口报价核算的基础。

（1）成本。出口商品的成本是整个价格的核心，它是出口企业或外贸单位为出口而生产、加工或采购的商品所产生的生产成本、加工成本或采购成本，为计算方便，我们统一以购货成本即含税成本表示。但是，对外出口报价时应将出口退税因素考虑进去，将退税收入扣除，最终以实际出口成本来核算价格。其具体计算公式如下：

实际采购成本=进货成本（含税）－出口退税收入

出口退税收入=进货成本（含税）×出口退税率/（1＋增值税税率）

（2）费用。出口价格核算中的费用主要有国内费用和国外费用两部分。其中，国内费用主要指的是包装费、仓储费、内陆运费、认证费、港区港杂费、商检报关费、出口捐税、垫款利息、经营管理费、银行费用等，而国外费用主要指的是出口运费、出口保险费、佣金。

（3）利润。出口商品的利润指的是卖方的预期利润，一般以成交额为基数计算。

2. 三种主要贸易术语的价格构成

FOB 价=实际进货成本＋国内费用＋预期利润

CFR 价=实际进货成本＋国内费用＋国外运费＋预期利润

CIF 价=实际进货成本＋国内费用＋国外运费＋国外保险费＋预期利润

（二）三种主要贸易术语的换算

FOB、CFR、CIF 这三个术语之间的换算是要经常用到的。让我们看一下这三种价格的换算方法及公式。

1. FOB 价换算成其他价格

CFR=FOB＋F

CIF=（FOB＋F）/[1－保险费率×（1＋投保加成率）]

2. CFR 价换算成其他价格

FOB=CFR＋F

CIF=CFR/[1－保险费率×（1＋投保加成率）]

3. CIF 价换算成其他价格

FOB=CIF×[1－保险费率×（1＋投保加成率）]－F

CFR=CIF×[1－保险费率×（1＋投保加成率）]

案例 4-2 价格换算案例

某公司与外商洽谈出口某商品，公司发盘每公吨 3000 美元 CIF 新加坡，而外商的还盘为每公吨 2880 美元 FOB 中国口岸。经查该种商品由中国口岸运至新加坡按体积 10 级货物每公吨运费为 89 美元，保险费率合计 0.95%。问：单纯从价格考虑，公司是否可以接受该还盘？

提示：(1) 将该公司发盘的 CIF 价换算成 FOB 价：FOB=CIF－F－I=3000－89－3000×110%×0.95%=2879.65（美元）

(2) 将外商还盘的 FOB 价换算成 CIF 价：CIF=（FOB＋F）/[1－保险费率×（1＋投保加成率）]=（2880＋89）/（1－0.95%×110%）=3000.35（美元）

可见，外商的还盘价略高于我公司发盘价，所以，单纯从价格考虑，公司可以接受该还盘。

二、盈亏核算

在价格掌握上，要注意加强成本核算，以提高经济效益，防止出现不计成本、不计盈亏和单纯追求成交量的倾向。尤其在出口方面，强调加强成本核算，掌握出口总成本、出口销售外汇（美元）净收入和人民币净收入的数据，并计算和比较各种商品出口的盈亏情况，更有现实意义。出口总成本是指出口商品的进货成本加上出口前的一切费用和税金。出口销售外汇净收入是指出口商品按 FOB 价出售所得的外汇净收入。出口销售人民币净收入是指出口商品的 FOB 价按当时外汇牌价折成人民币的数额。根据出口商品成本的这些数据，可以计算出出口商品盈亏率、出口商品换汇成本和出口创汇率。

（一）出口商品盈亏率

出口商品盈亏率是指出口商品盈亏额与出口总成本的比率。

出口盈亏额是指出口销售人民币净收入与出口总成本的差额，前者大于后者为盈利；反之为亏损。其计算公式如下：

出口商品盈亏率＝（出口销售人民币净收入－出口总成本）/出口总成本×100%

（二）出口商品换汇成本

出口商品换汇成本也是用来反映出口商品盈亏的一项重要指标，它是指以某种商品的出口总成本与出口所得的外汇净收入之比，得出用多少人民币换回一美元。出口商品换汇成本如高于银行的外汇牌价，则出口为亏损；反之，则说明出口有盈利。其计算公式如下：

出口商品换汇成本=出口总成本（人民币）/出口销售外汇净收入（美元）

（三）出口创汇率

出口创汇率是指加工后成品出口的外汇净收入与原料外汇成本的比率。如原料是国产的，其外汇成本可按原料的FOB出口价计算。如原料是进口的，则按该原料的CIF价计算。通过出口的外汇净收入和原料外汇成本的对比，则可看出成品出口的创汇情况，从而确定出口成品是否有利。特别是在进料加工的情况下，核算出口创汇率这项指标，更有必要。其计算公式如下：

出口创汇率=（成品出口外汇净收入－原料外汇成本）/原料外汇成本×100%

第五节 合同中的价格条款

一、价格条款的内容

合同中的价格条款，一般包括商品的单价和总值两项基本内容，单价是指单位商品的价格，总值是指单价与成交商品数量的乘积，即成交总金额或合同总金额。至于确定单价的作价办法和与单价有关的佣金与折扣的运用，也属价格条款的内容。

商品的单价通常由四个部分组成，即计量单位（如公吨）、单位价格金额（如200）、计价货币（如美元）和贸易术语（如CIF伦敦）。例如：

USD	300	per metric ton	CIF New York
计价货币	单价金额	计量单位	贸易术语

二、规定价格条款的注意事项

为了使价格条款的规定明确合理，必须注意下列事项。

（1）合理确定商品的单价，防止作价偏高或偏低。定价过高就会丧失竞争力，不利于达成交易，过低将损失利润。

（2）根据经营意图和实际情况，在权衡利弊的基础上选用适当的贸易术语。实际业务中，采用何种贸易术语经常是由买方来决定的，但作为卖方也可建议对双方有利的贸易术语。

（3）争取选择有利的计价货币，以免遭受币值变动带来的风险，如采用不利的计价货币时，应当加订保值条款。出口定价时，卖方应争取硬币计价。进口定价时，买方应争取软币计价。另外可以与银行签订远期外汇合约等保值措施。

（4）在固定价格、非固定价格与价格调整条款之间灵活选择最合适的作价办法，以避免价格变动的风险。

（5）参照国际贸易的习惯做法，注意佣金和折扣的合理运用。在当今竞争日益加剧的情况下，佣金和折扣常用于促进贸易的成交上。在实践的过程中，还出现当外贸公司接单利润不足时，直接将客户介绍给工厂，再从工厂抽佣的情况。

(6) 如果交货品质和数量约定有一定的机动幅度，则对机动部分的作价也应一并规定。这样有利于明确合同，便于合同的履行。

(7) 如包装材料和包装费另行计价时，对其计价办法也应一并规定。这样有利于成本的核算与合同的履行。

(8) 单价中涉及的计量单位、计价货币、装卸地名称等必须书写正确、清楚，以利合同的履行。这些属于合同的要件，为了避免日后的争议，必须在合同中明确规定。

小 结

本章主要介绍了商品价格及其核算。国际贸易中商品价格的表述有别于国内贸易。价格的制定要遵循一定的作价原则，要选择正确的作价方法。计价货币和支付货币的选择要考虑到汇率的因素。正确运用佣金和折扣来调动进口商的积极性。对外报价时要以国际市场价格为基础，结合自身商品特点进行作价。出口报价通常使用 FOB、CFR 和 CIF 三种价格。实际业务中，有时我方按照某种价格术语报价，而对方要求改用另一种术语报价，这就要涉及价格术语的换算问题。掌握价格条款的主要内容及其制订是本章要达到的最终目的。价格条款是买卖合同的核心内容，制约着合同的其他条款。

思考题

(1) 什么是佣金?

(2) 什么是折扣?

(3) 请谈一谈进出口商品的作价原则，在确定进出口商品价格时应考虑哪些因素?

(4) 进出口合同中的价格条款包括哪些内容? 规定此条款时应注意什么问题?

(5) 考核企业盈亏核算的经济指标主要有哪几项?

案例分析

(1) 我出口公司对日商报出大豆实盘，每公吨 CIF 大阪 150 美元，发货港口是大连，现日商要求我方改报 FOB 大连价，我出口公司对价格应如何调整? 如果最后按 FOB 条件签订合同，买卖双方在所承担的责任、费用和风险方面有什么差别?

(2) 我国某出口公司拟出口化妆品去中东某国。正好该国某佣金商主动来函与该出口公司联系，表示愿为推销化妆品提供服务，并要求按每笔交易的成交金额给予 5%的佣金。不久，经该佣金商中介与当地进口商达成 CIFC5%总金额 5 万美元的交易，装运期为订约后两个月内从中国港口装运，并签订了销售合同。合同签订后，该佣金商即来电要求我出口公司立即支付佣金 2500 美元。我出口公司复电称：佣金需待货物装运并收到全部货款后才能支付，于是，双方发生了争议。请分析这起争议发生的原因是什么? 我出口公司应接受什么教训?

(3) 我国某外贸企业向欧洲销售一批货物，出口总价为 10 万美元，装于一个 40 英尺的集装箱内，贸易术语采用 CIF Rotterdam，已知从青岛至鹿特丹的海洋运输费用是每个 40 英尺的集装箱 3000 美元，海洋运输投保一切险（费率为 1%）和海洋运输战争险（费率为 0.5%），投保加成率为 10%。另知该批货物的国内购入价为人民币 702000 元(含增值税 17%)，该外贸企业的定额费用率为5%，退税率为9%，结汇时银行的外汇买入价为1美元折合人民币8.30元。试计算这笔出口交易的盈亏率和换汇成本。

（4）我国某出口公司向法国某进口公司就某类出口商品询盘，法商报价为每公吨400欧元CIF马赛，而我公司对该商品内部掌握价为FOB大连每公吨人民币2978元。当时中国银行外汇牌价为每1欧元的买入价人民币938.12元，卖出价人民币942.35元。我公司备有现货，只要不低于公司内部掌握价即可出售。现该商品自中国某口岸至汉堡港的运费为每公吨人民币598元，保险费为每公吨人民币102元。问我公司能否接受此报价？为什么？

技能训练

（1）下面是我国某公司出口合同的单价，根据《2000年通则》分析价格中的错误，并写出正确英文单价。

① 每打25元CIF上海。

② 每公吨1000美元FOB伦敦。

③ 每箱80欧元CIF马赛。

④ 500美元CIF鹿特丹减1%折扣。

⑤ 每包CFR上海25港币。

（2）我国某公司出口某种商品，对外报价为每箱$120 FOBC 2%上海，外商要求改报CFRC3%伦敦，问：我方在不影响自身利益的情况下，改报价应为多少美元？（设运费每箱10美元）。

（3）已知A 商品CIF 香港价格为每吨1000 港元，现港商要求改报CIFC 5%香港，并保持卖方的收入不变，应报价多少？请写出报价条款。（保留一位小数）

（4）我国某公司向外商报价每公吨CIF 香港 1000美元，而外商来电要求改报CFR 香港含5%佣金价。在保证我方外汇净收入不变的情况下，我方应报价多少？（注：设保险费率合计为0.85%，投保加成率为10%）

（5）我国某进出口公司对德国企业报价为每公吨8000欧元CFR汉堡，而德商来电要求改报为CIF汉堡价，保险加成为110%，保险费率合计为1%，我方同意照办，则我方报价应改为多少？（计算结果保留两位小数）

第五章

国际货物运输

案例导引

国内A公司从德国B公司进口一批德国设备，合同价格条件为CFR广西梧州，装运期为开出信用证后90天内，提单通知人是卸货港的外运公司。合同签订后，A公司于7月25日开出信用证，10月18日德国B公司发来装船通知，11月上旬B公司将全套议付单据寄交开证行，A公司业务员经审核未发现不符并议付了货款。船运从汉堡到广西梧州包括在香港转船，正常时间应在45—50天内，12月上旬，A公司屡次查询梧州外运公司都无货物消息，A公司怀疑B公司倒签提单，随即电询B公司，B公司答复却已如期装船。12月下旬，A公司仍未见货物，再次电告B公司要求联系其德国发货方协助查询货物下落。B公司回电说德国正处圣诞节假期，德方无人上班，没法联络。A公司无奈只好等待。次年1月上旬，圣诞假期结束，B公司来电称货物于上年12月初抵运广州黄埔港，请速派人前往黄埔办理报关提货手续。此时货物在海关已滞报40多天，待A公司办好报关提货手续已是1月底，发生的滞期费、仓储费、海关滞报金、差旅费及其他相关费用达十几万元。

问题：造成A公司没能按照合同及时收到货物的原因有哪些？应怎样避免发生这样的情况？

评析：造成A公司没能按照合同及时收到货物的原因主要有：首先，合同未列明转运港。A公司按经验想当然认为转运港一定是香港，卸货港一定是梧州。可德国发货方并不知道香港—梧州有船来往，他们安排了汉堡—香港—广州—梧州的运输路线。而上述路线是合理的。其次，原合同规定提单通知人为卸货港的外运公司比较笼统。货抵黄埔后，黄埔外运不知货主是谁。按原外贸公司进口合同标准，提单“收货人”通常为“凭指定”，“通知人”为“目的港外运公司”。A公司认为合同目的港是梧州，因此他们只是和梧州外运联系，根本没想到与黄埔外运联系。

避免发生类似情况的办法有以下三种。

（1）在合同中注明可允许转船，但要明确规定转船的地点。转船地点的选择要考虑经济和便捷的原则，最好在中国关区以外（如香港、新加坡等），以避免在异地办理报关或转关手续。

（2）合同和信用证最好要求必须在提单“被通知人”栏打上收货人或外货代理公司的名字，联系人姓名、电话号码等，以便联系。

（3）如有可能，进口合同尽可能采用FOB价格术语，由买方自行寻找船舶公司安排运输。

本章导读

国际货物运输主要包括海洋运输、铁路运输、航空运输、集装箱运输及国际联运等。由于不同的运输方式具有不同的特点和程序，因此，对于买卖双方而言，针对进出口货物的特点选择合适的运输方式具有重要意义。本章将对国际货物的运输方式、运输单据以及合同中的装运条款进行系统介绍。

学习目标

掌握班轮运输的运费核算方法；

掌握海运提单的性质、作用及分类；

掌握合同中装运条款的内容及相关概念；

熟悉海运提单的内容及分类；

了解国际货物运输方式的基本分类及特点。

第一节 运输方式

国际货物运输就是国家与国家、国家与地区之间的货物运输。国际货物运输可以选择的运输方式有很多，目前最常用的有海洋运输、铁路运输、航空运输、公路运输及国际多式联运等。由于不同的运输方式具有各自不同的特点和操作程序，因此，买卖双方要根据实际需要正确选择运输方式。

一、海洋运输

海洋运输（Ocean Transport）是国际贸易中最主要的运输方式，国际贸易中2/3以上的货物是通过海洋运输来进行的。依据船舶公司对船舶经营方式的不同，海洋运输分为班轮运输和租船运输两大类。

海洋运输的优点和缺点

海洋运输的优点如下所述。

（1）运力强。海运航道不受道路限制，四通八达，灵活通畅。

（2）运量大。海运船舶最小的能载货几千吨，最大的可以载货50万吨以上。

（3）运费低。海运单位成本低，约为铁路运费的1/5，公路汽车运费的1/10，航空运费的1/30。

海洋运输的缺点如下所述。

（1）速度慢。由于海洋运输船体运量大，海水的阻力高，所以运输速度慢。

（2）风险大。由于受气候和自然条件的影响，海运会出现航期不准确、遇险等情况，运输风险大。一般易腐烂的鲜活货物或急需的货物不宜采用海洋运输方式。

（一）班轮运输

班轮运输（Liner Transport）又称定期船运输，是指船舶在特定航线上和固定港口之间，按照预先公布的船期表和运费率运输货物的一种船舶运输方式。班轮运输是当今国际海洋运输中重要的运输方式，适用于少量的件货或杂货，对买卖双方来说都比较方便。

1. 班轮运输的特点

（1）“四固定”。这是指班轮公司有固定的船期表 、固定的航线、每个航线有固定的停靠港口和相对固定的运费率。这是班轮运输的基本特点。

（2）“一负责”。这是指在班轮运输中，船方负责装卸货费用。班轮费用中不仅包括货物从起运港到目的港的运输费用，还包括货物在起运港的装船费用和目的港的卸货费用。因此，船方负担货物在港口装卸的一切费用，同时，船货双方不计滞期费和速遣费。

滞期费和速遣费

（1）滞期费：租船人未能在租船合同约定的装卸时间内将货物全部装完或卸完。由于滞期致使船舶在港内停泊时间延长，给船方造成经济损失，这些损失，租船人必须按约定每天补偿若干金额给船方，这项补偿称为滞期费。

（2）速遣费：租船人按约定的装卸时间和装卸率提前完成装卸任务，使船方节省了在港停泊的时间及费用开支。为此，船方将其获取利益的一部分分给租船人作为奖励，这部分奖励称为速遣费。

（3）船货双方不签订租船合同，按船方签发的订有船货双方权利和义务条款的提单，作为处理运输中有关问题的依据。

（4）班轮运输承运货物的品种和数量比较灵活，货运质量有保证，并且一般采取在码头仓库交接货物，故为货主提供了较为便利的条件。

2. 班轮运输的作用

（1）班轮运输特别有利于一般杂货和小额贸易货物运输。在国际贸易中，除大宗商品利用租船运输外，零星成交、批次多、到港分散的货物，只要班轮有航班和舱位，不论数量多少，也不论直达或转船，班轮公司一般都可以进行运输。

（2）班轮运输有利于国际贸易的发展。班轮运输的“四固定”特点，为买卖双方洽谈运输条件提供了必要依据，使买卖双方有可能事先根据班轮船期表，商定交货期、装运期以及装运港口，并且根据班轮费率表事先核算运费和附加费用。从而能够比较准确地进行比价和核算货物价格。

（3）班轮运输能够提供较好的运输质量。班轮公司派出的船舶一般技术性能好，设备较全，质量较好，船员技术水平也较高。此外，在班轮停靠的港口，一般都有自己专用的码头、仓库和装卸设备，有良好的管理制度，所以货运质量较有保证。

（4）班轮运输手续简便。班轮承运人一般采取码头仓库交接货物的做法，并负责办理货物的装卸作业和全部费用。通常班轮承运人还负责货物的转口工作，并定期公布船期表，为货方提供了极大方便。

3. 班轮运费的种类

班轮运费分为基本运费（Basic Rate）和附加运费（Surcharge or Additional）两部分，其中，基本运费是主要部分。

根据不同商品，基本运费计收标准通常采用下列几种。

（1）按货物毛重计收运费，称为重量吨，运价表内用“W”表示。一般以一公吨为计算单位，吨以下取二位小数。但也有按长吨或短吨①计算的。

（2）按货物的体积/容积计收，称为尺码吨②，运价表内用“M”表示。一般以一立方米为计算单位。但也有按40立方英尺为一尺码吨计算的。

（3）按重量或体积计收，由船公司选择其中收费较高的作为计费吨，运价表内用“W/M”表示。按惯例凡一重量吨货物的体积超过一立方米或40立方英尺者即按体积收费；一重量吨货物其体积不足一立方米或40立方英尺，按毛重计收。

（4）按商品价格计收，也称为从价运费，运价表内用“A.V.”或“AD.VAL”表示，从价费率一般按货物FOB价格的3%~5%计收。

（5）按货物重量、尺码和价格三者中最高的计收运费，运价表中用“W/M or A.V.”表示。

（6）先按货物重量和尺码二者中最高的一种计收运费，然后再按货物价值收取一定比例的从价运费，运价表中用“W/M plus A.V.”表示。

（7）按货物的件数计收，一般只适用于包装固定，包装内的数量、重量、体积也是固定不变的货物，按每箱、每捆或每件等特定的运费额计收。

（8）由货主和船舶公司临时议定，运价表中用“Open Rate”表示。如粮食、豆类、煤炭、矿砂等大宗低值货物，一般在班轮费率表内不被规定具体费率，在订舱时，由托运人和船舶公司临时洽商议订。议价运费要比按等级运价计算的运费低。

（9）起码费率（Minimum Rate）。是指按每一提单上所列的重量或体积所计算出的运费，尚未达到运价表中规定的最低运费额时，则按最低运费计收。

应当注意的是，如果不同商品混装在同一包装内，则全部运费按其中较高者计收。同一票商品如包装不同，其计费标准及等级也不同。托运人应按不同包装分列毛重及体积，才能分别计收运费，否则全部货物均按较高者收取运费。同一提单内如有两种或两种以上不同货名，托运人应分别列出不同货名的毛量或体积，否则全部将按较高者收取运费。

附加运费是除基本运费外按规定加收的费用，常见的有以下几种。

（1）超重附加费：由于货物单件重量超过一定限度（通常为5公吨）而加收的费用。由于超重货物在装卸、配载等方面会增加额外劳动和费用，所以船舶公司要额外收取超重附加费。

（2）超长附加费：由于货物单件长度超过一定限度（通常为9米）而加收的费用。

（3）直航附加费：托运人要求将一批货物直接运达非基本港口而需另外缴纳的费用。

（4）转船附加费：如货物需要转船运输，船舶公司需在转船港口接运货物、换装货物或存储货物，由此而增收的费用。

（5）港口附加费：有些港口情况复杂，装卸效率低或收取费用高等，船舶公司为了弥补成本增加带来的损失而额外收取的费用。

（6）燃油附加费：燃油价格上涨，船舶开支增加而向货主增收的费用。

（7）货币贬值附加费：为弥补计收运费的货币贬值造成的经济损失而收取的费用。按基本运费及附加费的一定百分比加收。

（8）选卸港附加费：由于贸易上的原因，在办理货物托运时尚不能确定具体卸货港，

---

① 长吨、短吨是英美国家的计量单位。1长吨 =1.016吨，1短吨=0.907吨。

② 重量吨和尺码吨统称为运费吨(Freight Ton)。

需要在预先选定的两个或两个以上的卸货港中进行选择，为此给船方积载造成不便而加收的费用。在这种情况下，货方必须在该航次中船舶抵达第一卸货港四十八小时前向船方宣布。选择卸货港只限于船舶航次规定的挂港或航区内，并按所列供选择的港口中计费高的费率计算。如实际选择了费率低的港口卸货，多收部分运费不予退回。

4. 班轮运费的计算

（1）在货物等级表中查出有关货物的计费等级和计算标准。根据货物的英文名称在货物分级表中查出该货物属于什么等级和按什么标准计费。例如，通过查找货物等级表，查出品名为 Beans 的计费标准是 W，等级为 5 级，如表 5-1 所示。

表 5–1　货物等级表

货物名称	计费标准	等级
Agricultural	W	10
Beans	W	5
Clocks	W/M	8
……		

（2）从航线费率表中查出有关货物的基本费率。

根据货物等级和计费标准，在航线费率表中查出货物的基本运费费率。例如，通过查找航线费率表，品名为 Beans，等级为 5 级，其基本费率为 100 美元/吨，如表 5-2 所示。

表 5–2　广州—伦敦航线费率表

货物等级	基本费率
1	50
5	100
10	200
……	……

（3）查找各项需要支付的附加费率。

（4）在商品的单位基本费率和附加费率基础上按照商品的计费重量或尺码计算运费。

班轮运费的计算公式为：班轮运费=基本费率×（1+∑附加费率）×总运费吨。

案例 5–1　班轮运费计算案例

我国某进出口公司出口一批货物，货物共 26.3 公吨，16.5 立方米。运价表中规定的费率标准为 M/W，基本运费率为每运费吨 230 美元，另收燃油附加费 20%，港口附加费 10%。问该公司应为此批货物缴纳多少运费？

提示：本案中，货物体积为 16.5 立方米，重量为 26.3 公吨，费率为 M/W，重量大于体积，故应按照重量计算。

运费=基本费率×（1+∑附加费率）×总运费吨

=230×（1+20%+10%）×26.3

=230×1.3×26.3

=7863.7（美元）

（二）租船运输

租船运输（Charter Transport）又称不定期船运输，是指租船人向船东租赁整条船舶进行货物运输。租船运输通常适用于矿产品及其他大宗、低价货物的运输。

1. 租船运输的特点

（1）租船运输适用于成交量大、交货期集中，或对方港口无直达船的情况。

（2）与班轮运输"四固定"的特点不同，租船运输中的航运时间、航线、停靠港口、船方收取的运费以及货物装卸费用都由租船人和船东临时议定。

（3）租船一般都是租用整条船。租船人通过和船东签订租船协议获得在租船期限内的船舶使用权，并明确双方的权利与义务。

2. 租船运输的方式

（1）定程租船（Voyage Charter），又称航次租船，是指由船舶所有人负责提供船舶，在指定的港口之间进行一个或数个航次，承运指定货物的租船运输。

（2）定期租船（Time Charter），又称期租船，是指船舶所有人将船舶出租给承租人，供其使用一定时期的租船运输。

（3）光船租船（Bare Boat Charter）：是指船舶所有人将船舶出租给承租人使用一定时期，由承租人自己配备船长、船员，负责船舶营运管理所需的一切费用。由于这项工作非常复杂，而且需要专业知识与经验，所以光船租船的方式在贸易中很少被使用。

定期租船与定程租船的区别

（1）对船舶的经营管理不同。定程租船中，租船人对船舶不负责经营管理；定期租船中，租船人对船舶负责经营管理。

（2）对船舶的调度权限不同。定程租船中，租船人无权调度船舶；定期租船中，租船人有权调度船舶（包括航线、港口和运输货物的选择等)，租船人既运输自己的货物，也可以承揽他人货物运输挣取运费。

（3）计算和支付费用的方法不同。定程租船中，运费一般按装运货物的数量或航次包租总金额计算；定期租船中，运费一般按租期每月每吨若干金额计算。

（4）其他费用划分不同。定程租船中，租船人只付运费，除了装卸费需视租船合同内容而定外，其他费用均由船方负责。定期租船中，船方只付少数几项费用，如船员的工资和伙食费、船舶检查及修理费、保险费等，其他一切营运费用均由租船人承担。

3. 租船合同的主要内容

租船合同是租船人和船东就租用整船或部分舱位的当事人双方权利和义务所达成的协议。其内容除船东和租船人名称外，通常对船名、船期、承运货物名称和数量、装卸港口、受载日期、运费和装卸率、滞期和速遣费等作出规定。以程租船为例，其合同中有下面一些基本概念。

（1）运费。运费有两种计收方法，一是采用运费率，这与班轮运费的计收方法相同，即按照货物的单位重量或体积计费；二是按整条船定租金运费，即"包干运费"，适用于轻包货物。在支付方式上，可以采用运费预付的方式，也可以采用运费到付的方式，还可以采用部分运费预付，部分运费到付的方式。

（2）装卸费。租船合同对于装卸费的负担有以下四种划分方法。

① 船方负担装货费和卸货费（Gross Terms 或 Liner Terms）。

② 船方管装不管卸（Free Out，F.O）。

③ 船方管卸不管装（Free In，F.I）。

④ 船方不负担装卸费（Free In and Out，FIO）。

（3）许可装卸时间。许可装卸时间是指船方允许租船方必须完成装卸作业的时间，一般规定若干日（天）或若干小时，也可用每日装卸率来表示（如装卸率为每日 300 公吨）。

常用的货物装卸时间的规定方法有以下几种。

① 日天（Days）或连续日（Running Days）。指从午夜零时到次日零时，不管气候如何，时钟连续走过 24 小时就算一天，没有任何扣除，这对船方有利。

② 工作日（Working Days）。指按照港口工作的日子，星期六、星期日和节假日都不是工作日。至于工作多少个小时算一个工作日，世界各国港口的规定不同。因此，这种方法容易发生争议，一般不用。

③ 晴天工作日（Weather Working Days）。指既是晴天又是工作日才算一天，如遇下雨，装卸工作不能正常进行，虽属工作日也不能算作装卸时间。

④ 累计 24 小时工作日（Working Days of 24 Hours）。即不管港口习惯作业几小时，均以累计达到 24 小时才算一个工作日，如港口作业为 8 小时，则作业 3 个工作日才能算为合同中的一个工作日。

⑤ 连续 24 小时晴天工作日（Weather Working Days of 24　Consecutive Hours）。这种方法一般用于昼夜作业的港口，如中间有几个小时坏天气不能作业或设备处故障不能工作时，则不能装卸的小时要扣除。目前普遍采用这种做法。

（4）滞期费和速遣费。租船合同中一般都对滞期费和速遣费进行规定。按惯例，速遣费通常为滞期费的一半。

案例 5-2　滞期费和速遣费案例

我方以 FOB 条件进口货物 10000 吨，进口合同规定每天装 400 吨，延期一天罚款 500 元，提前一天奖 250 元，而程租船合同规定每天装 500 吨，延期一天罚款 600 元，速遣一天奖 300 元。结果 22 天 6 小时装完全部货物。我方的损失是多少？

提示：进口合同中的天数为：10000÷400=25（天）。国外出口方比进口合同中的规定提前的天数为：25－22.25=2.75（天）。我方应向国外出口人支付的速遣费为：2.75×250=687.50（元）。程租船合同中的天数为：10000÷500=20（天）。我方比程租船合同中的规定延长的天数为：22.25－20=2.25（天）。我方应向船方支付的滞期费为：2.25×600=1350（元）。

我方的损失为:速遣费＋滞期费=687.50＋1350=2037.5（元）

二、铁路运输

铁路运输（Rail Transport）是指利用铁路进行货物运输的一种运输方式，它是仅次于海洋运输的一种主要运输方式。其特点为：运量较大、速度较快、风险较小、不易受气候条件变化的影响，可全年运输，办理铁路货运手续比较简单。

铁路运输分为国际铁路货物联运和对我国香港地区铁路货物运输两种。

（一）国际铁路货物联运

国际铁路货物联运是指使用一份统一的国际联运票据，由铁路负责经过两国或两国以上铁路的全程运送，在由一国铁路向另一国铁路移交货物时，无须收货人和发货人参与的一种铁路运输方式。

国际铁路货物联运的运费计收办法：发送国铁路的运送费用，按发送国铁路的国内运价计收；到达国铁路的运送费用，按到达国铁路的国内运价计收；过境国铁路的运送费用，按国际铁路联运协定统一过境运价规程标准计收。

（二）对我国香港地区铁路货物运输

对香港地区的铁路运输与一般铁路货物运输不同，它由内地段铁路运输和港段铁路运输两部分组成。供应港、澳地区的物资先在内地范围内按《国内铁路货物运输规程》的规定办理货物运输，由始发站运往深圳，以上为内地铁路运输部分；货车到达深圳后，经海关放行过轨后，继续运送至香港九龙车站，这段为港段铁路运输。

对我国香港地区铁路货物运输的费用计收办法：内地段运费包括铁路运费、深圳过轨租车费和深圳外运公司劳务费，按人民币计算；港段运费包括铁路运费、港段终点站卸货费、港段调车费及劳务费，按港币计算。

三、航空运输

航空运输（Air Transport）是指用飞机运送进出口货物。它是一种现代化的国际贸易运输方式，具有速度快、时间短、安全性能高等特点。但由于航空运输的运量小、运价相对较高，所以最适合运送易腐、鲜活、季节性强或精密仪器、贵重商品、工艺品等价值高的货物。如海产品、水果、电子产品、丝绸、纺织品等物品。

（一）航空运输方式

1. 班机运输

班机运输（Scheduled Airline）是指在固定时间、固定航线、固定始发站和目的站的运输。一般航空公司都使用客货混合机型，主要适用于运送急需物品、鲜活商品及节令性商品。

2. 包机运输

包机运输（Chartered Carrier）是指包租整架飞机或由几个发货人（或航空货运代理公司）联合包租一架飞机来运送货物。前者适用于运送数量较大的商品，后者适用于多个发货人，但货物到达站是同一地点的货物运输。

3. 集中托运

集中托运（Consolidation）是指航空货运公司把若干单独发运的货物（每一货主货物要出具一份航空运单）组成一整批货物，用一份总运单（附分运单）整批发运到预定目的地，由航空货运公司在那里的代理人收货、报关、分拨后交给实际收货人。集中托运的运价比国际空运协会公布的班机运价低近 10%，因此，发货人比较愿意使用这种托运方式。

4. 航空急件传送

航空急件传送（Air Express Service）也称“桌到桌运输”，是指由专门经营此项业务的部门和航空公司合作，设专人用最快的速度在货主、机场、收件人之间传送急件，特别适用于急需的药品、医疗器械、贵重物品、图纸资料、货样及单证等的传送。

(二) 航空运费

航空运费是指航空公司收取的从启运机场到目的机场的航空运输费用，不包括提货、保管、仓储等其他费用。航空运价一般是以货物的实际重量（公斤）或体积重量（以6000立方厘米或366立方英寸折合为1公斤）两者中较高者作为计费依据。

航空运费的计算方法是：

（1）求出货物的体积,除以0.006得出体积重量；

（2）将体积重量与毛重比较，选择高的数值作为计费重量；

（3）将计费重量乘以费率得出航空运费。

案例5-3 航空运费案例

某公司出口货物100箱，每箱毛重为20千克，总体积为6.5立方米，从上海空运东京，运价为每千克13.58元。该批货物的空运费用为多少？

提示：该批货物的体积为：6.5÷0.006=1083（千克）。该批货物的毛重为：20×100=2000（千克）2000>1083。所以，以毛重作为计费重量，该批货物的空运费用为：13.58×2000=27160（元）

四、集装箱运输

集装箱运输（Container Transport）是以集装箱作为运输单位进行货物运输的一种现代化运输方式，它适用于海洋运输、铁路运输及国际多式联运等各种运输方式。它可以将货物从发货人仓库运到收货人仓库，实现门到门的运输。它具有装卸效率高、货损货差少、提高货运质量、降低货运成本、简化手续和便利货物进行连贯成组运输等优点。

(一) 集装箱的规格

国际标准化组织制定的集装箱标准规格共13种，我国在贸易中最常使用的是20英尺和40英尺两种。20英尺集装箱规格为8英尺×8英尺×20英尺，一般可装17.5公吨或25立方米。40英尺集装箱规格为8英尺×8英尺×40英尺，一般可装25公吨或55立方米。一个40英尺集装箱相当于2个20英尺集装箱。

(二) 集装箱的托运方式

根据货物装入集装箱的方式和数量不同，其托运方式可以分为整箱托运和拼箱托运两种。

1. 整箱托运

整箱托运（Full Container Load，FCL）是指在海关的监督下，由货主自行将货物装满整箱后，以箱为单位进行托运。货到目的地后，收货人可直接从目的港提货。集装箱的托运中，凡装货量达到集装箱容积75%的或负荷量95%的，应采用整箱托运。

2. 拼箱托运

拼箱托运（Less than Container Load，LCL）是指由货主或货代将货物送交集装箱货运站后，由承运人按货物的性质、目的地进行分类整理，将不同货主的货拼装成整箱后进行托运。货到目的地后，由承运人负责拆箱分拨给各收货人。拼箱托运适用于单个托运人所托运的货物数量不足以装够一个整箱的情况。

（三）集装箱的运输机构

集装箱的运输涉及运输、装箱（拆箱）、转运等环节，其运输机构可分为两类：集装箱堆场和集装箱货运站。

（1）集装箱堆场（Container Yard，CY）是指专门用来保管和堆放集装箱（重箱和空箱）的场所，是整箱货办理交接的地方，一般都设在港口的装卸区内。

（2）集装箱货运站（Container Freight Station，CFS）又称中转站或拼装货站。对于不足一箱的出口货物，由货主或货代将货物送到货运站，由货运站根据货物类别、流向合理组合进行拼装。是拼箱货办理交接的地方，一般设在港口、车站附近，或内陆城市交通便利的地方。

（四）集装箱的交接方式

1. 按照集装箱装箱方式不同进行分类

由于集装箱装箱方式不同，集装箱的交接方式也有所不同，大致上可分为四种类型。

（1）整箱交—整箱收（FCL-FCL)。这种方式下，集装箱的装箱和拆箱都由货方负责。这种方式最有效率，能充分发挥集装箱运输的优势。

（2）整箱交—拆箱收（FCL-LCL)。这种方式下，集装箱的装箱由货主负责，拆箱由承运人负责。

（3）拼箱交—整箱收（LCL-FCL)。这种方式下，集装箱的装箱由承运人负责，拆箱由货主负责。

（4）拼箱交—拆箱收（LCL-LCL)。这种方式下，集装箱的装箱和拆箱都由承运人负责。

2. 按照集装箱货物的交接地点不同进行分类

在集装箱运输中，由于集装箱货物的交接地点不同，整箱货和拼箱货在船货双方之间的交接方式有以下几种。

（1）门到门（Door to Door)。由托运人负责装载的集装箱，在其货仓或工厂仓库交承运人验收后，由承运人负责全程运输，直到收货人的货仓或工厂仓库交箱为止。这种全程连线运输，称为“门到门”运输。这种方式通常是整箱交—整箱收。

（2）门到场（Door to CY)。由发货人货仓或工厂仓库至目的地或卸箱港的集装箱装卸区堆场。“门到场”货物交接方式有时发生在承运人不负责目的地内陆运输的情况下。这种方式通常是整箱交—拼箱收。

（3）门到站（Door to CFS)。由发货人货仓或工厂仓库至目的地或卸箱港的集装箱货运站。这种方式通常是整箱交—拼箱收，也可以理解为是一个发货人对应几个收货人。

（4）场到门（CY to Door)。由起运地或装箱港的集装箱装卸区堆场至收货人的货仓或工厂仓库。通常发生在承运人不负责起运地发货人工厂或仓库至集装箱码头堆场之间内陆运输的情况。这种方式通常是拼箱交—整箱收。

（5）场到场（CY to CY)。由起运地或装箱港的集装箱装卸区堆场至目的地或卸箱港的集装箱装卸区堆场。这种方式通常是整箱交—整箱收。

（6）场到站（CY to CFS)。由起运地或装箱港的集装箱装卸区堆场至目的地或卸箱港的集装箱货运站。也可以理解为一个发货人对应几个收货人。

（7）站到门（CFS to Door)。由起运地或装箱港的集装箱货运站至收货人的货仓或工厂仓库。这种方式通常是拼箱交—整箱收。

（8）站到场（CFS to CY)。由起运地或装箱港的集装箱货运站至目的地或卸箱港的集装箱装卸区堆场。 也可以理解为是几个发货人对应一个收货人。

（9）站到站（CFS to CFS)。由起运地或装箱港的集装箱货运站至目的地或卸箱港的集装箱货运站。这种方式通常是拼箱交—拼箱收。

案例 5-4　集装箱运输案例

某批货物需由甲地运至乙地，其总重量为 582 公吨，总体积为 1000 立方米。如果现有 40 英尺和 20 英尺两种规格的集装箱，各自限定的载重量、容积、亏箱率和每箱的运费分别为 24.5 和 17.5 公吨、67 和 30 立方米、18%和 20%、750 和 400 美元。则选用哪一种规格的集装箱比较节省运费？需要多少个集装箱？运费多少？

提示：（1）货物容重：582 ÷ 1000=0.582（公吨/立方米）

（2）集装箱载重量：40 英尺的为 24.5 公吨 20 英尺的为 17.5 公吨

（3）集装箱有效容积：40 英尺：67×（1—18%）=59.94（立方米）

20 英尺：30×（1—20%）=24（立方米）

（4）集装箱双满容重：40 英尺：24.5 ÷ 59.94=0.446（公吨/立方米）

20 英尺：17.5 ÷ 24=0.729（公吨/立方米）

（5）所需箱数：40 英尺集装箱的双满容重（0.446）小于货物容重（0.582)，因此应按货物的重量来计算所需箱数，即 582 ÷ 24.5=24（个）

20 英尺集装箱的双满容重（0.729）大于货物容重（0.582)，因此应按货物的容积来计算所需箱数，即 1000 ÷ 24=42（个）

（6）运费：40 英尺：750 × 24=18000（美元）

20 英尺：400 × 42=16800（美元）

因此，用 20 英尺的集装箱的比较节省运费，需用 42 个 20 英尺的集装箱装运，运费为 16800 美元。

五、国际多式联运

国际多式联运（International Multimodal Transport）是在集装箱运输的基础上产生和发展起来的一种综合性的连贯运输方式，一般以集装箱为媒介，把海、陆、空各种传统的单一运输方式有机地结合起来，组成一种国际的连贯运输。《联合国国际货物多式联运公约》对国际多式联运所下的定义是："国际多式联运是指按照多式联运合同，以至少两种不同的运输方式，由多式联运经营人把货物从一国境内接运货物的地点运至另一国境内指定交付货物的地点。"

国际多式联运的优点和局限性

1. 国际多式联运的优点

（1）手续简便，责任统一明确。

（2）运输时间段短，货运质量高。

（3）中途无须拆箱，降低了运输成本，节省了运杂费、利息支出。

2. 国际多式联运的局限性

（1）所运货物应适合集装箱运输。

（2）装运港和目的港应有集装箱航线和装卸设备，并方便办理海关手续。

（一）构成国际多式联运应具备的条件

根据《联合国国际货物多式联运公约》对国际多式联运所下的定义，构成国际多式联运应同时具备下列六个条件。

（1）必须有一个多式联运合同，合同中明确规定多式联运经营人和托运人之间的权利、义务、责任和豁免。多式联运合同是确定多式联运性质的根本依据，也是区别多式联运与一般联运的主要依据。

（2）必须使用一份包括全程的多式联运单据。该单据既是物权凭证，也是有价证券。

（3）必须至少是两种不同运输方式的连贯运输。如海—海、铁—铁、空—空联运，虽为两程运输，但仍不属于多式联运，这是一般联运与多式联运的一个重要区别。同时，在单一运输方式下的短途汽车接送也不属于多式联运。

（4）必须是跨越国境的国际的货物运输。这是区别国内运输和国际运输的限制条件。

（5）必须由一个多式联运经营人对全程运输负总责。多式联运经营人是与托运人签订多式联运合同的当事人，也是签发多式联运单据或多式联运提单者，承担自接受货物起至交付货物止的全程运输责任。

（6）必须是全程单一运费率。这个运价一次收取，包括运输成本（各段运杂费的总和）、经营管理费和合理利润。

（二）国际多式联运经营人的性质与责任

国际多式联运经营人是一个独立的法人实体，他一方面与货主签订多式联运合同，另一方面又与实际承运人签订运输合同。因此，他具有双重身份，对货主来说他是承运人，对实际承运人来说他又是托运人。

国际多式联运人的责任范围包括以下三种。

（1）货主委托多式联运经营人负责装箱、计数的，多式联运经营人应对箱内货物不是由于商品自身包装和质量问题而造成的污损和灭失负责；未按货主要求装箱，因积载不当、衬垫捆扎不良而造成串味、污损、倒塌、碰撞等货损，多式联运经营人也要负责。

（2）承担在责任期间内因责任事故，致使货物损坏或灭失的责任。

（3）承担延迟交货的责任。

六、大陆桥运输

大陆桥运输（Land Bridge Transport）是指使用横贯大陆的铁路（公路）运输系统，作为中间桥梁，把大陆两端的海洋运输连接起来的运输方式。大陆桥运输一般都是以集装箱为媒介，采用国际铁路系统来运送，其实质属于国际多式联运范围。

目前，世界上有三条大陆桥，即北美大陆桥、西伯利亚大陆桥和新欧亚大陆桥。

（一）北美大陆桥

北美大陆桥是最早出现的大陆桥，包括美国大陆桥和加拿大大陆桥，这两条是平行的，都是东接大西洋，西连太平洋，主要运送从远东国家经北美销往欧洲的货物。

（二）西伯利亚大陆桥

西伯利亚大陆桥是以俄罗斯西伯利亚铁路作为桥梁，把远东地区与波罗的海、黑海沿岸、大西洋口岸连接起来。主要运送远东国家经西伯利亚到欧洲各国或亚洲的伊朗、阿富汗等国的货物。

（三）新欧亚大陆桥

新欧亚大陆桥 1990 年 9 月 12 日全线接通。它是世界上最“年轻”的大陆桥。它东起我国江苏省的连云港，西至荷兰的鹿特丹，地跨亚欧两大洲，全长 10800 公里。新欧亚大陆桥穿过我国中部，跨江苏、安徽、河南、陕西、甘肃和新疆等六大省区，货运辐射范围达我国国土面积的 80%。它对我国中西部的发展有着深远的影响，促进了我国对外贸易的发展。

七、其他运输方式

其他运输方式包括公路运输、内河运输、邮政运输和管道运输等方式。

（一）公路运输

公路运输（Road Transportation）一般是指汽车运输，是车站、港口和机场集散进出口货物的重要手段。它具有机动灵活、速度快、方便等特点，但其载货量有限，运输成本较高，易造成货损事故。

公路运输是国际货物运输中不可缺少的重要运输方式，它是欧洲大陆国家之间进出口货物运输最重要的方式之一，我国的边境贸易运输、港澳货物运输，其中有相当大一部分也是靠公路运输独立完成的。

（二）内河运输

内河运输（Inland Water Transportation）是水上运输的重要组成部分，它是连接内地与沿海地区的纽带，在运输和集散进出口货物中起着重要的作用，它具有投资少、运量大、成本低的特点。

我国长江、珠江等一些主要河流的内河港口已对外开放，我国同一些邻国还有国际河流相连通，这为发展我国的对外内河运输提供了十分有利的条件。

（三）邮政运输

邮政运输（Parcel Post Transport）是一种简便的运输方式，手续简便、费用不高。包括普通邮包和航空邮包两种，适于量轻体小的货物。目前，随着各国邮政机构的发展，国与国之间利用双方的邮政系统办理货物运输已成为国际贸易中普遍采用的一种运输方式。

国际邮政运输一般需要经过两个或两个以上国家的邮政局和两种或两种以上不同的运输方式的联合作业才能完成。但邮政托运人只要向邮政局照章办理一次托运，一次付清足额邮资，并取得一张“邮包收据”（Parcel Post Receipt）,全部手续即告完备。邮件运送、交接、保管、传递等一切事宜均由各国邮政局负责办理。邮件抵达目的地，收件人即可凭邮政局到件通知和收据向邮政局提取邮件。

（四）管道运输

管道运输（Pipeline Transport）是用管道作为运输工具的一种长距离输送液体和气体物资的运输方式，主要适用于运送液体、气体货物，如石油、天然气等。

管道运输是国际货物运输方式之一，是随着石油生产的发展而产生的一种特殊运输方式。具有运量大、不受气候和地面其他因素限制、可连续作业以及成本低等优点。随着石油、天然气生产和消费速度的增长，管道运输的发展步伐不断加快。

第二节 运输单据

运输单据是承运人收到承运货物后签发给托运人的证明文件，是交接货物、处理索赔与理赔以及向银行结算货款或进行议付的重要单据。根据运输方式的不同，国际贸易中的运输单据主要有海运提单、铁路运单、航空运单等。

一、海运提单

海运提单（Ocean Bill of lading，B/L）简称提单，指由承运人或其代理人签发的，证明收到特定货物，允诺将货物运至特定目的港并交付收货人的书面凭证。

（一）海运提单的性质与作用

（1）货物收据。海运提单是承运人或其代理人签发给托运人的货物收据，证明承运人已按提单所列内容收到货物。

（2）物权凭证。海运提单是代表货物所有权的凭证，收货人或提单的合法持有人可以凭提单在目的港向承运人提取货物，也可以有偿转让。

（3）运输契约的证明。海运提单是承运人与托运人之间运输契约的书面证明。提单条款明确规定了双方之间的权利和义务，是处理双方之间争议的法律依据。

（二）海运提单的内容

提单的内容分为正面的记载事项和背面的运输条款，具体内容如下。

1. 提单的正面内容

（1）提单号码（B/L NO)；（2）托运人（Shipper)；（3）收货人或指示（Consignee or Order)；（4）被通知人（Notify Party)[①]；（5）前程运输（Pre-carriage by)；（6）装运港（Port of Loading)；（7）船名（Vessel)；（8）转运港（Port of Transhipment)；（9）卸货港（Port of Discharge）；

① 被通知人：是船舶公司在货物到达目的港时发送到货通知的收件人，有时即为进口人。

（10）最后目的地（Final Destination）；（11）集装箱号或唛头号（Container Seal No. or Marks and Nos）；（12）货物的件数、包装种类和货物的描述（Number and Kind of Packages Description of Goods）；（13）毛重（Gross Weight）；（14）尺码（Measurement）；（15）运费和费用（Freight and Charges）；（16）转船信息（Regarding Transshipment Information Please Contact）；（17）运费预付地（Prepaid at）；（18）运费支付地（Freight Payable at）；（19）签单地点和日期（Place and Date of Issue）；（20）全部预付（Total Prepaid）；（21）正本提单份数（Number of Original B/L）；（22）承运人或船长的签名（Signed for or on Behalf of the Master）。

2. 提单的背面条款

在提单背面的运输条款是确定承托双方以及承运人、收货人和提单持有人之间的权利与义务的主要依据。国际上为统一提单背面条款内容，先后签署了三个有关提单的国际公约：（1）1924 年签署的《关于统一提单的若干法律规则的国际公约》，简称《海牙规则》；（2）1968 年签署的《布鲁塞尔议定书》，简称《维斯比规则》；（3）1978 年签署的《联合国海上货物运输公约》，简称《汉堡规则》。

（三）海运提单的种类

1. 根据货物是否已装船，提单可分为已装船提单和备运提单

（1）已装船提单（On Board B/L； Shipped B/L）。是指承运人已将货物装上指定船舶后所签发的提单，其特点是提单上必须以文字表明货物已经装在某条船上，并载有装船日期，同时还应由船长或其代理人签字。

（2）备运提单（Received for Shipment B/L）。是指承运人在收到托运货物等待装船期间，向托运人签发的提单。该提单上无装船日期和具体船名。在货物装船后，托运人可以凭此单向船舶公司换取已装船提单；也可以经承运人在上面批注已装船字样，并注明船名、装船日期及签字后，变成已装船提单。在国际贸易中，进口商和银行一般只接收已装船提单。

2. 根据货物外表状况有无不良批注，提单可分为清洁提单和不清洁提单

（1）清洁提单（Clean B/L）。是指货物在装船时“表面状况良好”，承运人在提单上未加注任何有关货物受损或包装不良等批注的提单。UCP600 第二十七条规定：银行只接受清洁运输单据。

（2）不清洁提单（Unclean B/L）。是指承运人对货物的表面状况或其他方面加以批注的提单，如“包装不牢固”（sufficiently Packed）、“××件损坏”（Packages in Damaged Condition）、“×箱遭水渍”（Cartons Wet Stained）等。

3. 根据收货人抬头不同，提单可分为记名提单、不记名提单和指示提单

（1）记名提单（Straight B/L）。是指在提单上“收货人”一栏内填写特定收货人名称，只能由该特定收货人提货。托运人不准将记名提单背书转让，但收货人可以将其背书转让。

（2）不记名提单（Bearer B/L）。是指提单“收货人”栏内没有指明任何收货人，提单持有人仅凭提单即可要求承运人交货。不记名提单不需任何背书手续即可转让，因此这种提单的风险大，国际贸易中很少使用。

（3）指示提单（Order B/L）。是指在提单“收货人”一栏不填写收货人名称，而填写“凭指示”（To Order）或“凭某人指示”（To Order of… ）字样的提单,它可以通过背书的

办法转让给他人提货,所以又称为“可转让提单”。

4. 根据运输方式不同，提单可分为直达提单、转船提单、联运提单和多式联运单据

（1）直达提单（Direct B/L）。货物从装运港转船后，中途不换船而直接驶达目的港卸货，按照这种条件签发的提单即为直达提单。

（2）转船提单（Transshipment B/L）。船舶从装运港装货后不直接驶往目的港，而在中途港口换船后把货物运往目的港，按照这种条件签发的提单即为转船提单。

（3）联运提单（Through B/L）。是指经过海运和其他运输方式联合运输时由第一承运人所签发的包括全程运输的提单，托运人能凭此提单可以在目的港提取货物。联运提单虽包括全程运输，但签发联运提单的承运人一般都在提单中规定，只承担他负责运输的一段航程内的货损责任。

（4）多式联运单据（Multimodal Transport Documents，MTD）。是在使用多种运输方式运送货物的情况下，由“多式联运经营人”在收货后所签发的证明货物已由其接管，其将对货物运输全程负责的一种单据。

5. 根据船舶营运方式的不同，提单可分为班轮提单和租船提单

（1）班轮提单（Liner B/L）。是指由班轮公司承运货物后签发给托运人的提单。

（2）租船提单（Charter Party B/L）。是指承运人根据租船合同签发的提单。提单上注明“根据租船合同出立”字样，它受租船合同条款的约束，不能成为一个完整的独立文件。

6. 根据内容的繁简，提单可分为全式提单和简式提单

（1）全式提单（Lang Form B/L）。是指既有提单正面条款又有提单背面条款的提单，提单背面条款一般详细规定了承运人和托运人的权利和义务。班轮提单一般是全式提单。

（2）简式提单（Short Form B/L）。是指仅有提单正面条款，而没有提单背面条款的提单。租船提单多是简式提单。

7. 根据使用效力，提单可分为正本提单和副本提单

（1）正本提单（Original B/L）。是指提单上有承运人、船长或其代理人签字盖章并注明签发日期的提单。这种提单在法律上和商业上都是公认有效的单证，可以凭其向承运人提货，提单上必须要注明“正本”字样。

（2）副本提单（Copy B/L）。是指提单上没有承运人、船长或其代理人签字盖章，而仅供工作参考之用，不能据以提货的提单。提单上一般都有“Copy”字样。

8. 根据运费支付方式的不同，提单可分为运费预付提单和运费到付提单

（1）运费预付提单（Freight Prepaid B/L）。是指在货物装船后即支付运费的提单。通常由卖方负责租船订舱的交易均要求提交运费已付的提单.

（2）运费到付提单（Freight to be Collected B/L）。是指运费在货物到达目的港，收货人提取货物前支付的提单。这种提单在收货人没有付清运费及其他有关杂费前，承运人行使货物滞留权。运输中的一些货物，如冷藏货、鲜货、散装油、家具及易腐物品等，由于其易于损坏或变质，不适用运费到付提单。

9. 其他种类提单

（1）集装箱提单（Container B/L）。是指由负责集装箱运输的经营人或其代理人在收到货物后签发给托运人的提单。

（2）舱面提单（On Deck B/L）。是指承运货物装在船舶甲板上所签发的提单。这种提单的托运人为了保障货物运输安全，一般均向保险公司加保舱面险。

（3）过期提单（Stale B/L）。有两种情况。一种是指卖方超过信用证规定的交单日或在提单签发日期后 21 天才到银行议付的提单。另一种是指在近洋运输（如我国大连、天津等港口到日本或韩国的港口）中，晚于货物到达目的港的提单。

（4）倒签提单（Antedated B/L）。是指承运人或其代理人应托运人的要求，在货物装船后，签发提单的日期早于实际装船日期的提单，以符合信用证对装船日期的规定，便于在信用证下结汇。倒签提单是违法的。

案例 5-5　倒签提单案例

A 国出口公司于 2008 年 3 月与我国某进口公司签定合同，成交货物 3000 吨，海运至青岛，交货日期为 4~5 月。A 国该公司在货物装船前，发现部分商品包装破损，遂延期至 6 月 19 日将货物装船。为了符合信用证的规定，A 国该公司私下向轮船公司取得了装船日期为 5 月 31 日的海运提单。并向银行交单议付，收取货款。货物于 8 月 20 日到达青岛。我进口公司认为，按提单日期推算，货物运输期限达八十余天，认定提单日期有问题，拒绝提货，并提出索赔。你认为我进口公司的做法正确吗？为什么？

提示：A 国出口公司于 6 月 19 日装船，而提单装船日期为 5 月 31 日，早于实际装船日期，所以此提单为倒签提单。倒签提单是一种欺骗行为，侵犯了我国进口公司的合法权益，是违法的，所以，我方进口公司应拒绝提货，同时要向 A 国出口公司提出索赔。这是合理的。

（5）预借提单（Advanced B/L）。又称无货提单，是指因信用证规定的装运期和有效期已到，而货物尚未装船，托运人要求承运人预先签发的借给托运人的提单。预借提单是违法的。

海运单与提单的区别

海运单（Sea Waybill）是证明海上运输合同和货物由承运人接管或装船，以及承运人保证据以将货物交付给单证所载明的收货人的一种不可流通的单证，因此又称“不可转让海运单”(Non-Negotiable Sea Waybill)。

（1）海运单不是物权凭证，不能背书或转让，而提单是物权凭证，可以背书或转让。

（2）海运单上必须详尽表明收货人，一般情况下，除收货人以外，他人不得提货。而提单上不必表明确切的收货人名称。

（3）海运单背面一般没有印上运输合同的条款，而提单背面印有运输合同条款。

二、铁路运单

铁路运单（Railway B/L）是铁路承运人收到货物后所签发的铁路运输单据，是收、发货人与铁路部门之间的运输契约。

（一）国际铁路联运运单

国际铁路联运运单（Rail Waybill）是国际铁路联运的主要运输单据，它是参加联运的发送铁路与发货人之间订立的运输契约。该运单正本随同货物到达终点站后交给收货人，它既是铁路承运货物出具的凭证，也是铁路与货主交接货物、核收运杂费和处理索赔与理赔的依据。运单副本于运输合同缔结后交给发货人，是卖方凭以向收货人结算货款的主要证件。

（二）承运货物收据

承运货物收据（Cargo Receipt）是我国港澳联运中使用的一种结汇单据。该收据起到了类似海运提单或国际铁路联运运单副本的作用，代表货物所有权。同时又是港澳商人的提货证明，也是货、运双方的运输契约和承运人的货物收据。它不仅适用铁路运输，也适用于其他运输方式。

三、航空运单

航空运单（Air Waybill）是航空运输中承运人与托运人之间签订的运输契约，也是承运人或其代理人签发的货物收据，可以凭此办理议付。但它不是物权凭证，不能凭此提货，也不能通过背书转让。

四、邮包收据

邮包收据（Parcel Post Receipt）是邮政部门或国际信使专递公司收到由其负责邮递的信函、样品或包裹等邮件后向寄件人出示的、注有寄发日期的货物收据，也是邮件发生灭失或损坏后寄件人或收货人向邮政部门索赔的凭证。但邮政收据不代表货物所有权，既不能转让，也不能凭收据提货。

第三节　合同中的装运条款

装运条款就是合同中关于卖方应如何交货以及何时交货等问题的规定。合同中的装运条款主要包括装运时间、装运港、目的港、是否分批装运与转船以及装运通知等。

一、装运时间

装运时间（Time of shipment）又称装运期，是指卖方将合同规定的货物装上运输工具或交给承运人的期限。国际贸易中，交货有实际交货和象征性交货两种情况，在象征性交货条件下，卖方把货物装到指定运输工具上，取得货运单据并交给承运人，即可视为履行了交货义务。因此，为避免产生交易纠纷，在合同中要对装运时间作出明确规定。

（一）装运时间的规定办法

1. 规定明确、具体的装运时间

例如：shipment during May 2009（2009 年 5 月装运）

即卖方可在 2009 年 5 月 1 日至 5 月 31 日这段期间内的任何时间装运。

例如：shipment at or before the of Sep.（9 月底或以前装运）

即卖方可在 9 月底或 9 月底之前的任何时间装运。

这种规定，期限具体，含义明确，因此在国际货物买卖合同中采用较为普遍。

2. 规定在收到信用证后一定期限内装运

例如：shipment within 30 days after receipt of L/C

即卖方在收到信用证后 30 天内装运。

在对买方资信了解不够或防止买方可能因某些原因不能按时履行合同的情况下，可以采用这种方法规定装运时间，以保障卖方的利益。

3. 规定近期装运贸易术语

例如：Immediate Shipment　（立即装运）

Prompt Shipment　（迅速装运）

Shipment as soon as Possible　（尽快装运）

这种规定方法由于比较笼统，容易造成分歧，因此在国际货物买卖合同的签订中，除买卖双方对这种贸易术语有一致理解外，应尽量避免使用。

（二）规定装运时间时的注意事项

1. 装运时间的期限应当适度

海运装运期限的长短，应根据不同商品和租船订舱的时间来确定，装运期限过短，会给船货安排带来困难；装运期限过长，会造成买方资金积压，影响资金周转，反过来影响卖方的售价。

2. 应注意货源情况、商品的性质特点以及交货的季节性

如雨季一般不装运干货，夏季一般不装运易腐物品。

3. 在规定装运期的同时，应考虑开证日期的规定是否合理

装运期与开证日期是相互关联的，为保证按期装运，装运期和开证期应该相互衔接起来。

4. 应注意考虑交货港、目的港的季节因素

如不在港口的冰冻期和雨季进行装运，从而避免造成因延期装运带来的损失。

二、装运港和目的港

装运港（Port of Shipment）是指货物起始装运的港口。一般由卖方提出，经买方同意后确定。

目的港（Port of Discharge）是指最终卸货的港口。一般由买方提出，经卖方同意后确定。

（一）装运港和目的港的规定办法

在国际商会《跟单信用证统一惯例》（简称《UCP600》）中，对装运港和目的港的规定有以下几种情况。

（1）通常只规定一个装运港和一个目的港。例如：装运港：青岛（Port of Shipment: Qingdao），目的港：鹿特丹（Port of Destination：Rotterdam）。

（2）根据业务需要可规定两个或两个以上的装运港和目的港。例如：装运港：大连/青岛，目的港：伦敦/汉堡。

（3）笼统规定某一航区为装运港或目的港。例如：装运港：中国港口，目的港：地中海主要港口。由于各个港口距离远近不同，港口条件也有差别，运费和附加费相差很大，因此，应避免采用这种规定办法。

（二）规定装运港和目的港时的注意事项

（1）采取就近原则。装运港尽量就近选择在货源地，卸货港尽量选择在用货方所在港口或就近港口。

（2）必须考虑装运港和目的港的具体条件。如港口的装卸条件以及运费和附加费水平等，有的港口太拥挤，就要分散在附近港口。

三、分批装运和转运

分批装运（Partial Shipment）是指一个合同或信用证项下的货物，分若干批装在不同航次船只进行的运输。出现分批装运的原因很多，比如卖方由于成交数量大，货源不充分，国内运输紧张等。买方由于根据市场销量需要分批进口，从而减少库存，降低仓储费用等。

关于分批装运，《UCP600》中规定如下。

（1）同一船只、同一航次、同一目的港的多次装运，即使提单表示不同的装船日期及（或）不同装货港口，也不作为分批装运。应以最后一次装船日期作为该批货物的装船日期。

（2）未明确规定不准分批装运的，则视为允许分批装运。

（3）如合同和信用证中明确规定了分批数量，若其中任何一批未按规定装运，则本批及以后各批均告失效。

案例5-6 分批装运案例

我国某公司与美国签订了一份货物出口合同,数量10000公吨，双方约定信用证方式付款。开证行按时开来信用证，信用证规定6至10月份5个月分批等量装运。我方公司于6、7月份每月运出2000公吨，并分别向银行交单议付，取得货款。8月份因货物未备妥故延至9月份共装运4000公吨运出，我方凭9月份签发的单据到银行议付，此4000公吨货款全部遭到银行拒付。根据《UCP600》的规定，请问银行拒付是否合理，为什么？

提示：银行拒付是合理的。

《UCP600》规定如在信用证规定的指定时间内分批装运，其中任何一批未按分批装运，信用证对该批和以后各批货物均告失效，除非信用证另有规定。

本案例中，信用证规定6至10月份5个月分批等量装运。我公司于6、7月份每月运出2000公吨，并分别向银行交单议付，取得货款。8月份因货物未备妥故延至9月份共装运4000公吨运出，违反了信用证的规定，所以遭到银行的拒绝付款。

转运（Transshipment）是指货物自装运港运至目的港的过程中，从一运输工具转移到另一运输工具上，或是由一种运输方式转为另一种运输方式的行为。转运的原因一般是没有直达船只、船期不定或航次间隔太长。

买卖双方在签订转船条款的时候，应注意以下几点。

（1）信用证中不规定是否准许转船的，则视为“准许转船”。

（2）转运港的选择应合理，避免选择较为偏僻、航次较少或航运路线较长的转运港。

（3）注意转运港的重名问题，应在买卖合同中明确注明转运港所在国家和地区的名称。

四、装运通知

装运通知（Advice of Shipment）是装运条款中不可缺少的一项重要内容。合同中规定装运通知的意义在于明确买卖双方的责任，加强双方的相互配合，共同做好车、船、货的衔接工作。

一份完整的装运通知应包括：订单或合同号、信用证号、货物明细（品名、件数、重量、发票金额）、装运港、装运期限、船名、航次、预计开航日期或预计到达日期等。

在 FOB 条件下，卖方应在约定的装运期开始以前向买方发出货物备妥通知，以便买方及时派船接货。买方在接到卖方发出的备货通知后，应在约定的时间将船名、船期等通知卖方，以便卖方及时装船。

在 CFR/CPT 条件下，卖方应在货物装船后，及时向进口商发出“装运通知”，以便对方办理保险，并做好准备付款、赎单、办理进口报关和接货手续。

五、装运条款示例

（1）5 月装运，由青岛至伦敦。卖方应在装运月份前三十天将备妥货物可供装船的时间通知买方。允许分批和转船。

（2）6、7、8 月份从大连港分三批装运，目的港为利物浦，允许分批和转运。

小 结

国际货物运输是实现买卖双方交接货物的手段，因此，选择合适的运输方式非常重要。其中，海洋运输是国际货物运输中最主要的方式。具体分为班轮运输和租船运输两种。班轮运输适合于数量较少的件货，租船运输适合于大宗货物。国际货物的运输还有铁路、航空、多式联运等多种方式。不同的运输方式下，货物的运输单据、装运港、目的港、运输要求等都不同。其中，海运提单是海洋运输承运人或其代理人签发的，证明收到特定货物，允诺将货物运至特定目的港并交付收货人的书面凭证。为了更好地明确买卖双方的权利和义务，应在货运合同中签订装运条款。装运条款就是合同中关于卖方应如何交货以及何时交货等问题的规定。合同中的装运条款主要包括装运时间、装运港、目的港、是否分批装运与转船以及装运通知等。

思考题

（1）海洋运输有哪几种经营方式？

（2）班轮运输有什么特点？

（3）定期租船与定程租船的区别？

（4）国际多式联运经营人的性质是什么？它的责任范围有哪些？

（5）什么是海运提单？如何理解海运提单是物权凭证？

（6）清洁提单与不清洁提单有哪些区别？

（7）根据使用效力，提单可分为哪两种？两者有什么不同？

（8）海洋运输条款的主要内容有哪些？

（9）为什么说装运通知是装运条款中不可缺少的一项重要内容？

（10）装运条款中装运时间的规定办法有几种？

案例分析

（1）有一批货物从上海出口到纽约，某船舶公司签发了一张由上海经横滨至旧金山的海运提单，请问这张提单是哪种提单？

（2）一批货物共 80 箱，自青岛运往伦敦，船舶公司已签发“已装船清洁提单”，等货到目的港，收货人发现下列情况：① 4 箱欠交；② 12 箱包装严重破损，内部货物已散失一半；③ 8 箱包装外表完好，箱内货物有短少。

请问：上述三种情况是否属于船方或托运人的责任？为什么？

（3）我国某食品进出口公司向意大利出口 3000 公吨冷冻食品，合同规定 2000 年 4~7 月份交货，即期信用证支付，来证规定：Shipment during April/July，April Shipment 800M/T，May Shipment 800M/T，June Shipment 800M/T，July Shipment 800M/T。我公司实际出口情况是：4、5 月份交货正常，并顺利结汇，6 月份因船期延误，拖延到 7 月 12 日才实际装运出口，7 月 15 日我方在同一轮又装了 600M/T，付款银行收到单据后来电表示拒绝支付这两批货的款项，问：我方有何失误？付款银行拒付有何依据？

技能训练

（1）出口一批工具，共 19.6 公吨，14.892 立方米。由上海装船经香港装运至温哥华。经查，上海至香港，该货物计费标准为 W/M，8 级，基本运费率为每运费吨 20.5 美元；香港至温哥华，该货物计费标准为 W/M，8 级，基本运费率为每运费吨 60 美元，另收香港中转费，每运费吨 14 美元。计算该批货物的总运费。

（2）某公司出口产品共 100 箱，该商品的内包装为塑料袋，每袋重 1 磅，外包装为纸箱，每箱 100 袋，箱的尺寸为 47×39×26（厘米），经查该商品为 5 级货，运费计收标准为“M”，每运费吨的基本运费为 367 港元，另加转船费 15%，燃料费 33%，港口拥挤费 5%。问：该批货物的总运费是多少？

（3）某商品纸箱装，每箱毛重 45 公斤，体积 0.05 立方米，原报价每箱 38 美元 FOB 天津，现客户要求改报 CFR2%伦敦价。问：在不减少收汇额的条件下，我方应改报多少价格？（该商品计费标准为 W/M，每运费吨的基本运费为 200 美元，到伦敦港口拥挤附加费为 10%）

第六章

国际货物运输保险

案例导引

我国某公司以CIF术语出口一批化肥，装运前按合同规定已向保险公司投保水渍险，货物装妥后顺利开航。载货船舶起航后不久在海上遭受暴风雨，海水涌入舱内，致使部分化肥遭到水渍，损失价值为800美元。数日后，又发现部分化肥外包装破裂，估计损失达1000美元。

问题：上述损失应由谁承担？为什么？

评析：本案中，因水渍损失的800美元应由保险公司赔偿，因外包装破裂损失的1000美元应由买方自己承担。

中国人民保险公司《海运货物保险条款》规定，水渍险的承保责任范围包括被保险货物在运输途中，由于恶劣气候、雷电、海啸、地震、洪水等自然灾害所造成的部分损失。因此，本案例中的800美元属于水渍险的承保责任范围，保险公司应对此负责赔偿。

化肥袋包装破裂属于一般附加险的责任范围，它不在所投保的水渍险的责任范围，故保险公司不予赔偿。按CIF条件成交，卖方只需按合同规定投保险别，运输途中的风险由买方承担，所以本案例中的1000美元应由买方自负。

本章导读

在国际贸易中，货物在较为漫长的运输过程中可能因为遭遇自然灾害或意外事故而受到损失，因此，货主为了转嫁这些损失，需要向保险公司办理货物运输保险。国际货物运输保险包括海上货物运输保险、陆上货物运输保险、航空货物运输保险和邮包货物运输保险等。货主只有针对自己的运输情况，选择相应的保险险别，才能在遭受特定损失后获得保险公司的相应赔偿。

学习目标

掌握海运货物保险承保的范围；

掌握我国海运保险承保的险别与条款；

掌握合同中保险条款的主要内容

熟悉我国进出口货物运输保险的基本做法；

了解国际货物运输保险的基本常识。

第一节　海上货物运输保险的承保范围

海上货物运输保险承保的范围包括："海上风险"和"外来风险"两大类及其各自所造成的损失和费用。正确理解货物在海上的风险与损失，对于合理选择投保险别和正确处理保险索赔，具有非常重要的意义。

一、海上风险

海上风险（Perils of the Sea）又称海难，指船舶或货物在海上运输过程中所遇到的自然灾害和意外事故。

（一）自然灾害

自然灾害（Natural Calamities）是指由于自然界破坏力量所造成的灾害。我国现行的《海洋运输货物保险条款》（Ocean Marine Clauses）规定，自然灾害仅指恶劣气候、雷电、海啸、地震、洪水和火山爆发等人力不可抗拒的灾害。因此在运输过程中，因一般风浪或气候变化造成的自然损耗不包括在"自然灾害"中。

（二）意外事故

意外事故（Fortuitous Accidents）是指由于偶然、非意料的原因所造成的事故。它不泛指海上所有的意外事故。我国现行的《海洋运输货物保险条款》规定，意外事故仅指海运途中运输工具遭受搁浅、触礁、沉没、互撞、与流冰或其他物体碰撞以及倾覆、失火、爆炸等。

二、外来风险

外来风险（Extraneous Risks）是指由于海上风险以外的其他外来原因造成的风险。它包括一般外来风险和特殊外来风险。

（一）一般外来风险

一般外来风险是指货物在运输过程中由于偷窃、雨淋、短量、渗漏、破碎、受潮、受热、霉变、串味、玷污、钩损、生锈、破损等原因所引起的风险。

（二）特殊外来风险

特殊外来风险是指由于军事、政治、国家政策法令以及行政措施等特殊外来原因所造成的风险与损失。如战争、罢工、交货不到、拒收或没收、产生黄曲霉素等风险。

三、损失

被保险货物在海上运输中因风险所遭受的损失称为海损或海上损失（Average）。根据保险业的惯例，凡是与海陆连接的陆运过程中发生的损坏或灭失，也属于海损范围。按照损失的程度，海损可分为全部损失和部分损失。

（一）全部损失

全部损失（Total Loss），简称全损，是指被保险货物全部遭受损失。按损失情况的不同，可分为实际全损和推定全损两种。

1. 实际全损

实际全损（Actual Total Loss）又称绝对全损，是指货物完全灭失或变质而失去原有用途，即货物完全损失已经发生或不可避免。

构成实际全损的情况有以下几种。

（1）保险标的物全部灭失。如：大火烧掉船舶或货物，糖、盐等易溶货物被海水溶化，载货船舶遭遇飓风沉没等。

（2）保险标的物的物权完全丧失已无法挽回。如：战争时期保险货物被敌方捕获并宣布为战利品，载货船舶被海盗抢劫等。

（3）保险标的物已丧失原有商业价格或用途。如：茶叶、烟叶等经水浸泡后失去原有价值，水泥被海水浸泡后变硬等。

（4）载货船舶失踪。在国际贸易中，一般根据航程的远近和航行的区域来确定船舶失踪时间的长短。

2. 推定全损

推定全损（Constructive Total Loss）是指被保险货物遭遇保险事故后，认为实际全损已经不可避免，或者为避免发生实际全损所需支付的费用与继续将货物运抵目的地的费用之和超过保险价值的损失。

构成推定全损的情况主要有以下几种。

（1）保险标的物遭受严重损害，完全灭失已不可避免，为避免全损所需的施救费用，将超过获救后标的物的价值。

（2）保险标的物受损后，其修理费用超过货物修复后的价值。

（3）保险标的物受损后，其整理和继续运往目的地的费用，超过残存货物到达目的地的价值。

（4）保险标的物遭受责任范围内的事故，使被保险人失去标的物的所有权，其所需费用将超过收回被保险货物的价值。

当发生推定全损的情况时，被保险人可以要求按全部损失赔偿，但是，这只有在被保险人向保险人发出委付[①]通知并经保险人同意的情况下，才能按全损赔付。否则，保险人将按部分损失予以赔偿。

（二）部分损失

部分损失（Partial Loss）是指被保险货物的损失没有达到全部损失的程度，按性质和原因不同，可分为共同海损和单独海损。

1. 共同海损

共同海损（General Average）是指在海洋运输途中，船舶、货物或其他财产遭遇共同危险，为了解除共同危险，维护船货安全，使航行得以继续，由船方有意采取合理的施救措施而造成的特殊牺牲和支付的特殊费用。共同海损由有关获救收益方，如船方、货主、运费收入方根据获救价值按比例分摊，然后再分别向各自的保险机构索赔。

构成共同海损必须具备以下条件。

---

① 委付（Abandonment）是指在推定全损的情况下，被保险人将保险标的的一切权利包括所有权转让给保险人，而要求保险人按实际全损赔偿的一种行为。

（1）必须确实遭遇危难。船方在采取紧急措施时，必须确有危及船、货共同安全的危险存在，不能主观臆测可能有危险发生。如在海运途中，一船员发现存放树脂的货舱中在冒烟，于是认为舱中发生了火灾，立即对货舱进行灌水。事后却发现货物没有任何着火的迹象，而是船员主观臆断的，由于灌水使树脂被水浸泡而遭受的损失不属于共同海损。

（2）船方所采取的措施必须是有意的、合理的，是为了船货共同安全。如船舶遭遇风暴，若不采取措施，就会翻船，使船货全部受损。船长为了避免船只倾覆，命令船员将钻石、名画等贵重物品首先抛弃，而保留木材、废铁等便宜而重的货物，这属于不合理的处理，不属于共同海损。

（3）所作出的牺牲或支出的费用是在非常性质下产生的，具有特殊性。如船舶搁浅，为了脱浅而开动主机致使主机超过负荷而损坏，这种损失在正常情况下不会出现，属于共同海损。

2. 单独海损

单独海损（Particular Average）是指除共同海损以外的，由海上风险直接导致的船舶或货物的部分损失。该损失仅由受损者单独负担。如果所遭受的损失属于受损方所投保的险别之列，受损方可备齐相关单据向保险公司索赔。

案例 6-1　共同海损案例

我公司出口一批货物，在从天津驶往伦敦的途中，船舱突然着火，大火蔓延至机舱，船长为了船、货的共同安全，决定往船舱灌水灭火。火虽然被扑灭，但是由于使用灌水使其他货物和主机受损。为此，船长雇用拖轮牵引至附近港口修理。这次事件造成的损失有：（1）甲货主 1000 箱货物被烧毁，价值 10 万美元；（2）乙货主 600 箱货物因灌水致损，价值 8 万美元；（3）主机因灌水致损，价值 3 万美元；（4）拖船费、额外增加的燃料和工资合计等 1 万美元。已知开航时各方的价值为：船方 100 万美元，甲 40 万美元，乙 50 万美元，丙 10 万美元，待收运费 2 万美元。请问：以上损失中哪些是单独海损？哪些是共同海损？共同海损应如何分摊？

提示：属于单独海损的是：甲货主 1000 箱货物被烧毁，价值 10 万美元。属于共同海损的是：乙货主 600 箱货物因灌水致损，价值 8 万美元；主机因灌水致损，价值 3 万美元；拖船费、额外增加的燃料和工资合计等 1 万美元。

共同海损=8＋3＋1=12（万美元）

船方获救价值：100－3－1=96（万美元）

甲货主获救价值：40－10=30（万美元）

乙货主获救价值：50－8=42（万美元）

获救总价值=船方获救价值＋甲货主获救价值＋乙货主获救价值＋丙货主获救价值＋待收运费方获救价值=96＋30＋42＋10＋2=180（万美元）

共同海损的分担：

船方：96÷180×12=6.4（万美元）

甲货主：30÷180×12=2（万美元）

乙货主：42÷180×12=2.8（万美元）

丙货主：10÷180×12=0.67（万美元）

待收运费方：2÷180×12=0.13（万美元）

四、海上费用

海上风险在给货物造成损失的同时，还会导致一系列的为营救被保险货物而支出的费用，这些费用常被称为海上费用，这些费用也属于保险公司承保的范围。

（一）施救费用

施救费用（Sue and Labor Charge）是指当保险标的物遭遇保险责任范围内的灾害事故时，被保险人或其代理人、雇佣人员和受让人等为防止损失扩大而主动采取施救措施所支出的合理费用。

（二）救助费用

救助费用（Salvage Charges）是指当保险标的物遭遇保险责任范围内的灾害事故时，由保险人和被保险人以外的第三者，采取了有效的救助措施，在救助成功后，由被救方付给救助人的一种报酬。

第二节　我国海洋货物运输保险险别

保险险别是指保险人对风险和损失的承保责任范围。根据中国保险条款（CIC），我国的海洋运输保险险别，按照能否单独投保分为基本险和附加险两类，基本险又分为平安险、水渍险和一切险三种。基本险可单独投保，附加险不能单独投保。

一、基本险别

（一）平安险

平安险（Free from Particular Average，F.P.A）,英文原意为“单独海损不负赔偿责任”。平安险是我国海洋货物运输条款中保险责任最小的一种险别，费率也最低。在投保平安险的情况下，保险公司对由于自然灾害所造成的单独海损不负赔偿责任，而对因意外事故所造成的单独海损则要负赔偿责任。

平安险承保责任范围如下。

（1）被保险货物在运输途中由于恶劣气候、雷电、海啸、地震、洪水等自然灾害造成被保险货物的实际全损或推定全损。

（2）由于运输工具遭受搁浅、触礁、沉没、互撞、与流水等其他物体碰撞以及失火、爆炸等意外事故造成货物的全部或部分损失。

（3）在运输工具已经发生搁浅、触礁、沉没、焚毁等意外事故的情况下，货物在此前后又在海上遭遇恶劣气候、雷电、海啸等自然灾害造成的被保险货物的部分损失。

（4）在装卸或转运时，由于一件或数件或整批货物落海所造成的全部或部分损失。

（5）被保险人对遭受承保责任内危险的货物采取抢救、防止或减少货损的措施而支付的合理费用，但以不超过该批被救货物的保险金额为限。

（6）运输货物遭遇海难后，在中途港口或避难港口由于卸货、存仓及运送货物所产生的特别费用。

（7）共同海损的牺牲、分摊和救助费用。

（8）运输契约订有“船舶互撞责任”条款，按该条款规定应由货方偿还船方的损失。

案例 6-2　平安险赔偿案例

我国某出口公司向国外出口一批初级产品，如果此批货物在运输时已经投保了平安险，则一旦发生下列情况时，能否得到赔偿？

（1）船舶在运输过程中触礁，海水涌进船舱，将某货主的货物全部浸泡。

（2）船舶在运输过程中遭遇恶劣天气，海水涌进船舱，将某货主的货物全部浸泡。

（3）船舶在运输过程中遭遇恶劣天气，海水涌进船舱，将某货主的货物浸泡一半。

（4）船舶在运输过程中，自来水管破裂，将某货主的货物浸泡 30%。

提示：

（1）赔偿。因为由于意外事故造成的部分损失属于平安险承保的责任范围。

（2）赔偿。因为由于自然灾害造成的全部损失属于平安险承保的责任范围。

（3）不赔偿。因为由于自然灾害造成的部分损失不属于平安险承保的责任范围。

（4）不赔偿。因为由于淡水雨淋造成的部分损失不属于平安险承保的责任范围。

（二）水渍险

水渍险（With Particular Average，W.P.A / W.A）,英文原意为“负单独海损责任”。水渍险的承保责任范围包括：平安险所承保的全部责任范围；被保险货物在运输途中，由于恶劣气候、雷电、海啸、地震、洪水等自然灾害所造成的部分损失。

（三）一切险

一切险（All Risk，AR），是我国海洋货物运输保险条款中承保范围最大的一种基本险别，保险费率最高。一切险的承保责任范围包括：平安险和水渍险所承保的各项保险责任；被保险货物在运输途中，由于外来原因所造成的全部或部分损失。

平安险、水渍险和一切险不负责赔偿的情况

（1）被保险人的故意行为或过失所造成的损失。

（2）属于发货人责任所引起的损失。

（3）保险责任开始前，被保险货物已存在的品质不良或数量短差所造成的损失。

（4）被保险货物的自然损耗、本质缺陷以及市场价格跌落、运输延迟所造成的损失或费用。

（5）战争险和罢工险条款规定的责任范围和除外责任。

二、附加险别

我国海洋货物运输保险条款除了三种基本险以外，还有附加险条款，主要可分为一般附加险和特殊附加险。

（一）一般附加险

一般附加险（General Additional Risk）承保一般外来原因引起的货物损失。一般附加险不能单独投保，只能在投保了平安险或水渍险的基础上加保。它包括在一切险之中，若投保了一切险，则无须另行加保。

一般附加险包括下列险种。

（1）偷窃、提货不着险（Theft，Pilferage and Non-Delivery，T.P.N.D）。针对偷窃所致损失和整体提货不着等损失。

（2）淡水雨淋险（Fresh Water and Rain Damage）。针对直接遭受雨水、淡水以及雪溶水浸淋所致损失。

（3）渗漏险（Risk of Leakage）。针对因容器损坏而引起的渗漏损失，或用液体储藏的货物因液体渗漏而引起的货物腐蚀等损失。

（4）短量险（Risk of Shortage）。针对因外包装破裂或散装货物发生数量损失和实际重量短缺的损失。

（5）钩损险（Hook Damage）。针对在装卸过程中使用手钩、吊钩所造成的损失。

（6）混杂、玷污险（Risk of Contamination）。针对在运输过程中混进杂质或被玷污所致损失。

（7）破损破碎险（Risk of Clash and Breakage）。针对金属、木质等货物因震动、颠簸、挤压所造成的碰损和对易碎性货物在运输途中由于装卸野蛮、粗鲁、运输工具的颠震所造成的破碎损失。

（8）生锈险（Risk of Rust）。针对运输过程中发生的锈损。

（9）串味险（Risk of Odour）。针对被保险的食用物品、中药材、化妆品原料等因受其他物品的影响而引起的串味损失。

（10）受潮受热险（Damage Caused by Heating and Sweating）。针对因气温突然变化或由于船上通风设备失灵致使船舱内水汽凝结、受潮或受热所造成的损失。

（11）包装破裂险（Breakage of Packing Risk）。针对因运输或装卸不慎，包装破裂所造成的损失，以及为继续运输安全的需要对包装进行补修或调换所支付的费用。

案例 6-3 淡水雨淋险案例

我外贸公司向某国出口一批大豆，买方投保险并加淡水雨淋险，该货物到目的港后，进口商在码头进行包装，期间下起了大雨，致使 40%未包装的大豆受损，请问该进口商能否得到保险公司的赔偿？为什么？

提示：进口商能得到保险公司的赔偿。因为进口商已投保淡水雨淋险，所以被雨淋湿货物的损失应属保险公司的承包责任范围。

（二）特殊附加险

特殊附加险（Special Additional Risk）是指承保由于军事、政治、国家政策、法令以及行政措施等特殊外来原因所引起的风险与损失的险别。

特殊附加险包括下列险种。

（1）交货不到险（Failure to Delivery）。被保险货物从装上船开始，6个月仍不能运到原定目的地交货，则不论何种原因，保险公司均按全损赔付。

（2）进口关税险（Import Duty Risk）。承保货物已发生保险责任范围内的损失，但被保险人仍需按货物的完好状态完税而遭受的损失。

（3）舱面险（On Deck Risk）。承保装载于舱面的货物被抛弃或风浪冲击落水所致的损失。

（4）拒收险（Rejection Risk）。被保险货物在进口港被进口国政府或有关当局拒绝进口或没收，保险公司按货物的保险价值负责赔偿。

（5）黄曲霉素险（Aflatoxin Risk）。花生、谷物等易产生黄曲霉素，对含量超过进口国限制标准而被拒绝进口、没收或强制改变用途所遭受的损失，保险公司负责赔偿。

（6）出口货物到中国香港（包括九龙在内）或澳门地区的存仓火险责任扩展条款。出口到港澳的货物，如直接卸到保险单载明的过户银行所指定的仓库时，加保该险，则保险公司负责存仓期间的火险责任。存仓期间可延长30天，在30天内不另收保险费，如超过30天仍需延长存仓时间，则每月按0.05%的保险费率计收保险费。

（7）战争险（War Risk）。承保战争或类似战争行为导致的货物损失。我国战争险的保险责任范围包括：① 直接由于战争、类似战争行为和敌对行为、武装冲突或海盗行为所致的损失；② 由于上述原因所引起的捕获、拘留、扣留、禁制、扣押所造成的损失；③ 各种常规武器，包括水雷、鱼雷、炸弹所致的损失；④ 由于上述原因所引起的共同海损的牺牲、分摊和救助费用。

（8）罢工险（Strikes Risk）。承保被保险货物因罢工等人为活动造成的损失。我国罢工险的保险责任范围包括：由于罢工者、被迫停工工人或参加工潮暴动、民众斗争的人员的行动，或任何人的恶意行为所造成的直接损失以及因上述行动或行为引起的共同海损的牺牲、分摊和救助费用。

案例6-4 进口关税险案例

某批出口货物的完好价值为10万美元，进口国的进口关税为3%，但该批货物在运输途中遇到事故，造成2万美元的损失。货物到达目的港后，进口国海关仍然按10万美元征收关税。如果该批货物投保了进口关税险，保险公司应赔偿多少？

提示：因该批货物投保了进口关税险，同时该批货物发生了承保责任范围内的损失，因此保险公司需要承担相应货损部分的关税损失。

货损部分的关税为：2×3%=0.06（万美元）

三、海运货物保险承保责任的起讫

承保责任起讫也称保险期间或保险期限，是指保险人对被保险货物承担保险责任的有效期限。被保险货物如果在有效期限内发生保险责任范围内的风险损失，保险公司负责赔偿，否则保险公司不负责赔偿。

（一）基本险承保责任的起讫期限

根据中国人民保险公司《海洋运输货物保险条款》规定，我国三种基本险的保险责任起讫期限采取国际保险业惯用的："仓至仓"（Warehouse to Warehouse ，W/W）条款。"仓至仓"条款是指保险责任从被保险货物远离保险单所载明的起运地发货人仓库开始，直到该项货物被运抵保险单所载明的目的地收货人仓库为止。"仓至仓"责任不是绝对的，有以下一些限制性条件。

（1）当货物从目的港卸离海轮时起算满 60 天，不论货物是否进入收货人仓库，保险责任均告终止。

（2）如上述保险期限内被保险货物需要转交到非保险单所载明的目的地时，保险责任则以该项货物开始转交时终止。

（3）被保险货物在运至保险单所载明的目的港或目的地以后，在某一仓库发生分组、分派的情况，则该仓库就作为被保险人的最后仓库，保险责任也从货物运抵该仓库时终止。

（4）被保险人可以要求扩展期限。

（5）当发生非正常运输情况，如运输延迟、绕道、被迫卸货、航程变更等，被保险人要及时通知保险人，加交保险费，可按扩展条款办理。

（二）战争险和罢工险的责任起讫期限

战争险的承保责任起讫是以水上危险或运输工具的危险为限，不采用"仓至仓"条款，而采用"水至水"条款。即货物在起运港装上海轮或驳船时开始，到目的港卸离海轮或驳船为止。如果货物不卸离海轮或驳船，则保险责任最长延至货物到达目的港的当日午夜起15 天止。如果在中途港转船，则不论货物在当地卸载与否，保险责任以海轮到达该港或卸货地点的当日午夜起满 15 天为止，待再装上续运的海轮时，保险公司仍继续负责。

罢工险的承保责任起讫与其他海运货物保险险别一样，采取"仓至仓"的原则，即保险人对货物从卖方仓库到买方仓库的整个运输期间负责。

需要注意的是，不同贸易术语下，"仓至仓"的责任起讫期间是不同的，CIF 条件下，保险责任起讫期间是"仓至仓"；　FOB、CFR 条件下，保险责任起讫期间是"船至仓"。

案例 6-5　关于 CFR 合同保险责任起讫的案例

我方以 CFR 贸易术语出口货物一批，买方投保了"船至仓"条款一切险。在从出口公司仓库运往码头的过程中，货物发生损失，卖方向保险公司索赔。问：保险公司是否给予卖方赔偿？为什么？买方能取得保险公司赔偿吗？

提示：不赔偿。因为在 CFR 条件下，货物在装运港越过船舷时风险由卖方转移到买方，本案例中货物是在未到达装运港之前发生的损失，所以应由卖方负责，但是卖方没有和保险公司签订保险合同，因此，卖方无权向保险公司索赔，除非卖方另行投保。另外，即使买方已经办理了保险，保险公司也不给予赔偿，因为在 CFR 条件下，保险责任的起讫期间是"船至仓"，本案例中货物是从卖方仓库运往码头途中发生损失，不在"船至仓"的保险期限内，自然也不属于保险公司赔偿范畴。

第三节 伦敦保险协会海运货物保险条款

英国伦敦保险协会制定的“协会货物条款”(Institute Cargo Clauses，ICC）在国际保险业中有着广泛的影响，世界上大多数国家在海上保险业务中直接采用该条款。目前实行的是其1982年修订的条款。

一、ICC海运货物保险条款的种类

伦敦保险协会的海运货物保险条款主要有六种。

（1）协会货物条款（A)：ICC（A)。

（2）协会货物条款（B)：ICC（B)。

（3）协会货物条款（C)：ICC（C)。

（4）协会战争险条款（货物）(Institute War Clauses—Cargo)。

（5）协会罢工险条款（货物）(Institute Strikes Clauses—Cargo)。

（6）恶意损害险条款（Malicious Damage Clauses)。

在这六种险别中，前三种为基本险，后三种为附加险。其中，除了恶意损害险外，其他五种险别都可以单独投保。

二、ICC主要险别的承保责任与除外责任

（一）ICC（A)

1. 承保风险

类似我国的一切险，采用“一切风险减除外责任”的办法，即除了“除外责任”项下所列的风险保险人不予负责外，其他风险均予负责。

2. 除外责任

（1）一般除外责任。如包装不组或不当所造成的损失或费用；由于保险标的内在缺陷或特性所造成的损失或费用，使用原子或热核武器所造成的损失或费用。

（2）不适航、不适货除外责任。指保险人在被保险货物装船时已知道船舶不适航，以及船舶、运输工具、集装箱等不适货。

（3）战争除外责任。

（4）罢工除外责任。

（二）ICC（B)

1. 承保风险

类似于我国的水渍险，采用承保“除外责任”之外列明风险的办法。即将承保的风险意义列举出来。ICC（B）的承保风险包括：① 火灾、爆炸；② 船舶或驳船触礁、搁浅、沉没或倾覆；③ 陆上运输工具倾覆或出轨；④ 船舶、驳船或运输工具同水以外的外界物体碰撞；⑤ 在避难港卸货；⑥ 地震、火山爆发、雷电；⑦ 共同海损牺牲；⑧ 抛货；⑨ 浪击落海；⑩ 海水、湖水或河水进入船舶、驳船、运输工具、集装箱、大型海运箱或贮存处所；⑪ 货物在装卸时落海或跌落造成整件的全损。

2. 除外责任

ICC（B）险与ICC（A）险的除外责任基本相同，但有以下两点的区别。

（1）ICC（A）险只对被保险人的故意不法行为所造成的损失、费用不负赔偿责任，而对被保险人之外的任何个人或数人故意损害和破坏标的物或其他任何部分的损害要负赔偿责任；但在ICC（B）险中，保险人对此也不负赔偿责任。

（2）ICC（A）险将海盗行为列入保险范围，ICC（B）险则对海盗行为不负保险责任。

（三）ICC（C）

1. 承保风险

类似我国的平安险，仅承保“重大意外事故”的风险，而不承保自然灾害及非重大意外事故的风险。ICC（C）的承保风险包括：① 火灾、爆炸；② 船舶或驳船触礁、搁浅、沉没或倾覆；③ 陆上运输工具倾覆或出轨；④ 船舶、驳船或运输工具同水以外的外界物体碰撞；⑤ 在避难港卸货；⑥ 共同海损牺牲；⑦ 抛货。

2. 除外责任

ICC（C）除外责任与ICC（B）完全相同。

第四节　我国其他货物运输保险

在国际贸易中，不仅海洋运输的货物需要办理保险，陆上运输、航空运输和邮包运输的货物也都需要办理保险。中国人民保险公司对陆运、空运、邮运包裹保险制定有相应的专门条款。

一、陆运货物保险

陆运货物保险（Overland Transportation Cargo Insurance）是承保以火车、汽车等运输工具进行货物运输的保险。

（一）陆运基本险

根据1981年1月1日修订的中国人民保险公司陆上运输货物保险条款的规定，陆运货物保险的基本险别有陆运险和陆运一切险两种。

1. 陆运险

陆运险（Overland Transportation Risks）的承保责任范围与海洋运输货物保险条款中的“水渍险”相似，保险公司负责赔偿：

（1）被保险货物在运输途中遭受暴风、雷电、地震、洪水等自然灾害，或由于陆上运输工具遭受碰撞、倾覆、出轨，或在驳运过程中因驳运工具遭受搁浅、触礁、沉没、碰撞，或由于遭受隧道坍塌、崖崩，或失火、爆炸等意外事故所造成的全部或部分损失；

（2）被保险人对遭受承保责任内危险的货物采取抢救、防止或减少货损的措施而支付的合理费用，但以不超过该批被救货物的保险金额为限。

2. 陆运一切险

陆运一切险（Overland Transportation All Risks）的承保责任范围与海上运输货物保险条款中的“一切险”相似。保险公司除承担上述陆运险的赔偿责任外，还负责保险货物在运输途中由于一般外来原因所造成的全部或部分损失。

(二) 陆运附加险

陆运货物保险的附加险别包括陆上运输货物战争险和陆上运输罢工险。

1. 陆上运输货物战争险

在投保陆运险和陆运一切险的基础上可加保陆上运输货物战争险。保险责任范围包括火车、汽车运输途中由于战争、类似战争行为和敌对行为、武装冲突所致的货物损失；各种常规武器所致的损失。保险责任起讫以货物置于运输工具时为限。

2. 陆上运输罢工险

陆上运输罢工险承保责任范围与海洋运输货物罢工险相同，其保险手续的办理也与海运货物罢工险相同，即在投保战争险的前提下加保罢工险，不另收费。若仅要求加保罢工险，则按战争险费率收费。

(三) 陆上运输冷藏货物保险

为适应陆运冷藏货物的需要，中国人民保险公司修订的《陆上运输货物保险条款》还专门制定了陆上运输冷藏货物保险。它是陆上运输货物险中的一种专门保险。其责任范围除陆运险所列的损失外，还负责赔偿由于冷藏机器或隔温设备在运输途中损坏造成的解冻溶化而腐败造成的损失。

陆上运输冷藏货物保险责任自货物远离保单所载明起运地点的冷藏仓库装入运送工具开始，直到运抵目的地收货人仓库为止，但是最长保险责任期限以货物到达目的地的车站后 10 天为限。

陆运货物保险的除外责任与海洋运输货物险的除外责任基本相同，保险责任起讫也采用"仓至仓"条款原则。

二、航空货物运输保险

航空货物运输保险（Air Transportation Cargo Insurance）是以飞机为运输工具的货物运输保险。

中国人民保险公司 1981 年 1 月 1 日修订的《航空运输货物保险条款》规定，航空货物运输保险包括航空运输险和航空运输一切险两种险别。

(一) 航空运输险

航空运输险(Air Transportation Risks)的承保责任范围与海洋货物运输保险条款中的"水渍险"相似，包括被保险货物在运输途中遭受雷电、火灾、爆炸或由于飞机遭受恶劣气候或其他危难事故而被抛弃，或由于飞机遭受碰撞、倾覆、坠落或失踪等自然灾害和意外事故所造成的全部或部分损失。

(二) 航空运输一切险

航空运输一切险（Air Transportation All Risks）的承包责任范围与海洋运输保险条款中的"一切险"相似，除包括航空运输险的各项责任外，还包括被保险货物由于一般外来原因所造成的全部或部分损失。

航空运输险和航空运输一切险的除外责任与海洋货物运输保险条款中基本险的除外责任基本相同。保险责任的起讫期限也采用"仓至仓条款"，所不同的是如果货物运达保险单所载明的目的地而未运抵保险单所载明收货人仓库或储存处所，则以被保险货物在最后卸载地卸离飞机后满 30 天保险责任即告终止。如在上述 30 天内，被保险货物需转送到非保险单所载明的目的地时，保险责任以该项货物开始运转时终止。

三、邮运包裹保险

邮运包裹保险（Parcel Post Insurance）主要承保通过邮局以邮包运输的货物在途中遭到自然灾害、意外事故或外来原因造成的损失。中国人民保险公司制定的《邮政包裹保险条款》规定，邮运包裹保险包括邮包险（Parcel Post Risks）和邮包一切险（Parcel Post All Risks）两种基本险。其责任起讫是，自被保险邮包离开保险单所载起运地点寄件人的处所运往邮局时开始生效，直至被保险邮包运达保险单所载明的目的地邮局发出通知书给收件人当日午夜起算满 15 天为止，但在此期限内，邮包一经递交到收件人处所时，保险责任即告终止。

第五节 合同中的保险条款

保险条款是国际货物买卖合同中的一项重要组成部分，直接关系到买卖双方的根本利益，因此，必须在合同中予以明确。

一、保险条款的主要内容

一般来说，保险条款所涉及的内容主要有投保金额、投保险别、保险费、保险单证和保险适用的条款等。买卖双方在进行贸易磋商与签订合同时，应对上述内容做出明确规定。通常国际贸易中，买卖双方的权力与义务与所采用的贸易条件有必然联系，因此，相对于不同的贸易条件，其保险条款的内容也不尽相同。

二、FOB/FCA/CFR/CPT 贸易条件下的保险条款

在 FOB/FCA/CFR/CPT 贸易条件下签定的买卖合同，应由买方办理保险手续，并交付保险费，在此情况下，合同中的保险条款比较简单，只需明确保险责任即可。

例如："保险由买方负责办理。"（Insurance to be covered by the buyer.）

如果卖方接受买方委托，代为办理保险，应在合同中予以明确。

例如："保险由买方委托卖方按发票金额的 110%代为投保伦敦保险协会 A 险，按伦敦保险协会 1982 年 1 月 1 日货物（A）险条款，保险费由买方负担。"（Insurance to be effected by the seller on behalf of buyer for 110% of total invoice value against ICC（A）,AS per Institute Cargo Clauses（A） date 1/1/1982,Premiums to be for buyer's account.）

三、CIF/CIP 贸易条件下的保险条款

在 CIF/CIP 贸易条件下签定的买卖合同,应由卖方办理保险手续，并交付保险费。这种情况下，保险涉及买卖双方的利益，买卖合同中的保险条款应订得明确具体，一般应包括投保责任、保险金额、投保险别、适用的保险条款及该保险条款的生效日期等内容。

例如："保险由卖方按发票金额的110%投保一切险、战争险，以中国人民保险公司1981年1月1日的中国保险条款为准。"（To be covered by the seller for 110% of the invoice value ,covering All Risks &War Risk as per CIC dated 1/1/1981.）

以CIF条件成交的交易，应按发票金额的110%投保合同中所规定的险别。如果要提高投保金额或加保其他险别，则由此产生的额外费用由买方承担。

四、订立保险条款的注意事项

在订立合同中的保险条款时，应着重注意以下事项。

（1）明确所使用的保险条款。对于是按照中国保险条款投保，还是按照伦敦保险协会的货物保险条款投保，或是按其他保险条款投保，必须在合同中做出明确规定。

（2）明确投保险别。应根据货物的性质与特点选择不同的基本险并在合同中予以明确，如投保平安险、水渍险还是一切险。如果需要另加某一种或几种附加险也必须在合同中同时写明。

（3）明确由何方负责投保。如系FOB或CFR合同由买方负责投保，如系CIF或CIP合同，应明确由卖方负责投保。

（4）明确投保加成率。如超过发票金额的10%的加成率，应在合同中明确，由此产生的保险费由买方承担。

（5）保险单的签订日期不能迟于装运日期。

第六节　我国国际货物运输保险实务

在国际贸易中，各国进出口公司应按照有关规定向保险公司办理投保手续。我国外贸企业办理货物运输保险的业务程序如下。

一、确定保险金额

保险金额是保险人依据保险合同所应承担的最高赔偿限额，是计算保险费的依据。按照国际惯例，投保的金额应按发票上的CIF价或CIP价另加10%（一成）计算。保险金额的计算公式：保险金额=CIF（CIP）价×（1＋投保加成率）

二、选择保险险别

不同的保险险别规定的保险责任范围是不同的，因此，被保险人投保时要注意选择合理的保险险别，既要顾及所选择的险别能为被保险货物提供充分的保险保障，又要注意避免不必要的保险费支出。选择保险险别时一般应注意以下因素。

1. 货物的性质和特点

不同种类的货物在相同的风险之下，遭受的损失程度往往是不同的，如茶叶、烟草等商品容易吸潮腐烂，那就应该在基本险的基础上加保受潮受热险。

2. 货物的包装

在办理投保和选择险别时，对货物包装在运输过程中可能发生的损坏及其对货物可能造成的损害也应加以考虑。

3. 运输路线

货物在运输过程中所经过的线路不同，货物可能遭受的风险和损失也有很大的不同。例如：途经热带地区的货物，应考虑货物受潮受热因素。

三、填写投保单

投保单是投保人向保险人提出投保的书面申请，其主要内容包括：被保险人的姓名、被保险货物的品名、标记、数量及包装、保险金额、运输工具名称、开航日期及起讫地点、投保险别、投保日期及签章等。

四、支付保险费

保险费（Premium）是保险人因承担经济赔偿责任而向被保险人收取的费用。

保险费的计算公式是：保险费=保险金额×保险费率

如按 CIF 或 CIP 加成投保，保险费的计算公式为： 保险费=CIF（或 CIP）价×（1+投保加成率）×保险费率

案例 6-6 保险费支付案例

某公司出口货物一批，报价为每公吨 2400 美元 CFR 利物浦，英国商人要求改报 CIF 利物浦价。已知：按 CIC 条款加一成投保一切险和战争险，保险费率分别为 0.6%和 0.4%。请问，（1）我方应报价多少？（2）我方应向保险公司支付多少保险费？

解：（1）CIF=CFR/[1－（1＋投保加成率）×保险费率]

=2400/[1－110%×（0.6%＋0.4%）]=2426.69（美元）

（2）保险费=CIF 价×（1＋投保加成率）×保险费率

=2426.69×110%×（0.6%＋0.4%）=26.69（美元）

五、领取保险单

交付保险费后，投保人即可取得保险单据。保险单据是保险公司在接受投保后签发的承保凭证，是保险人与被保险人之间订立的保险合同，在被保险货物受到保险合同责任范围内的损失时，它是被保险人索赔和保险公司理赔的主要依据。在国际贸易中，保险单是可以通过背书转让的。目前，我国进出口义务中常用的保险单据主要有以下几种。

（一）保险单

保险单（Insurance Policy）又称大保单，它是一种正规的保险合同。保险单除载明被保险人的名称、被保险货物的名称、数量或重量、运输标志、运输工具、起讫地点、承包险别、保险币别和金额、赔款偿付地点、出具保险单日期等项目外，在背面还印有保险人与被保险人各自的权利与义务等详细条款。

（二）保险凭证

保险凭证（Insurance Certificate）又称“小保单”，是一种简化的保险合同。除其背面不

载明保险人与被保险人双方的权利和义务等保险条款外，其余内容与保险单相同。

（三）预约保险单

预约保险单（Open Policy）是保险公司对投保人将要装运的、属于约定范围内的一切货物自动承保的总合同，适用于经常有相同类型货物需要陆续部分发运时所采用的一种保险单。在这个范围内的保险商品，一经起运，保险公司即自动承保。事先订立预约保险合同，可以防止因漏保或迟保而造成的无法弥补的损失。

六、保险索赔

保险索赔（Insurance Claim）是指被保险货物遭受承保责任范围内的风险而造成损失时，被保险人向保险人要求赔偿的行为。在索赔工作中，被保险人必须做好下列工作：

（一）损失通知与残损检验

被保险人一般获悉保险货物受损，应立即向保险人或其代理人发出损失通知。[①]这种通知是向保险人请求损失赔偿的必备手续。对于遭受损失的货物应尽可能保留现状，并及时向保险单指定的检验机构或理赔代理人申请检验，并出具检验报告。检验报告是被保险人向保险公司索赔的重要证件，同时保险人与被保险人均应及时采取施救措施，以防止损失继续扩大。

（二）索赔单证

被保险人收到检验报告后，应连同下列索赔单证向保险公司提赔。

（1）保险单或保险凭证正本。

（2）运输单据。

（3）发票。

（4）装箱单或磅码单。

（5）到货通知单。

（6）涉及承运人等第三方责任，需提供向责任方请求赔偿的函电及其他必要的单证或文件。

（7）货损货差证明。

（8）海事报告摘录。

（9）索赔金额及计算依据。

（10）有关费用的项目和用途的索赔清单。

七、保险理赔

保险理赔（Insurance Settling）是指保险人处理保险索赔的行为。保险人在收到被保险人的提赔通知后，不是立即按被保险人提供的索赔清单给予赔偿，而是要对以下几个方面予以审定：提赔的被保险人是否具有可保利益；损失是否由于保险人承保责任范围内的风险引起的直接损失；货损的确定；赔款的计算；代位追偿权。[②]

---

① 中国人民保险公司保险条款规定的索赔期限为二年，自被保险货物在目的地（港、站）全部卸离运输工具之日算起。

② 代位追偿权：在保险业务中，为了防止被保险人双重获利，保险公司在履行全部损失赔偿或部分损失赔偿后，在其赔付金额内，要求被保险人转让其对造成损失的第三责任方要求赔偿的权利。

小　结

中国保险条款（CIC）规定，我国的海洋运输保险险别，按照能否单独投保分为基本险和附加险两类，基本险又分为平安险、水渍险和一切险三种。基本险可单独投保，附加险不能单独投保。在国际贸易中，不仅海洋运输的货物需要办理保险，陆上运输、航空运输和邮包运输的货物也都需要办理保险。中国人民保险公司对陆运、空运、邮运包裹保险制定有相应的专门条款。保险条款是国际货物买卖合同中的一项重要组成部分。保险条款所涉及的内容，一般有投保金额、投保险别、保险费、保险单证和保险适用的条款等。采用不同的贸易条件，保险条款的内容也不同。

思考题

（1）海上货物运输保险承保的范围有哪些？

（2）全部损失有哪两类？都是如何规定的？

（3）构成共同海损应具备哪些条件？

（4）什么叫“仓至仓条款”？它有哪些限制性条件？

（5）我国海洋货物运输保险中水渍险的承保范围有哪些？

（6）我国海洋货物运输保险中一般附加险包括哪些险别？

（7）伦敦保险协会保险条款主要有哪几种？

（8）陆运险和陆运一切险的承保责任范围有什么不同？

（9）国际贸易中的保险单据主要有哪些？

（10）我国外贸企业办理货物运输保险的业务程序有哪些？

案例分析

（1）有一份 CIF 合同出售大豆 100 公吨，卖方在装船前投保了一切险加战争险，适用“仓至仓条款”。货物从卖方仓库运往码头途中，发生了承保范围内的损失。问卖方能否得到保险公司赔偿？

（2）某外贸公司按 CIF 术语出口一批货物，装运前向保险公司投保了平安险。货物在运输途中遭遇暴风雨，致使一部分货物受到水渍。数日后，运货船舶又突然触礁，致使该批货物又遭到部分损失。问：保险公司对这批货物的损失是否赔偿？为什么？

（3）某货轮在航行中因电线走火，船舱内发生火灾，经灌水灭火后统计损失，被火烧毁货物价值为 5000 美元，因灌水救火被水浸坏货物损失 6000 美元，船方宣布损失全部属于共同海损。请问：① 船长宣布共同海损是否合理？② 上述损失各为什么性质的损失？③ 上述损失各应由谁负责？

技能训练

（1）某出口公司规定按发票金额 110%投保，如发票金额是 1000 美元，投保金额是多少？假如投保一切险和战争险，保险费率分别为 0.6%和 0.04%，共应付多少保险费？

（2）我国某外贸公司出口英国一批大豆。报价为每公吨 1000 美元 CIF 伦敦，对方要改报 CFR 伦敦价。已知：按 CIC 条款加一成投保一切险，保险费率为 1%，问我方应从 CIF 报价中减去多少保险费？

第七章

国际货款结算

案例导引

我国A公司与韩国B公司签订了一笔CIF釜山、用信用证方式支付货款的出口贸易合同。合同规定的开证截止日期已经临近，我方仍未见B公司开来信用证。于是，我方去电催证。对方解释公司正忙于年终结算，恐难于如期开证，再三请求我方，能否同意将支付方式由信用证改为承兑交单付款（D/A90天）。我方考虑到货已备好，如不及时售出，会引起积压，给公司带来损失，遂同意了B公司的请求。于是，我方安排货物运往釜山，并将单据交给托收银行，委托银行代为收取货款。货到釜山后，B公司承兑汇票，取得单据，提走货物。然而，90天承兑日期已过，B公司仍未付款。之后，虽经我方多次去电催款，但对方总以各种借口推托。一年后我方获悉B公司已经破产倒闭，我方货款追收无望。

问题：本案提到的承兑交单和信用证这两种支付方式对买卖双方各有何利弊？我方应从本案中吸取哪些经验教训？

评析：（1）国际贸易中，不同的货款支付方式，买卖双方所承担的风险与费用不同。

承兑交单属于托收支付方式的一种。托收支付方式是卖方在货已发出的情况下，委托银行向进口商收款，银行在此过程中，只提供服务不提供信用，卖方能否收回货款完全取决于进口商的信用，一旦有不利于进口商的因素出现，托收的风险就有可能发生。尤其在承兑交单条件下，进口商只要办理承兑手续即可提走货物，这对卖方承担的风险更大。而托收方式对于买方来说，不仅可以省去开立信用证的繁杂手续和向银行缴纳押金的费用，还有利于资金融通。因此，托收对买方较为有利，而对卖方相对不利。

信用证支付方式下，银行作为第一付款人向卖方承诺有条件付款，即卖方发货后，凭符合信用证要求的单据即可向银行议付货款，卖方能否收到货款取决于开证行的信用。这种支付方式对买方来说，可以保证买方在支付货款时，即可取得代表货物所有权的单据，并可通过信用证条款来控制进口商。因此，信用证支付方式对卖方较为有利，收汇安全快捷且承担的风险相对较小，但手续繁杂，费用较高。

（2）本案对我方的教训是，在选择托收支付方式前，务必做好进口商的资信调查工作以确保进口方的信誉足够好或是加保出口信用险和卖方利益险，以保障出口方利益。此外，托收支付方式中，出口方是否持有货物的控制权十分重要。否则，在承兑交单情况下，买方承兑后，取走单据和货物，如到期不付款，出口方将承担货物、货款尽失的损失。因此，对于承兑交单，除非确有把握，一般不予接受。

本章导读

货款结算是国际贸易活动中的一个重要环节。《公约》规定：按照合同支付货款是买方的基本义务，收取货款是卖方的主要权利。在国际货款结算中，涉及不同的支付工具与支付方式，不同的支付方式直接影响买卖双方的资金周转以及相关风险与费用的分担，进而关系到买卖双方的根本利益。因此，买卖双方在进行交易磋商时，应力争选择对自己有利的支付条件，并就支付工具与支付方式在合同中予以明确。本章将为您系统地介绍汇票、本票、支票这三种支付工具，以及汇付、托收、信用证及其他支付方式。

学习目标

掌握汇票、本票、支票三种支付工具的票据行为；

掌握汇付、托收、信用证三种结算方式的业务流程及相关当事人的责任划分；

掌握合同中支付条款的主要内容；

了解不同支付方式的选用方法。

第一节　支付工具

支付工具分为现金和票据两种，其中现金支付一般适用于成交金额较小的交易，而在国际贸易中所涉及的成交金额通常比较大，因此，国际贸易的主要支付工具为各类票据。其中，以汇票为主，本票、支票次之。

一、汇票

汇票（Bill of Exchange，Draft）是出票人签发的，委托付款人在见票时或者在指定日期无条件支付确定的金额给收款人或持票人的票据。

（一）汇票的必备项目与内容

汇票是一种要式证券，必须载明必要的法定事项。我国票据法规定，汇票必须记载下列事项。

1. 标明“汇票”字样

汇票的英文写法可以是“Bill of Exchange”、“Exchange”、“Draft”。

2. 应有无条件支付命令的字句

汇票是出票人指定付款人支付给收款人的无条件书面支付命令，因此汇票上不可附有其他支付条件，否则该汇票无效。

3. 确定的金额

汇票的金额及币种必须写清楚，金额的文字大写和数字小写要一致，不得涂改，否则无效。如有利息，必须注明确定的数额。

4. 付款人名称

付款人（Payer）是汇票的受票人（Drawee）。在托收方式下，汇票的付款人通常为国外进口商。信用证方式下，汇票的付款人通常为开证行或指定的付款银行，《UCP600》第六条明确规定信用证项下的汇票不得以开证申请人为付款人。

5. 收款人名称

收款人（Payee）又称汇票的抬头，是汇票的第一债权人，通常是出口商或其指定银行。

英美法系允许汇票不记载收款人名称，我国《票据法》规定，不记载收款人名称的汇票无效。我国进出口业务中，托收支付方式下，汇票收款人是托收行，信用证支付方式下，汇票收款人通常是议付行或出口商的往来银行。

6. 出票人签字

出票人（Drawer）是指签发汇票的人。出票人在汇票上签字后，才对汇票承担付款或承兑责任。

7. 出票地点与日期

汇票应注明出票地点与日期。出票地点决定了汇票的适用法律问题。记载出票日期的法律意义在于：决定汇票的提示期限、汇票的到期日、汇票出票人的行为能力（如出票时，出票人已破产，则其签发的汇票无效）。

8. 付款地点与时间

汇票上记载的付款地点与时间要明确清楚，如汇票上未注明付款地点，则以付款人的营业场所、住所或者经常居住地为付款地点；汇票上未注明付款时间，则视为见票即付。

9. 其他项目

（1）“付一不付二”或“付二不付一”条款。为了防止遗失，国际结算使用的商业汇票通常开立一式两份，分别寄发。汇票上一般都印有“1”“2”字样，以标识第一联和第二联。付款人只对其中一份承兑或付款，当对其中的一份承兑或付款后，则另一份随即作废。因此，通常在汇票第一联中写明“付一不付二”，第二联中写明“付二不付一”。

（2）出票依据。汇票的出票依据是指汇票上的出票条款。在信用证方式下，汇票通常注明“凭×××银行（Drawn Under）、信用证号码（L/C No.）、日期（Date）”；托收方式下，汇票通常注明有关销售合同号码。

上述基本内容是汇票的一般要项，但并不是汇票的全部内容。按照各国票据法的规定，汇票的要项必须齐全，否则，受票人有权拒付。

汇票样本详见图 7-1 所示。

BILL OF EXCHANGE

号码　　　　汇票金额　　　　上海

No.__________　　Exchange for　　　　shanghai

见票　　　　日后(本汇票之付本未付)

At __________ sight of this FIRST of Exchange (second of Exchange being unpaid)

付交

pay to the order of ____________________

金额

The sum of

此致:

To: __________________

____

图 7-1 汇票样本

（二）汇票的种类

1. 按出票人不同，汇票分为银行汇票和商业汇票

银行汇票（Banker draft），是指由银行签发的汇票。银行汇票的出票人和付款人都是银行。银行签发汇票后，一般交给汇款人，由汇款人寄交国外收款人，收款人收到汇票后，向汇票指定的付款银行取款。出票银行在签发汇票时，必须同时将付款通知书寄给付款银行，以便付款银行在收款人持票取款时核对。银行汇票一般为光票。

商业汇票（Commercial draft），是指由企业或个人签发的汇票。商业汇票的付款人可以是企业、个人或银行。国际贸易中，商业汇票通常由出口人开立，用于出口商向国外进口商或银行收取货款。

2. 按付款时间不同，汇票分为即期汇票和远期汇票

即期汇票（Sight draft，Demand draft），是指在持票人提示或付款人见票时，应立即付款的汇票。

远期汇票（Time bill，Usance bill），是指在一定期限或将来特定日期付款的汇票。这种汇票使用时由持票人向付款人提示，要求承兑，以明确付款人到期付款的义务。远期汇票付款日期的表示必须明确，在实际业务中，通常有以下几种表示方法：

（1） 见票后若干天付款，如见票后 20 天付款（At 20 Days after Sight）。

（2） 出票后若干天付款，如出票后 30 天付款（At 30 Days After Date）。

（3） 指定日期付款，即以某一确定日期为付款日（On 6th May 2000 Fixed）。

（4） 提单签发日后，若干天付款，如提单签发后 20 天付款（At 20 Days after the Date of Lading）。

《UCP600》中关于汇票到期日计算的规定

《UCP600》规定，汇票到期日的计算不含提及的日期（不管所用词语为“从……开始”还是“在……之后”），即算尾不算头原则，若到期日适逢非营业日或节假日，则顺延至下一个工作日。如见票后 20 天付款，4 月 1 日为持票人第一次提示，则 4 月 21 日为付款到期日，如 21 日为假日，则顺延至 22 日。如以月为单位，则不考虑每月的具体天数，都以相应月份的同一天为到期日，如见票后 3 个月付款，见票日为 4 月 1 日，则 7 月 1 日为付款到期日。

3. 按承兑人不同，汇票分为商业承兑汇票和银行承兑汇票

商业承兑汇票（Commercial Acceptance Draft），是指由企业或个人作为付款人并承兑的远期汇票。企业或个人承兑汇票后，即承担了汇票到期付款的法律责任，因此，商业承兑汇票是以商业信用为基础。

银行承兑汇票（Banker Acceptance Draft），是指由银行作为付款人并承兑的汇票。银行承兑汇票后，由银行承担汇票到期付款的法律责任，所以，银行承兑汇票是以银行信用为基础。

4. 按汇票流转时是否随附货运单据，汇票分为光票和跟单汇票

光票（Clean Bill），是指不附带货运单据的汇票。光票的流通完全靠当事人的信用，银行汇票大多为光票。光票一般仅用于尾款、佣金的托收或支付时使用。

跟单汇票（Documentary Bill）,是指附有提单等货运单据的汇票。跟单汇票的付款人必须付清货款或承兑汇票，才能取得代表货物所有权的货运单据，并提取货物。这种货款与单据的对流，为买卖双方提供了一定的安全保障。因此，国际贸易中的货款支付大都使用跟单汇票。

（三）汇票的票据行为

不同种类的汇票，票据行为不同。即期汇票的使用一般要经过出票、提示和付款三个程序。远期汇票的使用一般要经过出票、提示、承兑和付款四个程序。此外，汇票如需转让，还要经过背书。如果汇票遭到拒付，还涉及制作拒绝证书和行使追索权。

1. 出票

出票（Draw）是指出票人填写汇票内容，并交给收款人的票据行为。出票时对收款人（抬头）的填写方法通常有三种。

（1）限制性抬头。如“仅付给 A 公司（Pay to A co.only）”或“付给 A 公司，不得转让（Pay to A co. not Transferable）”。限制性抬头的汇票仅限于收款人使用，不得转让他人。

（2）指示性抬头。如“付给 B 公司或其指定人（Pay to the Order of B co.）”，这种汇票以特定人或其指定的人为收款人，可以背书转让。

（3）持票人或来人抬头。持票人或来人抬头是指在汇票上不指定收款人名称，任何持票人均可作为收款人，如“付给持有人（Pay to the Holder）”。这种汇票无须背书、仅凭交付即可转让。我国票据法规定，凡签发持票人或来人抬头的汇票无效。

2. 提示

提示（Presentation）是指持票人将汇票提交付款人，要求承兑或付款的行为。付款人见到汇票即为见票。提示分为付款提示和承兑提示。付款提示是持票人向付款人提交汇票，要求付款。承兑提示是指远期汇票持票人向付款人出示汇票，付款人见票后办理承兑手续，承诺在汇票到期时付款。

3. 承兑

承兑（Acceptance）是指付款人对远期汇票表示承担到期付款责任的行为。承兑手续一般为付款人在汇票下面写上“承兑”字样，注明承兑日期，签字后交还持票人以便到期日提示付款。汇票一经承兑，就不可撤销。

4. 付款

付款（Payment）是指付款人或承兑人向持票人支付汇票金额的行为。当付款人付清票面金额后，持票人在票面上注明“收讫”字样并签名交出汇票，至此，汇票的债权债务关系结束。

5. 背书

背书（Endorsement）是指持票人在汇票的背面签上自己的名字，或再写明受让人（被背书人）的名称，并把汇票交给受让人的票据转让行为。汇票经过背书后，其收款权利就转让给了受让人。汇票可以经过多次背书不断转让，对于受让人来说，所有在他之前出现的背书人都是他的“前手”，而所有在他后面出现的受票人都称为他的“后手”，所有的“前手”都要对“后手”承担汇票到期被付款人付款的法律责任。

6. 拒付与追索

拒付（Dishonour）又称退票，是指汇票在提示付款或提示承兑时遭到拒绝。此外，汇票的拒付行为不仅仅局限于付款人正式表示不付款或不承兑的情况，在因付款人或承兑人拒不见票、死亡、破产或因违法被停止业务活动等情况，使付款事实上已成为不可能，也称为拒付。

追索（Recourse）是指汇票遭到拒付时，持票人要求前手或出票人偿还汇票的金额及费用的行为。如汇票被拒付，持票人有权向所有前手及出票人行使追索权。按照有些国家的法律规定，持票人行使追索权必须及时做出拒付证书。拒付证书是由付款地法定公证人，或其他有权出具此证书的机构（如法院、银行），做出的证明拒付事实的文件。

二、本票

本票（Promissory Note）是出票人签发的，保证于见票时或定期或在将来可以确定的时间，无条件支付确定的金额给收款人或持票人的书面承诺。

本票的基本当事人有两个：出票人和收款人。实际上，本票就是出票人对收款人承诺无条件支付一定金额的票据。

（一）本票的必备项目

我国《票据法》规定，本票必须记载的事项有以下几种。

（1）表明“本票”字样。

（2）无条件支付的承诺。

（3）确定的金额。

（4）收款人的名称。

（5）出票日期。

（6）出票人签字。

本票上未记载上述规定事项之一的，视为无效。本票样本如图 7-2 所示。

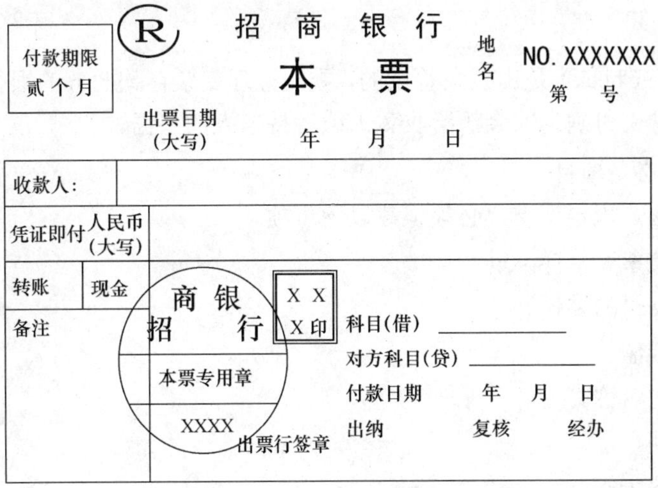

图 7-2 本票样本

（二）本票的种类

1. 根据出票人的不同可分为银行本票和商业本票

银行本票是指由银行签发的本票。商业本票是指由个人和工商企业签发的本票。国际货款结算所使用的本票大都为银行本票。

我国《票据法》第 73 条规定“本法所指的本票是指银行本票，不包括商业本票，更不包括个人本票”。据此，我国不承认银行以外的企事业单位、其他组织或个人签发的本票，同时，我国可以签发本票的银行须经中国人民银行审定。

2. 根据付款时间的不同可分为即期本票和远期本票

即期本票是指在持票人提示付款时，应见票即付的本票。远期本票是持票人提示付款时，付款人承诺于未来某一规定的或可以确定的日期支付票款的本票。

银行本票大都为即期本票。例如，我国《票据法》规定，只允许开立自出票日起，付款期限最长不得超过两个月的银行本票。

（三）本票与汇票的区别

1. 基本当事人不同

汇票有三个基本当事人，即出票人、付款人和收款人；本票的基本当事人只有出票人和收款人。本票的付款人即出票人自己。

2. 债权债务关系不同

汇票是出票人要求付款人无条件支付一定金额给收款人的支付命令，付款人并没有必须支付的义务，只有在付款人承兑了汇票的条件下，才能确定付款人的付款责任，所以汇票是命令式或委托式的票据；而本票是出票人对收款人的无条件支付承诺，发票人自己发票，自己付款，无须承兑，属承诺式票据。

3. 主要债务责任的归属不同

汇票在承兑前，主债务人为出票人，承兑后，主债务人为承兑人，出票人仅负次要债务责任；而本票在任情况下，出票人都是绝对的主债务人。

三、支票

支票（Cheque,Check）是出票人签发的，委托办理支票存款业务的银行或者其他金融机构在见票时无条件支付确定的金额给收款人或者持票人的票据。

（一）支票的必备项目

我国《票据法》规定，支票必须记载以下事项。

（1）表明“支票”字样。

（2）无条件支付的委托。

（3）确定的金额。

（4）付款人的名称。

（5）出票日期。

（6）出票人签字。

支票上未记载上述规定事项之一的，视为无效。

（二）支票的使用

支票的出票人必须在付款银行设有往来存款账户，且账户上有足够数额的存款或事先跟银行订有一定透支额度，否则为空头支票，会遭到银行的拒付。

由于支票是代替现金的即期支付工具，所以支票的有效期较短。我国《票据法》规定，支票的持票人应自出票日起 10 日内提示付款，超过提示付款期限的，付款人可以不予付款。异地使用的支票，其提示付款的期限由中国人民银行另行规定。另外，付款人不付款的支票，出票人应对持票人承担票据责任。

（三）支票的分类

1. 现金支票与转账支票

我国《票据法》规定，支票可分为现金支票和转账支票两种，具体用以支取现金或转账，必须在支票正面注明。现金支票只能从付款银行支取现金，转账支票只能用于通过银行或其他金融机构转账结算。

2. 未划线支票与划线支票

在许多国家，用支票来支取现金还是转账，通常可以由持票人自己选择。由此有了未划线支票与划线支票之分。未划线支票是指收款人既可用于委托银行转账，也可直接到付款银行支取现款的支票。划线支票是指出票人或持票人在支票正面左上角划两条平行线的支票。划线支票只能委托银行转账而不能支取现金。使用划线支票的目的是为了在支票遗失或被人冒领时，可以通过银行转账的线索追回票款。

3. 保付支票与空头支票

保付支票是指由付款银行在支票上加盖“保付”戳记，并注明日期和签字，以保证一定能得到银行付款的支票。支票一经保付，即由银行承担付款责任，出票人、背书人都可免于被追索。

空头支票，是指出票人签发的票面金额超过其在银行存款的余额或透支限额而不能生效的支票。《中华人民共和国票据法》规定支票出票人所签发的支票金额不得超过其在付款人处实有的存款金额，即不得签发空头支票，这就要求出票人自出票日起至支付完毕止，保证其在付款人处的存款账户中有足以支付支票金额的资金。对签发空头支票骗取财物的，要依法追究刑事责任。如果签发空头支票骗取财物的行为情节轻微，不构成犯罪，票据法规定要依照国家有关规定给予行政处罚。

（四）支票与汇票的区别

1. 付款人身份不同

支票的付款人仅限于银行或其他金融机构，汇票的付款人可以是银行，也可以是商业企业或个人。

2. 付款期限不同

支票只能是即期的，一经提示，付款人就应按票面金额立即付款，无须承兑。汇票可以是即期的，也可以是远期的，远期汇票付款人必须先承兑，以明确其到期付款的义务，再于到期日付款。

案例 7-1　空头支票诈骗案例

我国某出口公司在广交会上与外商签订了一项出口合同，并凭外商提交的以国外某大银行为付款人、金额为 6 万美元的支票，于两日后将货物装运出口。随后，我出口公司委托国内银行向国外付款行托收支票款项，但被告之该支票为空头支票。后经调查获悉，此案系船方与进口商合谋利用空头支票骗取我方货物。本案例中，

我方应吸取哪些教训？

提示：在国际贸易中，如果进口商使用支票作为付款凭证，在出口商对进口商的资信情况并不十分确信的情况下，应要求对方出具保付支票，或在收到支票后立即委托国内银行凭该支票向国外付款行收款，待货款收妥后再发货，以防上当受骗。

第二节　汇　　付

汇付（Remmitance）又称汇款，是指付款人主动通过银行或其他途径将款项汇给收款人的一种支付方式。汇付属于顺汇法，即资金的流向与所使用的支付工具的传递方向相同。

一、汇付的当事人

汇付业务中的当事人一般有四个，即汇款人，收款人，汇出行和汇入行。

（1）汇款人，即付款人。在国际贸易结算中，通常为进口商、合同中的买方或其他经贸往来中的债务人。

（2）收款人，即接受汇付款项的人。在国际贸易结算中，通常为出口商、合同的卖方或其他经贸往来的债权人。

（3）汇出行，即接受汇款人的委托后或申请后汇出款项的银行，通常为进口商或其他经贸往来中的债务人所在地银行。

（4）汇入行，即受汇出行的委托，解付款项给收款人的银行，通常是出口商或其他经贸往来的债权人所在地银行。

二、汇付的种类及业务流程

汇款人在委托汇出行办理汇款时，要填写汇款申请书。该申请书是汇款人与汇出行之间的契约。汇出行按此申请书用某种方式通知汇入行。汇入行依据事先与汇出行签订的代理合同，对汇出行承担解付款项的义务。国际上通用的汇付方式有电汇、信汇和票汇三种。

（一）电汇

电汇（Telegraphic Tranfer，T/T），是指汇出行应汇款人的申请，使用密押电报、电传或 SWIFT[①]等电讯手段，指示国外的汇入行解付一定金额给指定收款人的汇款方式。

---

① SWIFT 是国际银行间合作组织——环球银行金融电信协会（Society for Word-wide Interbank Financial Telecommunication）的简称，该组织将全球银行间电信数据的格式进行了统一。目前全球大多数国家大多数银行使用 SWIFT 系统。由于 SWIFT 的格式具有标准化，为银行间的国际结算提供了安全、快捷、标准化、自动化的通信服务，从而大大提高了银行的结算速度。

电汇方式的基本业务流程如图 7-3 所示。

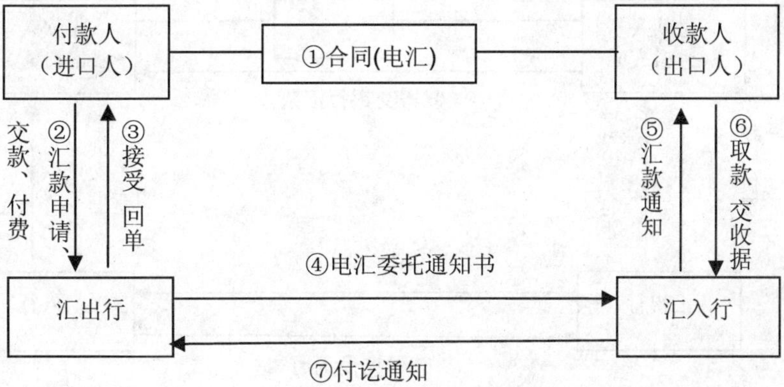

图 7–3　电汇的基本业务流程

说明：

① 买卖双方订立合同，并规定采用电汇方式付款。

② 汇款人填写电汇申请书，委托汇出行采用电汇方式汇款。同时，向汇出行交付所汇出的款项及电汇费用。

③ 汇出行接受申请，收取款项，并交给汇款人回单。

④ 汇出行根据电汇申请书的指示向汇入行发出电汇通知，委托汇入行向指定收款人解付汇款。

⑤ 汇入行收到电报或电传并核对密押无误后，向收款人发出汇款通知。

⑥ 收款人取款，并提交收据。

⑦ 汇入行向汇出行发出付讫通知，并将收据寄交汇出行，由汇出行转交汇款人，作为款项已付的凭证。

电汇方式的优点是收款快捷，可以节约大额资金的在途利息且安全性较高。缺点是汇款人要承担较高的国际电讯费。电汇方式适用于数额较大、需求急的汇款，是目前使用最广泛的一种汇款方式。

（二）信汇

信汇（Mail Tranfer，M/T），是汇出行应汇款人的申请，将“信汇委托书”以航空信函形式寄给汇入行，授权其解付一定金额给收款人的一种汇付方式。

信汇方式的基本业务流程与电汇方式相同，区别在于信汇是通过航空邮寄方式将信汇委托书通知汇入行，汇入行在收到信汇委托书并核对汇出行的印鉴或签字无误后，解付指定款项给收款人。

信汇的优点是费用低，缺点是耗时长，收款时间较晚。因此，信汇的使用范围正在日趋缩小。

（三）票汇

票汇（Remmittance by Banker’s Demmand Draft，D/D），是指汇出行应付款人的申请，开立以国外汇入行为付款人的银行即期汇票，列明金额及收款人名称等，交由汇款人自行寄送或亲自携带出国给收款人，收款人凭该汇票向汇入行取款的一种汇款方式。

票汇的基本业务流程如图 7-4 所示。

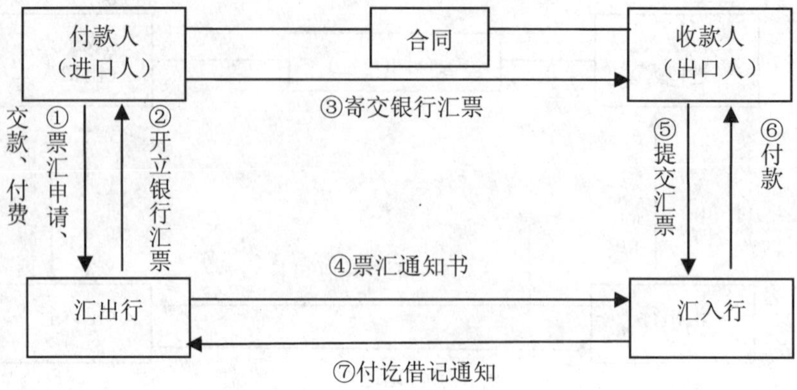

图 7–4　票汇的基本业务流程

（四）票汇与电汇、信汇的主要区别

首先，票汇的汇入行无须通知收款人取款，收款人可主动持汇票向汇入行提示，请求解付款项。但电汇与信汇方式下，汇入行在收到汇出行的汇款委托通知后，有义务通知收款人，收款人也必须在收到汇入行的汇款通知后，才能到银行取款。

其次，票汇的收款人可以背书后将汇票流通转让，最终到银行领取付款的人可能不是汇票上的收款人本人或其代理银行，而是其他人，所以，票汇方式可能会比电汇或信汇涉及更多的当事人。电汇和信汇的收款人不能将收款权转让，因此，涉及的当事人也较少。

三、汇付的特点

与其他国际支付方式相比，汇付的优点在于手续简便、费用低廉。但由于汇付方式是以商业信用为基础，在支付过程中，不论是货到付款，还是预付货款，都是卖方或是买方单方面向对方提供信用与资金融通便利，银行在其中只提供服务，不提供信用，也不承担任何风险和责任，这使风险和资金负担都集中在提供信用的一方。因此，汇付的缺点是风险大，资金负担不平衡。

在我国外贸实践中，汇付并不是一种主要的结算方式，一般只用来支付订金、货款尾数、佣金等项费用。在欧美国家，由于很多国际贸易都属于跨国公司的内部贸易，因此，汇付支付使用的较多。在分期付款和延期付款的贸易中，买方往往用汇付方式支付货款，但通常都结合银行保函或备用信用证综合使用，并非单纯的汇付方式。

四、合同中的汇付条款

在国际贸易中，如使用汇付方式支付货款，买卖双方应在合同中明确汇款的金额、时间与方法。

例如：买方应不迟于 10 月 5 日前将 20%的货款以电汇方式预付给卖方。

The buyers shall pay 20% of the total value to the sellers not later than Oct.5.

案例 7-2 汇付案例

我国某出口商与韩国 B 公司签订了一项出口合同，并在合同中约定在货物装运截至日前 30 日票汇付款，但在约定时间内，我方未见买方寄来汇票。经去电咨询，对方称因资金紧张，将于装运截至日前十日将银行汇票邮寄我方，请求我方谅解并要求按原定时间安排货物装运。我方考虑到货已备好，于是同意了对方的要求。之后，我方如期收到汇票并委托银行代收票款，并货物运离。但七日后，我方收到银行退票通知，原因是该汇票系伪造。对此，我方应汲取哪些教训？

提示：由于汇付方式具有货物与货款不同时对流、风险大且分布不平衡的特点。因此，采用汇付方式时，无论是预付货款的买方还是货到付款的卖方都应事先做好客户资信调查工作，以保证交易对方处于高度信任情况之下。此外，如采用票汇预付货款，则卖方应及时验票与催款，再安排货物装运。

第三节 托 收

托收（Collection），即委托收款，是指债权人（国际贸易中为出口商）根据合同规定完成货物装运后，开具商业汇票，委托本地银行通过他在进口地的分行或代理行向债务人（国际贸易中为进口商）代收货款的一种支付方式。

一、托收的当事人

国际贸易中，托收方式涉及的基本当事人有委托人、托收行、代收行和付款人。

（1）委托人，即开立汇票并委托银行办理托收业务的人，通常为出口商。一般情况下，委托人在委托银行办理托收时，须制作一份托收申请书。

（2）托收行，即接受委托人的托收申请，转托国外银行向付款人代为收款的银行，通常为出口地银行。

（3）代收行，即接受托收行的委托，向付款人收取票款的银行，通常为进口地银行。大多数代收行是委托行在进口地的分行或代理行。一般情况下，托收行通过托收委托书与代收行建立委托关系，代收行按托收委托书中的托收指示，向付款人代为收款。

（4）付款人，即汇票指定的付款人，通常为进口商。

除了上述当事人外，在托收业务中还有可能涉及提示行和“需要时代理”。提示行（Presenting Bank）,即负责向付款人提示单据的银行，通常由代收行兼任。“需要时代理”（Customer’s Representative in case of Need），是指委托人为了防止付款人拒付时发生无人料理货物情形,而在付款地事先指定的代理人。此代理人通常只被授予代理委托人办理货物在目的港的存仓、保险、重新议价、转售或运回等事宜。需要时代理的具体权限必须在托收委托书中予以明确。

托收当事人之间的法律关系

（1）委托人（出口商）与托收行之间是委托代理关系。委托人在委托银行托收时，须缮制“托收申请书”。托收申请书是委托人与托收行之间办理托收业务的书面合约凭证，申请书上应注明双方的权利和责任，并由委托人及银行经办人双方签章有效。

（2）托收行与代收行之间是委托代理关系，他们之间的代理合同由托收指示书及业务协议等构成。托收指示书是托收行根据托收申请书缮制的、授权代收行处理单据的完全和准确的条款。托收指示书的内容必须与托收申请书的内容严格一致，依国际商会《托收统一规则》规定：银行必须依托收指示书中的规定及本规则行事，如因某种原因，某一银行不能执行其所收到的托收指示书的规定，必须立即通知发出托收指示书的一方。如果代理人违反了上述原则，则应赔偿由此给委托人造成的损失。

（3）委托人与代收行之间不存在直接合同关系。因此，若代收行违反托收指示导致委托人遭受损失时，委托人并不能直接向代收行索赔，而只能通过托收行追究代收行责任。

（4）代收行与付款人之间没有直接法律关系。付款人的付款责任仅限于其对托收票据的付款责任。

二、托收的种类及业务流程

根据是否附带商业票据，托收可以分为光票托收和跟单托收。

（一）光票托收

光票托收（Clean Collection），是指仅凭汇票而不附带货运单据的托收。在托收业务中，银行处理的单据有两类，一类是资金单据，如汇票、支票、付款收据等；另一类是商业单据，如货运单据等。光票托收没有商业单据，银行只需根据汇票收款即可。光票托收通常用于向进口人收取尾款、索赔款及佣金等从属费用，金额一般都不大。此外，光票托收大都采用即期汇票，较少使用远期汇票。

（二）跟单托收

跟单托收（Documentary Collection），即附有货运单据的托收。国际贸易中，采用托收方式时，大多采用跟单托收。其中，所附带的货运单据代表了货物的所有权，交单即等于交货。因此，托收方式中，关于交单条件的规定非常重要。根据代收行向进口商交付货运单据条件的不同，跟单托收可分为付款交单和承兑交单两种。

1．付款交单

付款交单（Documents against Payment，D/P），是指代收行银行向进口人交单必须以进口人的付款为前提条件的托收。在付款交单条件下，出口人发货后，取得货运单据并开具汇票，一并交托收银行委托其办理托收，并指示银行只有在进口人付清票款后，才能把货运单据交给进口人。如果进口人拒付，就不能从代收行取得货运单据，也就无法取走货物。因此，这种托收方式也称付款赎单。

在付款交单中，依据进口商付款时间的不同，又可分为即期付款交单和远期付款交单两种。

（1）即期付款交单。即期付款交单（D/P at Sight），是指出口人装运货物后开具即期汇票连同货运单据，通过银行向进口人提示，进口人审核无误后立即付款，并在付清货款后取得货运单据的跟单托收。即期付款交单的业务流程如图 7-5 所示。

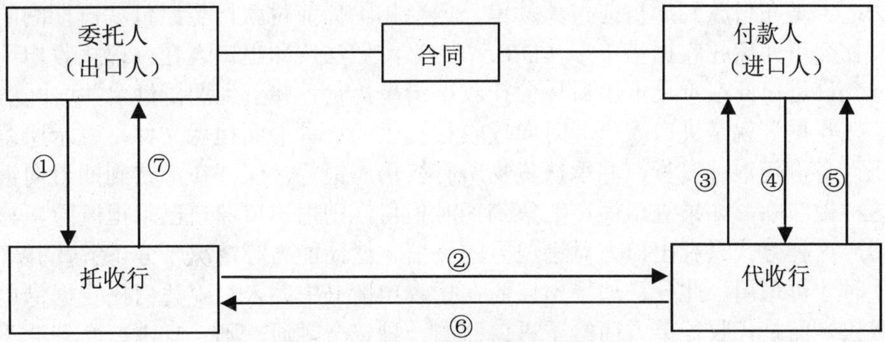

图 7–5　即期付款交单的业务流程

说明：

① 出口人按合同规定装运货物并取得单据后，填写托收申请书，开出即期汇票，连同货运单据交托收行，委托其代为收款。

② 托收行根据托收申请书缮制托收委托书，连同汇票、货运单据交进口地代收行或提示行。

③ 代收行根据托收委托书指示,在收到汇票与货运单据后,向进口人提示。

④ 进口人付款。

⑤ 代收行交单。

⑥ 代收行通知托收行款已收到并办理转账。

⑦ 托收行向出口人交款。

（2）远期付款交单。远期付款交单（D/P after Sight），是指出口人装运货物后开具远期汇票连同货运单据，通过银行向进口人提示，进口人在汇票上承兑并于到期日付清货款后取得货运单据的跟单托收。远期付款交单的业务流程如图 7-6 所示。

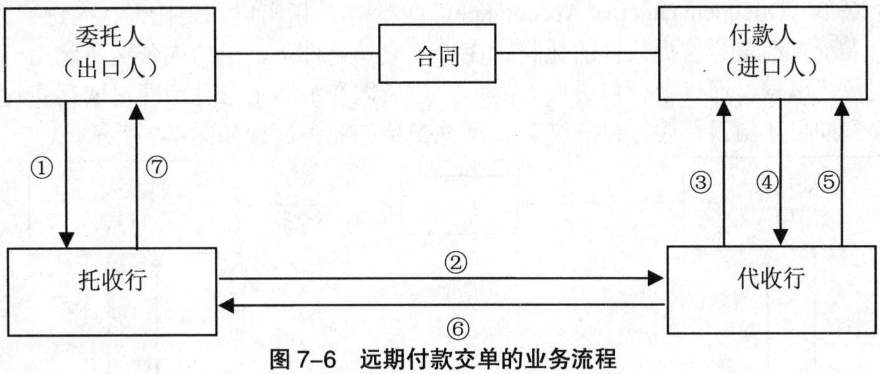

图 7–6　远期付款交单的业务流程

说明:

① 出口人按合同规定装运货物并取得单据后，填写托收申请书，开出远期汇票，连同货运单据交托收行，委托其代为收款。

② 托收行根据托收申请书缮制托收委托书，连同汇票、货运单据交进口地代收行或提示行。

③ 代收行根据托收委托书的指示向进口人提示汇票与单据，进口人承兑后代收行收回汇票与单据。

④ 进口人在汇票到期时付款。

⑤ 代收行交单。

⑥ 代收行通知托收行款已收到并办理转账。

⑦ 托收行向出口人交款。

远期付款交单情况下，进口商必须付清货款后，方可取得货运单据、提取或转售货物。

在这种情况下，如果付款日期与实际到货日期基本一致，则对进口商来说不失为一种较好的资金融通方式。但如果实际到货日早于付款日期，进口商想提前取得货物，也可以采取以下方法：一是在付款到期日前付款赎单，但要扣除提前付款日至原付款日期间的利息。二是“付款交单凭信托收据借单”（D/P. T/P）的做法，即出口人在办理托收申请时，授权托收行允许进口商在承兑汇票后凭信托收据借单提货，并于到期日付款并取回信托收据。所谓“信托收据”就是进口人借单时向代收行提供的一种书面担保文件，表示愿意以代收行的受托人身份代银行提货，并承认货物所有权仍属银行，保证在汇票到期日向银行付清货款。这种做法中，如果进口商在汇票到期时拒付，则由出口商自己承担风险，与银行无关。因此，这种方式只有出口方对进口方的资信、偿债能力等情况十分了解，并确信其能如期付款时才可采用。此外，如果出口商在托收申请书中并未对“凭信托收据借单”的做法进行授权，而是代收行单方面给予进口商的一种资金融通，则一旦进口商到期不能履行付款义务，代收行要承担全部责任。

案例 7-3　凭信托收据借单案例

我国山东 A 公司向日本客户出口一批大蒜，支付方式为 D/P 30 Days After Sight。货物于 4 月 10 日到达神户港，日本客户于 4 月 20 日在汇票上承兑，并于当日出具信托收据向代收行借单提走货物。但在 5 月 20 日汇票到期时，代收行向进口商提示汇票，进口商却因为经营不善而无力偿还货款。试分析，损失应由谁承担？为什么？

提示：本案中，托收方式为 D/P 30 Days After Sight，而非 D/P. T/P。因此，代收行属违反托收规则，私自借单，应由代收行向出口商支付货款。

2. 承兑交单

承兑交单（Docunents against Acceptance，D/A），是指出口人委托银行向进口人交单必须以进口人承兑汇票为前提条件的托收。在承兑交单条件下，出口人装运货物后开具远期汇票连同货运单据，通过银行向进口人提示，进口人在汇票上承兑后即可取得货运单据，再于汇票到期日才向银行履行付款义务。承兑交单的业务流程如图 7-7 所示。

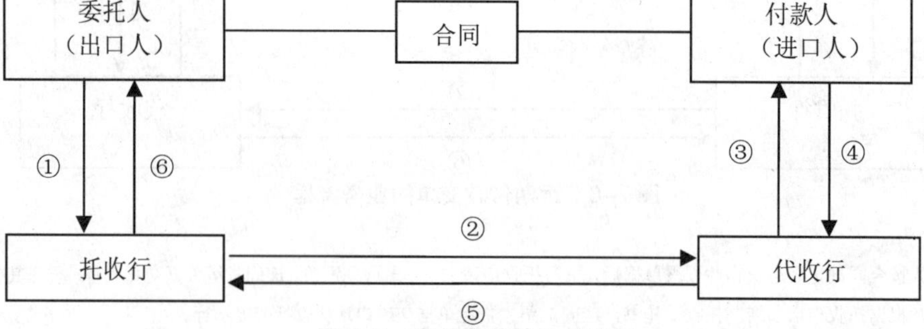

图 7-7　承兑交单的业务流程

说明:

① 出口人按合同规定装运货物并取得单据后，填写托收申请书，开出远期汇票，连同货运单据交托收行，委托其代为收款。

② 托收行根据托收申请书缮制托收委托书，连同汇票、货运单据交进口地代收行或提示行。

③ 代收行根据托收委托书的指示向进口人提示汇票与单据。进口人承兑汇票后代收行收回汇票，并将货运单据交给进口人。

④ 进口人在汇票到期时付款。

⑤ 代收行通知托收行款已收到并办理转账。

⑥ 托收行向出口人交款。

承兑交单这种托收方式对进口商极为有利，进口商只要承兑汇票，即可取得货运单据，提取或转售货物，而不必自备资金，仅以出售货物所得款项履行到期付款的义务即可。但是，这种支付方式对出口商风险却很大，一旦汇票到期日被拒付，出口商的货、款将全部落空，即使凭出口商承兑的汇票索赔，如果进口人确实无偿付能力，货、款仍无法追回。因此，采用这种支付方式必须很慎重，除非进口商资信良好。

三、托收的特点

（一）以商业信用为基础

托收支付方式是建立在商业信用基础之上的，即银行在托收业务中，只是按委托人（出口商）的指示办事，并不承担付款人（进口商）必然付款的义务，出口商能否收回货款完全取决于进口商的信用。

（二）出口商承担的风险较大

国际贸易中，使用托收方式结算货款时，出口商承担的风险相对较大，一旦出现国际贸易环境恶化、市场价格变化不利于进口商以及进口商自身经营失败等情况，托收风险就有可能发生。不同的托收方式，出口商承担的风险和损失不同，在付款交单条件下，如果遭到拒付，则出口商要承担缴纳关税、存仓、保险、低价转售或拍卖、运回等各种费用；在承兑交单条件下，如果进口商提走货物而拒不付款，则出口商将承担货、款两失的损失。

（三）有利于进口商

托收支付方式对于进口商来说，手续简便、费用节约且有利于资金周转与融通。因此，在出口业务中采用托收支付方式，实质上是出口商对进口商提供资金融通的一种竞销手段，以吸引更多进口商，扩大出口。

四、托收的风险防范

在国际贸易中，采用托收方式结算货款，有利于出口商扩大出口。但由于托收方式，尤其是承兑交单，对出口商来说承担的风险较大。因此，为了确保收汇安全，出口商在使用托收方式结算货款时，应注意以下几点。

（1）交易前做好对进口国及进口商的调查。如进口国的贸易管制、外汇管制与贸易惯例，进口商的资信情况、经营规模和经营作风等。对于进口管理和外汇管制较严的国家和资信情况不好的进口商原则上不采用托收方式。对于承兑交单，除非确有把握，一般不予接受。

（2）应尽可能争取按 CIF/CIP 条件成交，由出口商办理保险或投保出口信用险，来保障出口商权益。一旦进口商拒付或运输途中遭到意外，出口商可向保险公司索赔。如果以 FOB 或 CFR 成交，则出口商应考虑另外加保“卖方利益险”，以求得在买方拒付，货又损失情况下的保险赔偿。

（3）严格按合同发货制单，以防进口商以各种理由拒付。

第四节　信　用　证

随着国际贸易的发展，交易的规模越来越大，单纯以商业信用为基础的支付方式并不能满足实践发展的需要。于是，资金雄厚、信誉度高的银行为开展国际贸易中的买卖双方推出了信用证业务。信用证支付方式自 19 世纪开始使用以来，在实践中日益被广泛采用，并已经成为当前国际贸易中的一种主要支付方式。

一、信用证的含义

“信用证”一词有两个含义，即是指信用证本身，又表示信用证支付方式。就信用证本身而言，信用证（Letter of Credit，L/C），是指开证银行根据申请人的要求，向受益人开立的有条件的书面付款保证文件。开证行保证向受益人履行付款责任的前提条件是，受益人必须在规定期限内，向银行提交符合信用证要求的各种单据。

采用信用证结算方式，对卖方而言，只要按合同要求完成装运并取得或制作符合信用证规定的全套单据，即可从银行议付货款。这种付款方式将由进口人保证付款的商业信用转化为由银行保证付款的银行信用，使卖方既有了信用度高的收款保证，又可以获得提前议付货款所带来的资金融通；而对于买方来说，信用证支付方式确保了买方在支付货款时，即可取得代表货物所有权且符合规定的货运单据，同时买方也可以获得资金上融通，如开证申请时只需缴纳部分押金，单据到达后才向银行赎单付清差额。

二、信用证的当事人与主要内容

（一）信用证的当事人

信用证业务主要有三个基本当事人，即申请人、开证行和受益人。此外，根据实际需要还可能会涉及其他当事人，如通知行、议付行、付款行、保兑行等。

1. 申请人

申请人，又称开证人，是指向银行申请开立信用证的人，通常为进口商或实际买主。

2. 开证行

开证行是指受申请人委托开立信用证的银行，通常为进口地银行。开证行承担对受益人保证付款的责任。

3. 受益人

受益人是指接受信用证并享受其利益的一方，通常为出口商或实际供货商，也就是买卖合同中的买方。

4. 通知行

通知行是指受开证行的委托，将信用证转交给出口商的银行。通知行通常为开证行在出口国的代理行。通知行的责任是鉴别信用证（及修改）的表面真实性并及时准确地将信用证（及修改）内容通知给受益人，此外，通知行不承担其他义务。

5. 议付行

议付行是指买进受益人按信用证约定提交的跟单汇票的银行。议付行可以是通知行或其他被指定的愿意议付该信用证的银行，通常为出口商所在地银行。议付行对受益人提交的单据与信用证进行严格核对，确认单证相符、单单相符后，购进汇票及所附单据，将货款垫付给受益人。议付行向受益人议付完货款后，向开证行寄单索偿时，如果发生因不符合交单条件而被拒付的情况，则议付行有权向受益人行使追索权。

6. 付款行

付款行是指信用证上指定的付款银行。如信用证未指定付款行，则开证行即为付款行。付款行负责审单与支付货款，付款行一旦支付货款后，无权向受益人追索。

7. 保兑行

保兑行是指根据开证行的请求在信用证上加注保兑条款，表明该行与开证行一样，对收益人所提示的符合信用证规定的汇票、单据负有付款、承兑责任的银行。保兑行自对信用证加具保兑之时起承担独立的付款或议付责任，并且在付款或议付后，不论开证行倒闭或无理拒付，都不能向受益人追索。

（二）信用证的主要内容

信用证的主要内容应涵盖以下几点。

（1）信用证本身的说明，如信用证种类与编号、开证行名称、开证日期、有效期、金额，以及有关当事人的名称和地址等。

（2）汇票条款，如汇票种类与金额、付款期限、出票人、受票人、出票日期等。

（3）装运条款，如运输方式、装运港、目的港、可否分批装运与转船等。

（4）货物条款，如货物名称、规格、数量与包装、价格等。

（5）保险条款，如明确保险金额和具体险别。

（6）开证行责任字句，即开证行对受益人保证付款的责任文句。

（7）开证行的指示字句，即开证行对议付行的指示文句。

（8）适用《跟单信用证统一惯例》规定的声明等。用 SWIFT 传递信用证时，如未标明表示适用于《UCP600》。

三、信用证支付的一般业务流程

采用信用证方式支付货款时，从进口人向开证行银行申请开证，到开证行付款后再向进口人收回货款，要经过许多环节，办理各种手续。尽管信用证的种类不同，其业务的各个环节和相应手续也不尽相同，但从一般业务流程上看，主要有图 7-8 所示的几个基本环节。

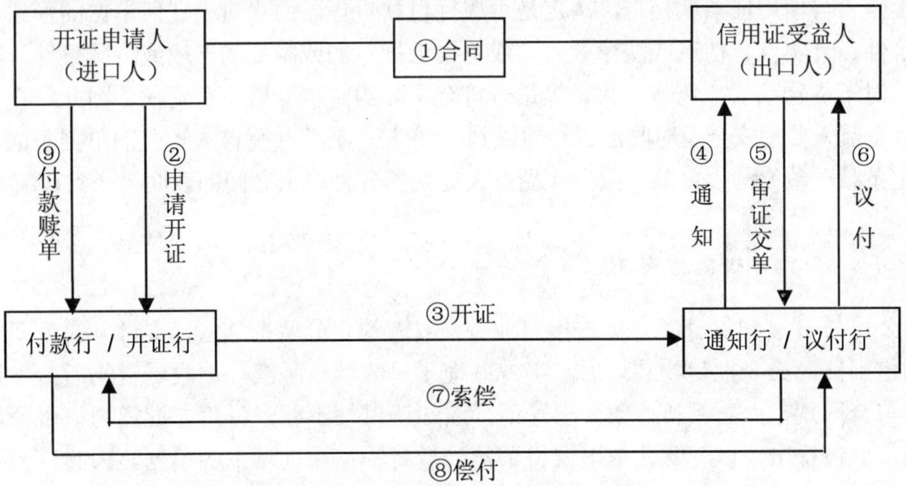

图 7-8 信用证支付的一般业务流程

说明：

① 进出口双方在贸易合同中约定使用信用证方式支付。

② 进口人向当地银行（开证行）提出开证申请，并填写开证申请书，交纳押金或其他担保，要求银行（开证行）向出口人开出信用证。

③ 开证行根据申请书内容,向出口人（受益人）开出信用证，并电传（电开信用证）或寄交（信开信用证）出口人所在地分行或代理行（通知行）。

④ 通知行核对信用证密押（电开信用证）或印鉴（信开信用证）无误后，将信用证交给出口人。

⑤ 出口人审核信用证，在确认信用证与合同相符后，按信用证规定装运货物、备妥货运单据、开具汇票，在信用证有效期及交单期限内交议付行议付。

⑥ 议付行审核单据，确认单证相符，按汇票金额扣除利息垫付货款给出口商。

⑦ 议付行将单据及汇票寄交开证行（或其指定的付款行）索偿。

⑧ 开证行核对单据无误后，付款给议付行。

⑨ 进口商付款赎单。

四、信用证支付的特点

从信用证的原因含义、当事人的责任及一般业务程序上看，信用证支付方式具有以下特点。

（一）信用证属于银行信用，开证行承担第一性付款责任

信用证是银行开立的有条件付款的书面承诺，开证行自信用证开出之日起即承担不可撤销的付款责任。只要出口商在信用证规定期限内提交符合信用证规定的全套单据，开证行就必须付款，而不论进口商拒付还是倒闭，也就是说，开证行的付款责任并不以出口人的付款为条件。因此，信用证支付方式属于银行信用，开证银行作为第一付款人，承担第一性付款责任。

（二）信用证是一项独立的自足文件，并不依附于合同而存在

信用证的开立是以买卖合同为依据，但信用证一经开出，就成为独立于买卖合同之外的另一项契约，此后，开证行只受信用证的约束而不问买卖合同的内容。

（三）信用证是一种纯粹的单据买卖

《UCP600》中明确规定：在信用证业务中，银行处理的只是单据，而非单据可能涉及的货物、服务或履约行为。所以，信用证业务是一种纯粹的凭单据付款的业务。银行只根据单据表面上是否与信用证条款相符，决定是否履行付款责任。而“对于任何单据的形式、完整性、准确性、真实性、伪造或法律效力，或单据上规定的或附加的一般或特殊条件，概不负责任”，对于货物品质、包装、数量等是否符合实际约定也一概不负责任。因此，在信用征条件下，受益人要想安全及时收汇，必须做到 “单证一致”（受益人提交的单据表面上与信用证规定条款一致）与“单单一致”（受益人提交的各种单据之间的表面上一致)。

案例 7-4　信用证支付案例

A 公司与 B 公司签订了一笔进出口业务，双方约定分两批装运，支付方式为即期不可撤销信用证。第一批货物装运后，买方办理了付款赎单手续，但收到货物后，发现货物品质与合同规定严重不符，便要求开证行通知议付行不要议付第二批货物信用证项下的单据。但银行未予以理睬，依旧议付了第二批货物信用证项下的单据。因此，当银行通知买方付款赎单时，被买方拒绝。请问：本案中，银行的处理是否合适？买方应如何对待？

提示：信用证一经开出，就成为一份独立于买卖合同的法律文件，只要卖方提供符合信用证规定的单据，则银行必须履行付款责任。因此，本案中，银行处理方法符合信用证支付的规定。买方应仔细审单，以发现单据的不符点，提出拒付；如未发现单据的不符点，可先行付款，再依据买卖合同向卖方索赔。

五、信用证的种类

（一）跟单信用证与光票信用证

根据信用证项下的汇票是否随附货运单据，信用证可分为跟单信用证与光票信用证。

1. 跟单信用证

跟单信用证（Documentary Credit），是指开证行仅凭单据或跟单汇票付款的信用证。这里的单据是指代表货物所有权的或证明货物已装运的运输单据、商业发票、保险单据、商检证书、产地证书、装箱单等。国际贸易中使用的信用证绝大多数为跟单信用证。

2. 光票信用证

光票信用证（Clean Credit），是指开证行仅凭受益人开具的不附任何单据的汇票予以付款的信用证。光票信用证在国际贸易中使用较少，大都用于跨国公司内部货款清偿、预付货款及其他贸易从属费用。

（二）不可撤销信用证与可撤销信用证

根据开证后能否撤销，信用证可分为不可撤销信用证与可撤销信用证。

1. 不可撤销信用证

不可撤销信用证（Irrevocable Credit）是指信用证开具后，在有效期内，未经信用证各有关当事人的同意，开证行不得单方面修改或撤销的信用证。《UCP600》中明确规定，信用证必须具有不可撤销性。

2. 可撤销信用证

可撤销信用证（Revocable Credit）是指信用证开立后，开证行不必事后通知或征得受益人同意就有权随时撤销的信用证。通常可撤销信用证在受益人已经得到议付、承兑时，则不能再被撤销或修改。

尽管《UCP600》中明确规定了信用证的不可撤销性，但申请人和开证行还是可以选择开立可撤销信用证，且可撤销信用证上必须注明“可撤销”字样。需要注意的是，可撤销信用证对出口商的安全收汇很不利。因此，在实际业务中，出口商应尽可能避免接受这种信用证。

（三）保兑信用证和不保兑信用证

根据是否有另一家银行对信用证加以保兑，又可分为保兑信用证和不保兑信用证。

1. 保兑信用证

保兑信用证（Confirmed Letter Credit），是指根据开证行的授权或要求，由另一银行保证对符合信用证规定的单据履行付款责任的信用证。不可撤销的保兑信用证，不但开证行对其有不可撤销的付款保证，而且还有保兑行的兑付保证，即开证行与保兑行都承担第一性的付款责任，因此，这种信用证对出口商的安全收汇具有双重保证，通常用于成效金额较大的国际贸易，但银行收取的费用也相对较高。

2. 不保兑信用证

不保兑信用证（Unconfirmed Letter Credit），是指开证行开出的信用证未经另一家银行保兑。通常开证行的资信较好或成交金额较小时，都使用这种不保兑信用证。

（四）即期信用证和远期信用证

根据信用证项下付款期限的不同，信用证分为即期信用证和远期信用证。

1. 即期信用证

即期信用证（Sight Credit，Sight L/C），是指开证行或付款行在收到符合信用证要求的跟单汇票或货运单据后，需立即履行付款义务的信用证。在即期信用证中，如加列电汇索偿条款（L/C with T/T reimbursement Clause），则议付行在通知付款行单据与信用证相符后，付款行应立即将货款电汇拨交议付行，使出口商尽快收回货款。

2. 远期信用证

远期信用证（Usance Credit，Usance L/C）,是指开证行或付款行在收到符合信用证规定的单据时，并不立即付款，而是待信用证规定的到期日再履行付款义务的信用证。使用远期信用证，一方面，买卖双方都要承担汇率变动的风险。另一方面，出口商收回货款之前，要承担利息上的损失和资金周围的限制，如果利息加到货价上，则进口商要支付较高的价格。远期信用证又分为以下两种。

（1）承兑信用证，即以开证行作为远期汇票付款人的信用证。实际业务中，开证行或付款行在收到符合信用证条款的远期汇票和单据后，在汇票上作承兑，待汇票到期时再履行付款义务的信用证。

（2）假远期信用证，指的是汇票为远期，但信用证中规定可以按即期付款，或付款银行同意贴现，但贴现费用由进口商承担的远期信用证。这种信用证对出口商来说可以即期收到货款，其实质是银行为出口商提供一种资金融通便利，但由进口商支付所需的利息。

（五）可转让信用证和不可转让信用证

根据受益人对信用证的权利是否可以转让，信用证分为可转让信用证和不可转让信用证。

1. 可转让信用证

可转让信用证（Transferable Credit），是指信用证的受益人（第一受益人）可以将信用证的权利全部或部分转让给一个或数个受益人（第二受益人）使用的信用证。这种信用证适用于出口方只是中间商，而不是实际供货方，但其没有足够的资金向供货方付款，又不想让供货方与进口方直接买卖的情况。

2. 不可转让信用证

不可转让信用证（Non-Transferable Credit），是指受益人不能将信用证的权利转让给他人的信用证。

《UCP600》规定，只有信用证注明“可转让”时才可转让，否则视为不可转让信用证。

（六）循环信用证

循环信用证（Revolving Credit），是指信用证被全部或部分使用后，其金额又恢复到原金额，可再次使用，直至达到规定的次数或规定的总金额为止。这种信用证适用于合同需要长时间内定期分批供应、分批付款的情况，其优点是既可以节省进口商逐笔开证的手续和费用，又可以减少出口商逐笔催证、审证等手续和获得回收全部货款的保障。循环信用证可分为按时间循环信用证和按金额循环信用证。

（1）按时间循环信用证，是指受益人在一定的时间内可多次支取信用证的金额。如“本信用证按月循环，每月可支取金额 15 万美元，于每个日历月的第一天自动恢复。本行负责支付金额最大不超过六个月的总值 90 万美元，每月未使用完的金额不得移至下个月使用。”即此信用证每次使用后，无须等待开证行通知，即可自动恢复到原金额。

（2）按金额循环信用证，是指信用证金额议付后，仍恢复到原金额可再使用，直到规定总金额用完为止。恢复到原金额的方式有三种。

① 自动循环，即每期使用完后，无须等待开证行通知，自动恢复到原金额。如“本证自动循环两期，每期金额为5000美元，总金额为15000美元。”

② 半自动循环，即每期使用后若干天，开证行未提出停止循环使用的通知，则信用证自动恢复到原金额。

③ 非自动循环，即每期使用完后，必须等待开证行的通知到达后，才能自动恢复到原金额。

（七）对开信用证

对开信用证（Reciprocal Credit）是指两张信用证的开证申请人互以对方为受益人而开立的信用证。其特点是第一张信用的受益人（出口人）和开证申请人（进口人）就是第二张信用证的开证申请人和受益人，第一张信用证的通知行即第二张信用证的开证行。此种信用证适用于易货贸易、补偿贸易和来料加工等，以防止对方只出口不进口或只进口不出口。

（八）对背信用证

对背信用证（Back to Back Credit)，是指受益人要求原证的通知行或其他银行以原证为基础另开一张内容相似的新信用证。对背信用证通常用于中间商转售他人货物，避免双方直接联系，或两国不能直接贸易需第三方以此种方法沟通贸易。

（九）预支信用证

预支信用证（Anticipatory Credit）,是指允许信用证的受益人在货物装运交单前预支货款的全部或部分。这种预支货款的条款通常用红色文字，故习惯上称为“红条款信用证”。预支方式可以是出口人开具以开证行为付款人的光票汇票，由议付行买下向开证行索偿；也可以是由议付行先行垫付，待货物装运后交单议付时，扣除垫款本息将余额支付给出口商，若货未装运，由开证行负责偿还议付垫款及利息。预支信用证实质上是进口商给予出口商的一种优惠和融通资金上的便利。

六、《跟单信用证使用惯例》

信用证支付方式在国际贸易中被广泛使用后，国际商会为了避免因解释不同而引起争端，于1930年制定了《商业跟单信用证统一惯例》。现行的《商业跟单信用证统一惯例》称为国际商会第600号出版物，简称为《UCP600》，于2007年7月1日起正式生效。

《UCP600》本身并不是一项有约束性的法律文件，但它已被各国银行所普遍接受，也是一项被许多国家公认的国际惯例。我国出口业务中，如采用信用证付款，国外来证大都列明“按《跟单信用证统一惯例》办理”字样。

七、合同中的信用证条款

在国际贸易中，当买卖双方使用信用证进行结算时，双方应在合同中对信用证支付条款作出具体规定，以明确双方的权利与义务。合同中的信用证条款主要包括以下内容：

（一）开证时间

在信用证支付条件下，买方必须按时开立信用证，这样卖方才能有充分的时间完成备货与装运等各项工作。因此，在合同规定时间开立信用证是买方应履行的一项主要义务，也是卖方按时交货的前提条件。如买方未在合同规定时间内开出信用证，则构成违约，卖方有权提出索赔。通常合同中关于开证时间的规定，可以采用以下几种，

（1）装运月前××天内开证。

（2）签订合同后××天内开证。

（3）不迟于×月×日开证到卖方。

（二）信用证种类

信用证种类较多，且不同种类的信用证适用于不同的交易。因此，交易双方应视具体交易的要求，合理选择适用的信用证类型，并在合同中作出明确规定。如应明确规定信用证是即期的，还是远期的，是否可转让、可撤销等。

（三）开证行的规定

信用证支付方式下，开证行对出口商承担第一性付款责任。因此，开证行的资信情况是关系到出口商能否安全收汇的重要问题。实际业务中，卖方通常在合同中对开证行的要求作出明确规定，如“应通过卖方可接受的银行开证”等。

（四）信用证金额

信用证金额是开证行承担付款责任的最高金额。信用证金额必须在合同中作出明确规定，一般情况下，卖方都要求买方开立足额信用证，即发票金额的100%。如预计履约过程中可能发生额外费用并要在信用证项下超额支付，则也必须在合同中予以明确。

（五）交单截止日期及交单地点

信用证交单截止日是银行承担兑付责任的最后期限，同时也是约束受益人提交单据的最晚期限。《UCP600》明确规定：信用证必须规定交单的截止日。规定的承付或议付的截止日即被视为交单的截止日。可在其处兑用信用证的银行所在地即为交单地点。可在任一银行兑用的信用证其交单地点为任一银行所在地。如信用证截止日或最迟交单日适逢接受交单银行因不可抗力原因而歇业，则顺延至其重新开业的第一个银行工作日，否则受益人或其代表应在截止日当天或之前完成交单。如受益人晚于交单截止日交单，则银行有权拒付。

第五节　其他支付方式

在国际贸易中，对于一些金额较大、交货期限较长的交易，如果一方对另一方的资信缺乏信任，可以使用备用信用证或银行保函来约束对方。

一、备用信用证

（一）备用信用的含义

备用信用证（Stand by L/C），又称商业票据信用证（Commercial Paper L/C）、担保信用证或保证信用证（Guarantee L/C），是指开证行根据开证申请人的请求，对受益人的开立的

保证在开证申请人未履行其应尽的某项义务时，受益人只要凭备用信用证并提交开证申请人未履行义务的声明或证明文件，即可得到开证行的偿付。也就是说，在开证申请人没有履约的情况下，由开立备用信用证的银行负责支付，相反，如果开证申请人已经履约，则此证备而不用。

（二）备用信用证与跟单信用证区别

与一般的跟单信用证相同，备用信用证的开证行也承担第一性的付款责任。但两者还是存在很大的区别，主要表现在以下几个方面。

（1）跟单信用证条件下，受益人只要提交符合信用证规定的单据，即可向开证行要求付款；而备用信用证条件下，受益人只有在开证申请人未履行义务时，才能向开证行要求付款。

（2）跟单信用证条件下，付款行凭受益人提交符合信用证规定的单据履行付款责任，而备用信用证的付款行凭受益人出具的证明开证申请人未能履约的证明文件承担付款责任。

（3）跟单信用证一般只适用于货物买卖，但备用信用证可适用于除货物以外的多种交易，如招投业务中保证投标人履行义务，借款、垫款业务中保证借款人到期还款，赊销业务中保证赊购人到期付款等。

二、银行保函

银行保函（Letter of Guarantee，L/G），又称银保证书，是指银行（保证人）根据申请人（被保证人）的要求，向受益人开立的，担保申请人正常履行合同义务的书面保证。它是银行有条件承担一定经济责任的契约文件，保证在申请人未能按双方协议履行债务或义务时，由银行代其履行或承担赔偿责任。银行保函主要适用于为来料加工、租赁业务及工程承包等提供信用担保，以减轻受益人的风险。

（一）银行保函的基本当事人

（1）申请人，也称委托人、被保证人，一般是合同中的债务人。

（2）受益人，即在合同债务人未承担约定义务时，可通过保函取得赔偿的人，一般为合同中的债权人。

（3）担保人，即接受申请人的要求，向受益人开立保函的银行。

银行保函除上述三个基本当事人以外，根据实际情况还可能有转递行、保兑行等当事人。

（二）银行保函的分类

1. 按索偿条件划分，分为见索即付保函与有条件保函

（1）见索即付保函，是指受益人只要以书面形式交付符合保函条款的索赔书或其他文件，担保人即支付货款。见索即付保函中，担保人承担第一性的直接付款责任。

（2）有条件保函，是指只有在符合保函规定的条件下，担保人才予以付款。此时担保人承担第二性的附属付款责任。

国际贸易中，银行保函大多为见索即付保函，为此，国际商会专门制定《见索即付保函统一惯例》来约束银行保函的使用。

2. 按用途划分，分为履约保函、投标保函和付款保函

（1）履约保函，是指担保银行应申请人的请求，向受益人开立的，保证申请人按合同条款履行各项义务，否则由担保银行赔偿受益人一定金额损失的保证文件。

（2）投标保函，是指担保银行应申请人的请求，向受益人开立的，在申请人不履行其投标所产生的义务时，由担保银行承担在规定金额限度内付款责任的保证文件。

（3）付款保函，是指银行应进口人的请求，向出口人开出的，保证进口人在收到符合合同规定的货物后，向出口人支付全部货款，否则由担保银行赔偿出口方损失的书面保证文件。

（三）银行保函与备用信用证的区别

1. 付款责任不同

银行保函中，视具体保函种类的不同，担保银行承担的偿付责任可以是第一性的，也可以是第二性的。而备用信用证中开证行承担第一性的付款责任。

2. 受不同的国际惯例约束

银保证书受国际商会第325号出版物《合同保证统一规则》、(《URCG325》）及第458号出版物《见索即付保函统一惯例》(《URDG458》）的约束；而备用信用证受《UCP600》约束。

3. 可转让性不同

《见索即付保函统一惯例》规定，保函项下受益人的索赔权利不可转让。而《国际备用信用证惯例》规定，备用信用证项下受益人的索赔权利可以转让。

三、国际保理

随着国际贸易竞争的日益激烈，由于信用证结算方式对进口商相对不利，其使用比例正在逐年下降，出口商为了提高出口商品的国际竞争力，而更多的选用托收方式结算货款。但是，使用托收方式结算货款无疑加剧了出口商的风险与资金负担。在这一情况下，一种即能帮助出口商降低风险，又能为其提供融资便利的支付方式——国际保理应运而生。

1. 国际保理的含义

国际保理（International Factoring），简称保理，又称国际保付代理、承购应收账款业务等，是指国际贸易中在托收，赊账等以商业信用结算货款的情况下，保理商向出口商提供的一项集商业资信调查、代收账款、财务管理、风险担保及贸易融资于一体的综合性金融服务。

2. 国际保理的主要业务

国际保理的主要业务主要包括以下几种。

（1）对进口商进行资信调查与评估，并根据出口商的要求确定进口商信用额度。

（2）为出口商承担百分之百的买家信用保险。具体做法是，由保理商向出口商买断票据，承担全部的汇率风险和信贷风险。

（3）负责追收应收账款和提供专业财务管理服务。保理商买断出口商的票据后，对应收账款负责催收，并为出口企业提供相关的账务处理服务。

（4）为出口商提供贸易融资。保理商收到出口商的票据后，可预付出口商80%发票金额的无追索权货款。

国际保理对出口商来说，最大好处就是对于回收货款没有后顾之忧，但对于因货物品质、数量、交货期等问题导致的进口商拒付，保理商并不承担责任。

由于保理业务能够很好地解决赊销时出口商所面对的资金占压和进口商信用风险等问题，因此，在欧美、东南亚等国家，国际保理业务得到了迅速发展。

第六节 不同支付方式的综合运用

在国际贸易中，一笔交易的顺利完成在某种程度上要归功于支付方式的合理选用。选择支付方式时应综合考虑客户信用、风险负担与资金融通等实际情况。通常一笔交易只用一种支付方式，但由于不同的支付方式各有利弊，所以，有时也将两种或两种以上支付方式结合使用，以确保安全收汇和妥善付汇，促进交易的达成。

一、信用证与汇付结合使用

信用证与汇付的结合使用有两种情况：先汇付后信用证和先信用证后汇付。

1. 先汇付后信用证

这种支付方法是指先由进口商以汇付方式支付定金，其余货款以信用证支付，即进口商在货物装运前开立信用证，出口商在货物装运后凭信用证和规定单据收取余款。此种支付方法大多用于成套设备的交易。

2. 先信用证后汇付

这种支付方法是指在货物装运后，进口商先采用信用证支付发票金额的若干成，余额部分等货物到达目的地后，根据检验结果计算出确切金额以汇付方式支付。具体使用中，应就信用证支付的货款比例在合同中予以明确规定，以免出现争议与纠纷。此种支付方法大多用于交货数量不易控制的初级产品贸易。

二、信用证与托收结合使用

这种支付方法是指部分货款采用信用证支付，余额部分以托收方式支付。在实际业务中的一般做法是，出口商开立两张汇票：一张光票，一张跟单汇票，光票用于支取信用证项下的货款，跟单汇票用于支取托收项下余额货款。此外，为了防止托收风险的发生，可在信用证中规定“在发票金额全部付清后才交单”的条款。采用这种支付方法，对进口商来说可以减少开证押金，有利于资金周转与融通；对出口商来说，对其安全收汇也有一定的保障，即便是在进口商拒付托收款项的情况下，出口商也可以凭光票信用证收回信用证项下的那部分货款。

三、跟单托收与汇付的结合使用

这种支付方法是指在跟单托收方式下，出口商要求进口商先以汇付支付一定金额的预付货款或押金作为保证，在货物运出后，出口商再通过银行托收其余货款。这种支付方法下，如果托收的货款被拒付，则出口商可以将货物运回，并用先前预收的金额来抵偿运费、利息等损失。至于有关预付金额的比例，交易双方可以视市场行情及客户资信等具体情况而定，并在合同中予以明确。

四、汇付、信用证与银行保函或备用信用证的结合使用

在国际贸易中，对于成套设备、大型机械产品和大型运输工具这类成交金额大、生产周期长的商品交易，通常采取汇付或托收与银行保函或备用信用证相结合的方式，视工程进度或交货进度分若干阶段付清货款。

1. 分期付款下多种支付方式的结合使用

分期付款（Payment by Installments）是指买方先支付部分定金，余款按照工程进度或交货进度分若干期支付，最后在交货前付清或基本付清全部货款。采用分期付款时，买方可先用汇付来支付定金，余额货款按不同的阶段，用买方开立不可撤销信用证分期即期支付。在这种支付方法下，只有在交货或商品质量保证期满，最后一期货款付清时，货物所有权才转移到买方。而对于买方来说，在交货前已经支付了大量的资金，如卖方不能如期安全交货，则买方损失较大。为了规避上述风险，买方在支付订金前通常会要求卖方提供银行保函或备用信用证，以在上述风险发生时，由银行来承担赔偿责任。

2. 延期付款下多种支付方式的结合使用

延期付款（Deferred Payment）是指买方预先支付小额订金，其余款项部分按工程进度或交货进度分若干期支付，且大部分货款是在交货后的一定时期内分期偿还。成套设备或大型机械由于成交金额较大，买方一时很难付清货款，延期付款实质上是出口商向进口商提供的一种商业信贷。延期付款条件下，通常由买方以汇付方式支付订金，大部分货款在交货后若干年内采用远期信用证方式分期支付。由于延期支付的货款本质上是一种赊销贸易，故通常卖方要求买方提交银行保函或备用信用证，如买方不能近期支付货款本息，则由银行负责履行付款义务。

小　结

本章主要介绍了国际货款结算过程中使用的支付工具与支付方式。其中，重点介绍了汇票、托收及信用证的内容及具体使用方法。国际货款结算中使用的主要票据有汇票、本票和支票。其中，汇票是出票人向付款人签发的无条件支付一定金额的书面支付命令；本票是出票人签发的一定金额的无条件支付承诺；支票是银行存款者签发的委托银行向持票人付款的书面支付命令。国际支付方式主要有汇付、托收与信用证三种。其中，汇付是进口人主动通过银行汇款给出口人；托收是出口商出具汇票并委托银行向进口人代为收款；信用证是根据进口商的请求和指示，由银行向出口商开立的有条件的付款承诺。其中，汇付与托收方式是以商业信用为基础，对买卖双方都存在一定的风险；信用证是以银行信用为基础，对买卖双方的收款与收货都有保证，但涉及的当事人较多，手续较繁杂，费用较高。此外，国际保理、银行保函及备用信用证这三种支付方式在大宗商品及大型设备的交易中经常使用。通常在一笔业务中，可以根据实际情况选择一种或多种支付方式。

思考题

（1）汇票的含义是什么？它涉及的当事人有哪些？

（2）汇票必须记载的内容有哪些？

（3）本票、支票、汇票的区别是什么？

（4）什么是汇付？汇付业务一般涉及哪些当事人？

（5）什么是即期付款交单（D/P At sight）、远期付款交单（D/P After Sight）、承兑交单（D/A）？

（6）托收业务对卖方来说有哪些风险？应该如何防范？

（7）什么是信用证？信用证业务一般涉及的当事人有哪些？

（8）信用证结算有何特点？

（9）简要说明信用证支付的一般流程。

（10）什么是备用信用证、银行保函和国际保理？

案例分析

（1）我方的一笔出口货款委托银行按D/P即期托收，在托收申请书中，我方并没有增加银行责任。当该项托收货款被买方拒付时，银行随即告知我方。时隔数日，在我方向银行交代货物的处理方法时，货物已经有部分被盗，我方认为银行没有保管好货物，并要求赔偿，银行断然拒绝。对此，银行有无责任，我方应从中吸取哪些教训？

（2）我国某公司与日本客户签订了一笔1000箱罐头的出口合同，合同规定1月至5月按月等量装运，每月200箱，凭不可撤销信用证付款。日本客户按时开来信用证，证上关于总金额和总数量的规定与信用证相符，但装运条款为“最迟装运期为5月30日，分数批装运”。于是我方1月份装运400箱，2月份装运400箱，3月份装运200箱。但客户以我方违背合同中的装运条款为由，拒绝支付货款。试分析我方应如何处理？

（3）我国M公司向国外客户J公司以CIF贸易术语出口一批货物，合同规定5月份装运。J公司于5月1日开来不可撤销信用证，证上规定装运期不得晚于5月5日。但此时我方已经来不及办理租船订舱事宜，于是要求对方将装运期限延至6月5日。随后J公司回电同意。于是我方6月1日装船并取得提单，并于6月4日向银行议付货款。试分析，我国M公司能否顺利结汇，为什么？

（4）我出口企业收到国外开来的不可撤销信用证，该信用证由设在我国境内的某外资银行通知并加保兑。我出口企业在货物装运后，正拟将有关单据交银行议付时，忽接该外资银行通知，由于开证银行已宣布破产，该行不承担对该信用证的议付或付款责任，但可接受我出口公司委托向买方直接收取货款的业务。对此，你认为我方应如何处理为好？

技能训练

（1）我国某公司出口一批货物，合同规定采用托收方式付款，设寄单邮程为10天，根据下表填写有关日期。

汇票的付款期限	托收日期	进口商承兑日期	进口商付款日期
At sight	9/1		
At 30 days after sight	9/1		
At 30 days from sight	9/1		

（2）根据下列业务背景写出货款收付流程。

出口商：沈阳A公司　　　　往来银行：中国银行沈阳分行

进口商：日本B公司　　　　往来银行：东京三菱银行

支付方式：全部交易金额以票汇方式支付

（3）审核下列信用证，要求写出：

① 信用证的主要当事人；

② 信用证的种类；

③ 信用证的错误。

花旗银行

致：中国ABC贸易公司　　　　日期2010年1月8日

号码123/7654　　　　开证金额USD6 250　　　　不可撤销信用证

本证通过中国银行北京分行通知收益人

兹开立以贵行为受益人，以K.Qionco.,Ltd为开证申请人，总金额为USD　12000。由收益人开立见票后30天付款汇票，以我行为付款人，支取100%发票金额的货款，并随附下列货运单据。

商业发票一式三份；全套清洁已装船提单；保险单；以电报副本证明装运下列货物：10000公斤五常大米每公斤USD1.2 CFR纽约，不许分批，不许转船。

装船不迟于2011年4月6日

交单日期2011年4月8日前

花旗银行

总经理×××

第八章

争议的预防与处理

案例导引

中国某公司向某国出口一批冷冻白鸡，到货后买方在合同规定的索赔有效期内向我方提出品质索赔，索赔金额达10万元人民币（约占合同金额的一半以上）。买方附来的证件有：1.法定商品检验证，注明该批白鸡有变质现象（表面呈乌黑色），但未注明货物的详细批号，也未注明变质货物的数量或比例。2.官方化验机构根据当地某白鸡零售商店送验的白鸡而做出的变质证明书。对于这一索赔，我方未经详细研究便函复对方，既未承认也未否认品质变质问题，只是含糊其辞地要求对方减少索赔金额。双方函电往来一年没有结果，对方遂派代表来京当面交涉，并称如果得不到解决，将提交仲裁。（注：此批冷冻白鸡中我方误装了小部分乌皮鸡）

问题：针对上述情况，我方应如何处理？

评析：在此案例中，进口商声称有变质现象（表面呈乌黑色）的白鸡，其详细批号和变质数量并没有在相关的索赔文件中体现。因此，我方就很难判断冷冻食品是否确实存在问题，也不易判断损失的价值。另外，进口商收到货物后将其放在某白鸡零售商店销售，进口商所在地的官方化验机构是根据当地某白鸡零售商店送验的白鸡而做出的变质证明书，这就可能存在因白鸡零售商店保管不当而造成食品变质的可能。所以，进口商提出的索赔证据不足。

因此，我方的做法应为：一方面向进口商提交装运时由国家质量监督检验局出具的品质检验证书，以证实出口商品的品质情况。另一方面，要求对方进一步完善索赔文件，以确定索赔对象和金额。

本章导读

在国际货物买卖中，买卖双方在合同履行的过程中因种种原因发生争议是难以避免的。正确处理和妥善解决对外贸易争议，不仅关系到国家和企业的利益，而且直接关系到买卖双方的切身利益。为了使争议能得到有效合理地解决，双方当事人应在合同中明确规定商品检验条款、不可抗力条款、索赔条款和仲裁条款内容。本章重点介绍这些条款及其相关知识。

学习目标

掌握不可抗力的认定、处理及合同中不可抗力条款的内容；

掌握索赔对象认定的标准和合同中的索赔条款；

熟悉仲裁的含义及仲裁程序；

熟悉检验机构、检验证书和合同中的检验条款；

了解商品检验的概念、检验的时间、地点和我国法定检验程序。

第一节　进出口商品检验

在国际贸易中，货物经过长途运输，经常发生残损、短缺等现象。为了避免发生争议或发生争议后能分清责任归属，就需要一个公正的、专业的第三方机构，对货物进行检验或鉴定，以查明货损原因，确定责任归属，以便货物的交接和交易的顺利进行。因此，商品检验是履行买卖合同的重要环节，它为解决买卖双方的争议提供索赔与理赔的依据，同时也是交接货物和支付货款的依据之一。

一、商品检验的含义

商品检验（Commodity Inspection）简称商检，是指商品检验机构对卖方货物的品质、规格、数量、包装、卫生、安全等项目进行检验和鉴定，同时出具检验证书，以确定所交商品是否符合合同及有关法律、法规的规定。商品检验的具体项目与内容如表 8-1 所示。

表 8–1　商品检验的项目与内容

项目	内容
品质检验	对商品的外观、化学成分、物理性能等进行检验
数量和重量检验	检验商品数量和重量的计量单位、计量方法是否符合合同的规定
包装检验	包装牢固度、完整性的检验；是否适于货物流转过程中的装卸、搬运；是否有符合规定的内包装和衬垫物料或填充物料
卫生检验	对肉、蛋、奶制品及水果等商品是否无菌、无寄生虫等进行检验
残损检验	对货物的残损部分进行鉴定，估计损失程度和出具证明

二、商品检验的时间和地点

对商品检验的时间和地点的规定是合同中商检条款的一个核心问题。通常有以下几种做法。

（一）在出口国检验

1. 工厂（仓库）检验

即发货前，由出口国工厂的检验人员会同买方验收人员进行检验，并由买卖合同规定的检验机构出具检验证书，作为卖方所交货物的品质、数量等项内容的最后依据，卖方只承担货物离开工厂前的责任，货物在运输途中所发生的风险，由买方承担。

2. 装运港（地）检验

装运港（地）检验又称“离岸品质、离岸重量”（Shipping Quality And Weight），即货物在装运港（地）装运前或装运时，由双方约定的检验机构对货物进行检验，该机构出具的检验证书作为确认交货质量、重量或数量的最后依据。卖方对交货后货物所发生的变化不承担责任。

（二）在进口国检验

1. 目的港（地）检验

又称“到岸品质、到岸重量”（Landed Quality and Landed Weight），即货物运达目的港（地）卸货后，由双方约定的检验机构对货物进行检验，该机构出具的检验证书作为确认交货质量、重量或数量的最后依据。卖方要承担货物运输途中发生变化的风险。

2. 买方营业处所或最终用户所在地检验

对于一些因使用前不便拆开包装，或因不具备检验条件而不能在目的港（地）检验的货物，如密封包装货物、精密仪器等，可将检验地点设在买方营业处所或最终用户所在地，由双方约定的检验机构在规定的时间内对货物进行检验。货物的质量、重量或数量以该检验机构出具的检验证书为准。

（三）出口国检验、进口国复验

卖方在出口国装运货物时，以合同规定的装运港（地）检验机构出具的检验证书，作为卖方向银行收取货款的凭证之一，货物运抵目的港（地）后，由双方约定的检验机构在规定的地点和期限内对货物进行复验，并出具证明。如发现货物不符合合同规定，并证明不符情况属卖方责任，买方有权在规定的时间内凭复验证书向卖方提出异议和索赔。这种做法兼顾了买卖双方的利益，公平合理，是目前我国进出口业务中最常用的一种方法。

（四）装运港（地）检验重量和目的港（地）检验品质

又称“离岸重量、到岸品质”（Shipping Weight and Landed Quality）。即装运港（地）的检验机构检验货物的重量，并出具重量证明作为最后依据；目的港（地）的检验机构检验货物品质，并出具品质证明作为最后依据。这种做法多用于大宗商品交易的检验。

三、检验机构

检验机构是指接受委托进行商品检验和公正鉴定工作的专门机构。检验机构的选定也是检验条款中的一项重要内容。

（一）国外检验机构

（1）官方检验机构。由国家或地方政府投资设立的检验机构，根据国家的有关法令，对进出口商品执行法定检验、委托检验和监督管理。如美国食品药物管理局（FDA）。

（2）非官方检验机构。由私人或同业公会、协会等开设的检验机构。如瑞士日内瓦通用鉴定公司（SGS）。

（3）半官方检验机构。一些由国家政府授权可以代表政府进行某类商品检验工作或某方面检验管理工作的民间机构。如美国的担保人实验室（Under Writer’s Laboratory）。

（二）我国的检验机构

1. 中华人民共和国国家质量监督检验检疫总局

中华人民共和国国家质量监督检验检疫总局（AQSIQ）简称国家质检总局，是 2001 年 4 月国务院将国家质量技术监督局与国家出入境检验检疫局合并而成，主管全国质量、计量、出入境国家检验、出入境卫生检验检疫、出入境动植物检疫和认证认可、标准化等工作，是行使行政执法职能的国务院直属机构。

2. 中国进出口商品检验总公司

中国进出口商品检验总公司（CCIC）于1980年经国务院批准成立，它是我国的非政府的综合性进出口商品检验机构。它属于社会公益型的独立法人，接受进出口业务中的当事人和外国检验机构的委托，办理进出口商品的检验鉴定业务，并提供咨询服务。

四、检验证书

检验证书（Inspection Certificate）是进出口商品检验机构对货物进行检验、鉴定后所出具的证明文件。商品检验证书所证明的商品检验结果，直接关系到贸易当事人各方的责任和经济权益。

（一）检验证书的种类

（1）品质检验证书（Inspection Certificate of Quality）是证明进出口商品品质、规格、等级的书面文件。

（2）数量检验证书（Inspection Certificate of Quantity）是进出口商品数量的书面证明文件。

（3）重量检验证书（Inspection Certificate of Weight）是进出口商品重量的书面证明文件。

（4）价值检验证书（Inspection Certificate of Value）是证明发票上开列的商品单价和总值真实准确的书面文件。它是买卖双方交接货物、贸易结算和通关计税的凭证。

（5）产地检验证书（Inspection Certificate of Origin）是证明进出口商品产地的书面文件。

（6）卫生检验证书（Sanitary Inspection Certificate ）是证明进出口的食用动物产品、食品已经经过卫生检验，符合检疫要求的书面文件，适用于肠衣、罐头食品、蛋品、乳制品等商品。

（7）兽医检验证书（Veterinary Inspection Certificate）是证明动物产品在出口前经过兽医检验，符合检疫要求的书面文件，适用于冻畜肉、皮张、毛类、绒类、猪鬃及肠衣等商品。

（8）消毒检验证书（Disinfections Inspection Certificate）是证明出口动物产品经过消毒处理，符合安全及卫生要求的书面文件，适用于猪鬃、马尾、羽毛、人发等商品。

（9）验残检验证书（Inspection Certificate on Damaged Cargo）是证明进口商品残损情况、估算残损贬值幅度、判定致损原因的书面文件。

（二）检验证书的作用

（1）商品检验证书是商品报关的有效证件。

（2）商品检验证书是证明卖方所交货物的品质、数（重）量、包装及卫生条件等符合合同规定的合法证件。

（3）商品检验证书是卖方向银行议付货款的主要单证。

（4）商品检验证书是买方办理索赔、仲裁和诉讼的有效证据。

商品检验证书是有一定有效期限的，一般货物的检验证书自签发日起两个月内有效，鲜果类与蛋类为两个星期。商品逾期未出口，应申请展期，商检机构认为必要时会要求重新检验。

案例 8-1　商品检验案例

我 A 公司从香港 B 公司进口马口铁一批，价值 50 万美元。A 公司按合同规定开出信用证，开证行在信用证的有效期内收到合格单据，便向 B 公司付了款。货到后，A 公司发现集装箱内全是铁桶，而铁桶内全是污水，根本没有马口铁，请问：B 公司拿到货款是否违约？A 公司在此事件中应吸取什么教训？

提示：就买卖合同而言，出口方属于违约骗汇，但就信用证的性质来说，它属于单证的买卖，出口方只要做到"单单一致，单证一致"就可以取得货款。

A 公司在此事件中应吸取的教训是要对进口货物在对方发货前进行检验，这种检验是非常必要的，可以防止出口方与船舶公司勾结骗汇。

五、买卖合同中的检验条款

国际货物买卖合同中的货物检验条款一般包括的内容有：检验的时间和地点、检验机构、检验标准和方法、检验证书以及其他双方商定的内容。

（一）出口合同中的检验条款示例

（1）以装运港检验证书为最后依据。

例如："双方同意以装运港中国进出口商品检验局签发的品质和质量检验证书为最后依据，对双方具有约束力。"

It is mutually agreed that the Certificate of Quality and Weight is issued by the China Import and Export Commodity Inspection Bureau at the port of shipment shall be regard as final and binding upon both parties.

（2）以装运港检验证书为议付货款的依据，货到目的港后买方有权复验。

例如："买卖双方同意以装运港（地）中国进出口商品检验局签发的品质和重量检验证书为信用证项下议付所提出的单据之一，买方有权对货物的品质和重量进行复检，复验费由买方负担。如发现品质和重量与合同规定不符，买方有权向卖方索赔，并提供经卖方同意的公证机构出具的检验报告。索赔期限为货物到达目的港（地）后××天内。"

It is mutually agreed that the Certificate of Quality and Weight is issued by the China Import and Export Commodity Inspection Bureau at the port /place of shipment shall be part of the documents to be presented for negotiation under the relevant L/C. The buyers shall have the right to reinspect the quality and weight of the cargo .The reinspection fee shall be borne by the buyers. Should the quality and /or weight be found not in conformity with that of the contract, the buyers are entitled to lodge with the sellers a claim which should be supported by survey reports issued by a recognized surveyor approved by sellers. The claim, if any ,shall be lodged within ××days after arrival of the cargo at the port/place of destination.

（二）进口合同中的检验条款示例

双方同意以制造厂（或公证行）出具的品质及数量或重量检验证书作为有关信用证下付款的单据之一。但货物的品质、数量或重量的检验应按下列规定办理：

"货到目的港××天内由中国进出口商品检验局复验，如发现品质、数量或重量与本合同规定不符时，除属保险公司或船运公司负责外，买方凭中国进出口商品检验局出具的检验证书，向卖方提出退货或索赔。所有因退货或索赔引起的一切费用（包括检验费）及损失均由卖方负担。在此情况下，如果抽样是可行的，买方可应卖方要求，将有关货物的样品寄交卖方。"

It is mutually agreed that the Certificate of Quality and Quantity or Weight is issued by the Manufacturer（or ××Surveyor）shall be part of the documents for payment under the relevant L/C. However, the inspection of quality and quantity or weight shall be made in accordance with the following:

In case the quality, quantity or weight of the goods be found not in conformity with those stipulated in this contract after reinspection by the China Import and Export Commodity Inspection Bureau within ××days after arrival of the goods at the port of destination, the Buyers shall return the goods to or lodge claims against the Sellers for compensation of losses upon the strength of Inspection Certificate issued by the said Bureau ,with the exception of those claims for which the insurers or the carries are liable. All expenses （including inspection fees） and losses arising from the return of the goods or claims should be borne by the Sellers. In such case, the Buyers may, if so requested, send a sample of the goods in question to the Sellers, provided that the sampling is feasible.

第二节 争议与索赔

在国际贸易中，任何一个环节出现差错，就可能会影响到合同的全面履行，甚至会给某一方当事人带来损失，从而引发争议和索赔。

一、争议（Dispute）

争议是指交易的一方认为另一方没有履行合同规定的责任或义务而引起的纠纷。争议产生的主要原因是违约，它包括以下几种情况。

（一）卖方违约

卖方不按合同规定的交货期交货或不交货；所交货物的品质、规格、数量、包装等与合同（或信用证）规定不符；所提供的货运单据种类不齐、份数不足等，这些都属于卖方违约的情况。

（二）买方违约

买方违约表现为当卖方按合同规定交货、交单时，买方无故拒不接货物、接单；按信用证支付方式成交的条件下买方不按期开证或不开证；不按合同、信用证规定付款赎单等。

（三）买卖双方均负有违约责任

由于买卖双方在订立合同时对合同条款规定得不明确、不详尽，致使双方理解或解释不统一，造成一方违约，引起纠纷；或在履约过程中，双方均有违约行为。

二、索赔（Claim）

合同的一方违反合同的规定，直接或间接地给另一方造成损害，受损方向违约方提出损害赔偿，这就是索赔。一方提出索赔后，违约方受理对方的赔偿要求，称作理赔（Settlement of Claim）。索赔与理赔是一个问题的两个方面，对受害方来说是索赔，对违约方就是理赔。

在国际货物买卖合同中，对索赔条款有两种规定方式：一种是异议与索赔条款，另一种是罚金条款。商品买卖合同大多只规定异议与索赔条款；大宗商品买卖的合同中，除订有异议与索赔条款外，还要另订罚金条款。

（一）异议与索赔条款

异议与索赔条款（Discrepancy and Claim Clause）主要适用于卖方交货的品质和数量等方面的违约行为。该条款的内容有：索赔权、索赔依据、索赔期限、赔偿损失的办法和赔偿金额等。

1. 索赔权

关于索赔权，交易双方应在合同中明确规定，交易的一方如违反合同，另一方有权提出索赔。

2. 索赔依据

索赔依据包括法律依据和事实依据两个方面。法律依据是指当事人提出索赔时，必须以与买卖合同有关的国家法律规定为确定违约的依据。事实依据是指当事人提出索赔时，必须提供对方违约的事实真相、充分的书面证明等，以证实违约的真实性。

3. 索赔期限

是指索赔方向违约方提出索赔的有效期限。按照国际惯例，受害方必须在一定期限内提出赔偿要求，逾期提出索赔，违约方有权拒绝受理。对索赔期限的起算时间，通常有下列几种方法。

（1）货物经检验后××天起算。

（2）货物到达目的港后××天起算。

（3）货物到达目的港，卸离海轮后××天起算。

（4）货物到达买方营业所或用户所在地后××天起算。

4. 处理索赔的办法及索赔金额

由于违约的情况复杂多样，在订约时难以预计，因此，对于处理索赔的办法及索赔金额一般只在合同中作笼统规定。

异议与索赔条款示例：买方对于装运货物的任何异议，必须于装运货物的船只到达提单所订目的港后××天内提出，并须提供经卖方同意的公证机构出具的检验报告。

Any claim by the Buyers regarding the goods shipped shall be filed within ××days after the arrival of the goods at the port of destination specified in the relative Bill of Lading and supported by a survey report issued by a surveyor approved by the Sellers.

（二）罚金条款

罚金条款（Penalty Clause）又称违约金条款，是在合同中规定如果一方当事人未按合同履行义务，应向对方支付一定数额的罚金，以补偿对方损失的条款。

1. 罚金金额

罚金金额的大小取决于违约时间的长短，但罚金条款中要规定最高限额。

2. 罚金的起算日期

有两种不同的方法：一是在合同规定的交货期或开证期终止后立即起算。另一种是规定优惠期，即在合同规定的有关期限终止后再宽限一段时间，在优惠期内免予罚款，待优惠期届满后起算违约金。需要注意的是，违约方在支付罚金后并不能解除其履行合同的义务。

罚金条款示例：买方因自身原因不能按合同规定的时间开立信用证应向卖方支付罚金。罚金按迟开证每××天收取信用证金额的××%，不足××天者按××天计算，但罚金不超过买方应开信用证金额的××%。

Should the buyer for its own sake fail to open the Letter of Credit on time stipulated in the contract, the buyer shall pay a penalty to the seller. The penalty shall be charge at the rate ××% of the amount of Letter of Credit for every ××days of delay in opening the Letter of Credit, however the penalty shall not exceed ××% of the total value of the Letter of Credit which the buyer should have opened.

第三节 不可抗力

一、不可抗力的含义

不可抗力（Force Majeure）又称人力不可抗拒。是指买卖合同签订以后，不是由于买卖双方任何一方当事人的过失或疏忽，而是由于发生了当事人既不能预见和预防，又无法避免和克服的意外事故，以致不能履行或不能如期履行合同。遭受意外事故的一方，可以免除履行合同的责任或可以延期履行合同。

不可抗力事故通常包括两种情况：一是自然现象引起的，如水灾、地震、风暴、大雪、旱灾、火灾、暴风雪等。二是社会因素引起的，如战争、罢工、政府禁令、封锁禁运等。

二、不可抗力的构成条件

并不是所有由于“自然现象”或“社会因素”引起的意外事故都可以归结为不可抗力。构成不可抗力事故需具备以下三个条件。

（一）事故必须是订立合同之后发生的

在订立合同时，并没有这种事故发生。如果订立合同时这种事故已经存在了，对当事人来讲则不具备偶然性、突发性，当事人在订立合同条款时已考虑到了该事故对合同的影响，那么，这种事故就不属于不可抗力事故。

（二）事故不是当事人的过失或故意行为造成的

遭受事故的一方对该事故的发生并无责任。而如果是由于当事人的错误行为导致合同无法履行，则不能作为不可抗力事故。

（三）事故是当事人无法预见、无法预防的

当事人在订约时，并不能预料到该事故必然会发生，即使估计到事故发生的可能性，也没有能力避免或预防它的发生。

此外，需要注意的是汇率变化、市场风险、商品价格波动、货币贬值、能源危机、机器故障、怠工、船期改变等上述情况，均不属于不可抗力事件之列。

三、不可抗力的法律后果

不可抗力事故发生后所引起的法律后果，主要有两种：一是解除合同，二是变更合同。至于什么情况下可以解除合同，什么情况下不能解除合同，只能变更合同，则要根据该项事故的性质及对履行合同的影响程度来决定，也可以由双方当事人通过协商在买卖合同中加以具体规定。如果合同中未做出明确规定，一般遵循的原则是：如果不可抗力事故的发生使合同的履行成为不可能，如水灾工厂厂房全部倒塌、机器损坏，则可解除合同；如果不可抗力事故只是暂时阻碍合同的履行，如暴风雪使交通中断，那就只能延迟履行合同，而不能解除合同。

四、合同中的不可抗力条款

不可抗力条款属于免责条款。国际货物买卖合同中不可抗力条款的内容虽然不尽相同，但归纳起来，一般包括以下几个内容。

（一）不可抗力事故的范围

买卖双方在磋商交易和签订合同时，应对构成不可抗力事故的范围达成一致意见，并在合同中作出明确规定，因为这一问题与双方当事人的利益有密切关系。我国进出口合同中规定不可抗力事故的范围有以下三种方法。

1. 列举式规定

列举式规定是指在不可抗力条款中明确列出经双方认可的不可抗力事故。而合同中没有明确的，均不能作为不可抗力事故对待。例如，“由于战争、地震、洪水、水灾、暴风雪、雪灾的原因，致使卖方不能全部或部分装运或延迟装运合同货物，卖方对于这种不能装运或延缓装运本合同货物不负有责任……”这种规定方法虽然明确、具体，但是比较烦琐，并且可能出现遗漏情况。

2. 概括式规定

概括式规定是指在合同的不可抗力条款中不具体订明哪些属于不可抗力事故，而只是以笼统的语言做出概括的规定。例如：“由于不可抗力的原因，致使卖方不能全部或部分装运或延迟装运合同货物，卖方对于这种不能装运或延迟装运本合同货物不负有责任……”这种规定办法过于空泛，容易引起争议。

3. 综合式规定

综合式规定是指将列举式和概括式两种方法结合起来，在合同中列明通常容易出现的

一些不可抗力事故的同时，还加上“以及双方当事人所同意的其他意外事故”的字样。例如：“由于战争、地震、洪水、水灾、暴风雪、雪灾或其他不可抗力的原因，致使卖方不能全部或部分装运或延迟装运合同货物，卖方对于这种不能装运或延缓装运本合同货物不负有责任……”这种规定方法既明确、具体，又有一定的灵活性，是我国进出口合同中较为普遍采用的一种方法。

（二）不可抗力事故的后果

如上所述，不可抗力事故引起的后果有两种，一是解除合同，二是变更合同。在实际业务中应如何处理，要视事故的原因、性质、规模及其对履行合同所产生的实际影响程度而定。如果履行合同已经不可能，则可解除合同；如果是暂时阻止合同的履行，则只能延期履行合同，而不能解除合同。

案例 8-2　不可抗力案例

我某出口企业以 CIF 伦敦条件与英国某公司签订了 2000 公吨大米的出口合同，在发货时遭遇暴风雪，我企业以发生不可抗力为由，要求延迟交货，对方不同意，坚持要求我方按时交货。我方经过努力，最终给对方发货成功，但是交货时间延迟了半个月。英方以我方延期交货为由提出索赔。问：我方应赔偿否？为什么？

提示：本案例中，我方遭遇了暴风雪，属于不可抗力事故。不可抗力事故属于免责条款，可以免除遭遇不可抗力事故的一方不能如期履行合同的责任。因此，我方延期交货是合理的，对方提出索赔是不合理的，我方不应赔偿。

（三）发生事故后通知对方的期限和方式

按国际惯例，当发生不可抗力事故影响到合同的履行时，遭受事故的一方必须及时通知对方，对方接到通知后应及时给予答复，如有异议应及时提出。为了明确责任，一般在不可抗力条款中规定一方发生事故后通知对方的期限和方式。

例如，合同中规定“一方遭受不可抗力事故后，应以电报通知对方，并应在 15 天内以航空挂号信提供事故的详情及其对合同履行影响程度的证明文件。”

（四）证明文件及出具证明的机构

当一方援引合同中不可抗力条款要求免责时，必须向对方提交一定机构出具的证明文件，作为发生不可抗力的依据。在国外，一般由当地商会或经注册登记的合法公证机构出具。在我国，可通过中国国际贸易促进委员会或其设在口岸的贸促分会出具。

第四节　仲　　裁

在国际货物买卖中，买卖双方在合同履行的过程中因种种原因发生争议是难以避免的。当发生争议的时候，通常采取的解决方式有：友好协商、调解、仲裁和诉讼。由于以仲裁方式解决争议有许多优点，因此，它已经成为解决国际商务纠纷的一种重要方式。

一、非仲裁方式

非仲裁方式主要包括友好协商、调解和诉讼三种方式。

（一）友好协商

友好协商（Amicable Negotiation）是指发生争议后，由当事人双方直接进行磋商，自行解决纠纷。这种做法有利于双方贸易关系的发展，是解决争议的首选。但是，如果双方对于争议的发生和解决方法不能达成共识，就要借助第三方的调解了。

（二）调解

调节（Conciliation）是指经协商未能达成共识，争议双方协商同意请第三者来评判。若双方均接受评判的意见，则成为解决争议的共识；若其中有一方当事人不接受，则评判意见不具备强制性。

（三）诉讼

诉讼（Litigation）是指由司法部门按法律程序来解决双方的争议。诉讼程序一般比较复杂、费用高、时间长，在贸易中较少使用。

二、仲裁

仲裁（Arbitration）是指贸易双方在发生争议之前或争议之后，签订书面协议，自愿将有关争议交给双方所同意的仲裁机构进行裁决，而这个裁决是终局性的，对双方都有约束力，双方都必须遵照执行。

（一）仲裁的特点

1. 自愿性

在国际货物买卖合同履行过程中，只要双方自愿，任何争议都可以通过仲裁机构进行仲裁。同时，仲裁机构对争议案件的受理，也以双方自愿为基础，并依据双方当事人的仲裁协议来进行，对没有仲裁协议的争议案件不予受理。

2. 排他性

争议各方一旦订立仲裁协议，就排除了法院与协议约定之外的其他仲裁机构对争议的管辖权。

3. 非官方性

受理争议的仲裁机构通常是属于社会性民间团体所设立的组织，而非国家政权机关或官方机构，是凭争议双方当事人提交的仲裁协议而取得对争议案件的管辖权。仲裁员也非国家任命，而是由争议双方当事人推选的。[①]

4. 终局性

仲裁机构一般是依照法律所允许的仲裁程序来审理和裁决争议案件的。因此，仲裁裁决具有法律约束力，当事人双方必须遵照执行。如果有一方拒绝执行，另一方可以提请法院强制执行。

---

① 根据国际惯例，双方当事人可以在仲裁协议中规定仲裁员的人数和指定方式组成仲裁庭。如协议无规定，则按有关国家的仲裁法或仲裁机构的程序规则组成仲裁庭。如我国《仲裁法》规定，仲裁庭可以由 3 名或 1 名仲裁员组成。由 3 名仲裁员组成的，设首席仲裁员。

5. 执行强制性

仲裁与调解不同，裁决具有法律强制性的约束力。如不履行，则对方有权向法院申请强制执行。

（二）仲裁协议

1. 仲裁协议的形式

仲裁协议必须是书面的，有以下两种形式。

（1）合同中的仲裁条款（Arbitration Clause），是指争议尚未发生，交易双方在签订贸易合同时，就将可能发生的争议采取仲裁解决的内容以合同条款的形式表示出来。

（2）仲裁的协议（Submission），是指争议发生后，双方当事人订立同意把争议提交仲裁解决的协议。

2. 仲裁协议的作用

（1）表明双方自愿用仲裁方式解决争议。当争议发生后，双方当事人如协商调协不成，只能以仲裁防护司解决，不得向法院起诉。

（2）排除法院对争议的管辖权。如果一方违背仲裁协议，自行向法院起诉，另一方可根据仲裁协议要求法院不予受理。

（3）仲裁机构受理争议案件的依据。任何仲裁机构不得受理没有仲裁协议的争议案件。

（三）合同中的仲裁条款

合同中仲裁条款的内容主要包括仲裁地点、仲裁机构、仲裁效力、仲裁规则和仲裁费用的负担等内容。

1. 仲裁地点

仲裁地点是仲裁条款的核心。我国进出口贸易合同中对仲裁地点的规定，通常是根据具体情况，首先力争在中国仲裁，或选择在被申请人所在国仲裁，或在双方同意的第三国（地区）仲裁。需要注意的是，当采用在第三国仲裁的方法时，仲裁地点应选择仲裁法规允许受理双方当事人都不是本国公民的第三国，并且该仲裁机构具备一定的业务能力且态度公正。

2. 仲裁机构

仲裁机构包括常设的仲裁机构和临时仲裁庭。

常设仲裁机构有国际性的和全国性的。国际上常设的仲裁机构主要有：国际商会仲裁院、英国伦敦仲裁院、美国仲裁协会、日本国际商事仲裁协会等。我国的涉外仲裁机构是中国国际经济贸易仲裁委员会。

临时仲裁机构是为了解决特定的争议而组织的仲裁庭，争议处理完毕，临时仲裁庭即告解散。如果选择临时仲裁庭进行仲裁，双方当事人必须在仲裁条款或仲裁协议中明确规定指定仲裁员的办法、人数，组成仲裁庭的成员，是否需要设首席仲裁员等内容。

3. 仲裁效力

仲裁效力指仲裁机构对争议案件审理后所做的裁决对双方当事人是否有约束力，是否是终局性的，以及能否向法院上诉，要求变更裁决。在中国，由中国国际经济贸易仲裁委员会做出的裁决都是终局性的，对双方当事人都有约束力，任何一方都不许向法院起诉要求变更。

4. 仲裁规则

仲裁规则与仲裁机构有密切关系，在一般情况下，合同的仲裁条款中规定在哪个仲裁机构仲裁，就按该机构制定的仲裁规则办理。但是，有些国家的法律也允许根据双方当事人的约定，选择他们认为合适的仲裁地点以外的其他国家（地区）的仲裁机构的仲裁规则，但以不违反仲裁地国家仲裁法中的强制性规定为限。

5. 仲裁费用

在仲裁协议中一般明确规定，仲裁费用由败诉方承担，但也有的规定由仲裁庭决定。

例如，凡执行因本合同所发生的或与本合同有关的一切争议，双方应通过友好协商解决；如果协商不能解决，应提交××国××地××仲裁机构，根据该仲裁机构的仲裁规则进行仲裁。仲裁裁决属于终局性的，对双方均有约束力。

All disputes arising out of the performance of, or relating to this contract, shall be settled amicably through friendly negotiation. In case no settlement can be reached through negotiation, the case shall then be submitted to for arbitration, in accordance with its rules of arbitration. The arbitral award is final and binding upon both parties.

案例 8-3　仲裁案例

我国某公司与外商订立一项出口合同，在合同中明确规定了仲裁条款，约定在履约过程中如发生争议，在中国仲裁。后来，双方对商品品质发生争议，对方在其所在地法院起诉我公司，法院发出传票，传我公司出庭应诉。对此，你认为我公司应如何处理？为什么？

提示：本案例中买卖双方在合同中规定了仲裁条款，按仲裁条款规定，一旦发生争议，双方应自愿到仲裁机构进行裁决，并且裁决是终局性的 ，具有法律强制性。对方违反仲裁协议，自行到法院提出诉讼，我方可根据仲裁协议，要求法院停止司法诉讼程序，把争议案发还给我国仲裁庭审理。

小　结

商品检验是国际货物买卖的一个重要环节。商品检验是商检机构对卖方拟交付货物或已交付货物的品质、规格、数量、重量、包装、卫生、安全等项目进行的检验、鉴定和管理工作，以确定所交商品是否符合合同、有关法律、法规和标准。买卖双方在履行合同当中，如果发生不可抗力事故，遭受意外事故的一方可以免除履行合同的责任或延期履行合同，但必须及时通知对方和提供合格证明。如果买卖双方在履行合同的过程中由于种种原因发生违约行为而使对方受到损害，受损方可以提出索赔。如果买卖双方在买卖过程中发生争议，又不愿意诉诸法律解决，可以采用仲裁的方法。

思考题

（1）合同商检条款中对商品检验的时间和地点的规定有哪几种做法？

（2）为什么“装运港检验，目的港复验”在进出口业务中应用较广？

（3）检验证书有哪些种类？

（4）买卖合同中订立索赔条款有哪两种方式？分别包括什么内容？

（5）什么是不可抗力？构成不可抗力事件需具备哪些条件？

（6）什么是争议？解决争议的方式有哪些？

（7）什么是仲裁？仲裁有哪些特点？

（8）仲裁条款包括哪些内容？

案例分析

（1）合同中的检验条款规定："以装运地检验报告为准。"但货到目的地后，买方发现货物与合同规定不符，经当地商品检验机构出具检验证书后，买方可否向卖方索赔？为什么？

（2）A 国商人分别与 B 国和 C 国商人签订了出口合同，不久 A 国对 B 国宣战，进入战争装，A 国商人遂以不可抗力为由，宣布撤销上述两个合同。你认为 A 国商人的行为是否合理？

（3）我进口商向巴西木材出口商订购一批木材，合同规定："如受到政府干预，合同应当延长，以致取消"。签约后适逢巴西热带雨林破坏加速，巴西政府对木材出口进行限制，致使巴西出口商在合同规定期内难以履行合同，并以不可抗力为由要求我方延迟合同执行或者解除合同，我方不同意对方要求，并提出索赔。问：我方的索赔要求是否合理？

技能训练

请订立一个"卖方延期交货"的罚金条款。

第九章

交易磋商与合同订立

案例导引

我国某外贸企业有一批原材料待售，8 月 5 日该公司销售部以信件的形式向法国 A 公司发盘，并将原材料的数量、品质、价格等主要条款作了详细说明，后者很快回复“接受，但要求价格降至 20 美元”。我方经协商后向 A 公司回复要求价格调至 22 美元，A 公司来电表示“同意，但要求提供原产地证明”。我方未答复对方，也没有按期发货。10 月 20 日 A 公司来电要求我方按时发货，我方去电称“你方提出开具原产地证明书，我方并未回复，合同不成立”。但 A 公司坚持合同有效，并声称要通过法律程序解决。

问题：合同是否成立，为什么？

评析：根据《公约》规定：有关货物价格、付款方式、货物质量和数量、交货地点和时间、一方当事人对另一方当事人的赔偿责任范围或对发盘做出实质性修改视为还盘，但对非实质性修改（Non-Material Alteration），除发盘人在不过分延迟的时间内表示反对其中的差异外，一般视为有效接受。合同的条件以该发盘和接受中所提出的某些更改为准。在本案例中由于原产地证明书不属于还盘的实质性修改，因此，对方要求提供原产地证明书的回复不构成一项还盘，我方未回复即视为接受，合同成立。我方应按合同要求立即发货，并提供原产地证明书。

本章导读

“好的开始是成功的一半”，交易通常始于磋商。交易磋商是买卖双方进行交易的一个重要步骤，通过磋商环节能够消除买卖双方的分歧，使交易条件变得更加清晰，最终为合同的签订奠定基础。本章将主要介绍交易磋商前的准备工作、交易磋商的环节、合同成立的有效条件以及合同的形式和内容，通过本章学习可以对交易磋商及外贸合同有一个系统的认识，增强外贸谈判能力。

学习目标

掌握交易磋商中询盘、发盘、还盘和接受的含义及法律效力；

掌握国际货物买卖合同生效的有效条件；

掌握书面合同的构成要素；

熟悉合同磋商的形式和内容；

了解交易磋商前期的准备工作。

第一节 交易前的准备工作

磋商前的准备工作是一项政策性、策略性、技术性都很强的工作。磋商前的准备工作对交易磋商的成功十分重要。无论是进口还是出口，在交易磋商前，外贸企业都必须认真做好各项准备工作。准备工作做得越充分和细致，订立合同的过程就会越主动和顺利。

一、出口交易磋商前的准备工作

对外贸易的特殊性和复杂性决定了准备工作的范围异常广泛。出口交易磋商的准备工作主要包括以下几个方面。

（一）加强国外市场调研，选择适当的目标市场

在出口交易磋商前，外贸企业必须从国际市场的调研工作入手。通过各种途径广泛了解商品的供求情况、价格动态以及各国有关的贸易政策法规、措施和习惯做法等，以便从中选择适当的目标市场，合理进行市场布局。国外市场的调研主要从三个方面着手，即国别调研、市场调研和客户调研。

1. 国别调研

国别调研是对一个国家各种信息资料进行系统地收集、记录、分析和说明的过程，是国外市场调研的一项基础性工作。国别调研主要包括以下四个方面的调研：

（1）自然情况,即人口环境、地理位置、气候条件、自然资源、文化背景等；

（2）政治情况,即政治制度、对外政策、与我国的外交关系等；

（3）经济情况,即经济发展水平、人均收入和消费情况、产业结构、财政收入、经济发展状况等；

（4）外贸情况,即对外贸易政策、参加的国际公约和协定、对外贸易法律法规、外汇管制状况、海关税率、商检措施等。

2. 市场调研

市场调研是市场调查与市场研究的统称，它是企业根据特定的决策问题而系统地设计、搜集、记录、整理、分析及研究市场各类信息资料、报告调研结果的工作过程。在出口贸易中，外贸企业应在市场调研的基础上，分析有关市场对该商品花色、品种、规格、质量、包装、装潢的需要和偏好，根据国家的外贸方针政策和扩大出口市场的需要，适当选择和安排市场，合理布局。

3. 客户调研

客户调研是对国外客户资信情况和政治情况等方面的调研，通过全面调查，分类排队，正确选择交易对象，使对外贸易建立在安全收汇的基础上。调研内容主要包括客户背景调研、资信状况调研、经营范围和经营能力调研。

交易对象的资信情况不仅关系某笔贸易能否顺利进行，还决定着企业的兴衰成败。据国家外汇管理部门透露，截止到 2011 年 3 月末，境外拖欠我国企业外汇额已达 1000 亿美元，其中，60%以上的拖欠款为蓄意欺诈。很多外贸企业因外汇拖欠而陷入经营困境或倒闭。因此，国际贸易中，对客户进行资信调研十分重要。

案例 9-1　警惕预付货款骗局

我国唐山某贸易有限公司于 2009 年 9 月 25 日与巴西某公司签订了一笔总价为 100 万美的铁矿石精粉进口合同，合同规定 10 月 20 日前由我方预付 60%的货款 60 万美元，对方应在 12 月 30 日前完成交货。但我方按合同规定履行预付货款义务以后，直至 2010 年 1 月 20 日仍未见对方公司交货。当我方再次与巴西公司联系时，获悉该公司已经破产倒闭。在本案例中我方应吸取哪些教训？

提示：在开展国际贸易时，双方应对洽商企业的背景及其信用度进行深入调查，谨慎选择交易对象，以保证交易顺利进行。此外，在进口付汇时，应慎重选择预付款结算方式。如果采用预付款结算，应尽可能要求对方提供银行保函，以确保一旦对方违约，货款能够及时退回，避免不必要的经济损失。

（二）制订出口商品经营方案

出口商品经营方案是在一定时期内进出口公司根据国家的政策、法令对外销售商品和安排出口业务的具体方案，是对外洽商交易的依据。出口商品经营方案一般包括以下工作。

（1）落实商品的国内货源情况。组织和落实出口货源是制订出口经营方案时需要重点考虑的内容。这方面的工作包括了解商品的生产地、主销地、主要消费人群、实际生产能力、可供出口的数量，商品的特点、品质、规格、包装、价格、产量、库存等情况。

（2）分析国外市场情况。“知己知彼，百战不殆”，只有充分了解国外市场状况，才能更加准确地制定出口营销规划。国外市场情况调查包括市场容量、生产、消费、贸易的基本情况，主要进出口国家的交易情况，国外市场需求和价格变动趋势，对商品品质、规格、包装、性能、价格等各方面的要求，国外市场经营该商品的基本做法和销售渠道等。

（3）预测出口经营效果。在对国内外市场情况准确分析的基础上，预算出口经营效果，例如出口成本、创汇率、盈亏率的情况，初步提出经营的具体意见和营销安排。

（4）制订营销计划和措施。即按照国别、地区或按品种、数量、金额列明营销的计划进度以及按营销计划采取的措施。诸如企业采用的贸易方式、支付手段、结算办法、销售渠道、运输方式、对佣金和折扣的掌握等均需要在出口经营方案中予以明确。

（三）办理商标注册

出口商品的商标注册是出口准备工作中又一重要工作。按照有关法律规定，商标必须在出口国合法注册才能得到该国法律的承认和保护。过去，我国企业对商标在国外注册的工作不够重视，致使许多出口型企业的商标在国外市场被抢注或假冒，使我国出口企业蒙受巨大的经济损失。例如联想集团最早使用的英文商标 legend 就曾经在国外被多个国家抢注，为此，联想公司不得不花费了大量的人力、物力和财力重新塑造新的英文品牌 lenovo。近年来随着我国出口商品的增多，办理海外商标的注册工作刻不容缓。

二、进口交易磋商的准备工作

（一）进口商品的市场调查

在办理进口业务时，企业必须正确分析进口商品的技术经济效益以及主要供应国和主要生产厂商供应情况和价格趋势。在充分了解商品经营情况以及不同厂商的商品品质、价格、成交条件、交易者的资信状况的基础上，进行进口成本核算，从中选择对我方最有利的一家企业进行洽商。

（二）落实进口许可证件和外汇

目前，我国政府对某些商品实行进口许可证制度。所以企业在进口商品之前，必须先行查阅《海关税则》，落实进口商品是否需要办理进口许可证。如需办理进口许可证，则在与国外客户洽谈交易之前，必须向对外经济贸易管理部门申领进口许可证，才能着手办理进口订货业务。同时，企业必须保证外汇来源。

进口许可证制度

进口许可证制度是一国海关规定某些商品的进口必须申领许可证，没有许可证海关不予进口的制度，这是世界各国进口贸易行政管理的一种重要手段，也是国际贸易中一项应用较为广泛的非关税措施。

进口许可证制度作为一种行政手段，具有简便易行、收效快、比关税保护手段更有力等特点，因而成为各国监督和管理进口贸易的有效手段。发展中国家为了保护本国工业、贸易发展和财政需要，比较多地采用这种制度，而发达国家在农产品和纺织品等国际竞争处于劣势的领域也经常求助于进口许可证制来加以保护。进口许可证制是与关贸总协定的基本原则相违背的，如果这种作法运用不当，不仅会妨碍贸易的公平竞争、国际贸易流量，又容易导致对出口国实行歧视性待遇。

（三）审核进口订货卡片

按照现行办法，在办妥进口许可证件和落实用汇来源之后，用货部门应填写进口订货卡，作为企业对外订立合同和办理有关工作的依据。进口订货卡片包括商品名称、要求到货时间、目的港和目的地等内容。企业在进口业务部门取得订货卡片后，应根据平时积累的资料和当时的市场情况，对订货卡的各项内容进行必要的审核。

（四）研究制订进口商品经营方案

进口商品经营方案是指一个企业或部门对一定时期内欲进口商品的总体规划，是进口商对外洽商交易、采购商品和安排进口业务的主要依据。凡涉及大宗或重要商品的进口，一般都要在交易前制订进口经营方案，其主要内容大致包括以下几个方面。

（1）订货数量的确定。根据用货部门及国内需要的轻重缓急，结合国外市场的具体情况，合理安排订货数量和进度，在保证满足国内需求的情况下，争取在有利的价格条件下确定订货数量。

（2）采购市场的选择。根据国别/地区政策和国外市场条件，在保证商品的质量和经济效益的前提下，合理安排进口国别/地区，既要选择对我方有利的市场，又不宜过分集中在某一市场，力争实现采购市场的多元化。

（3）交易对象的选择。交易对象的选择是进口商品经营方案中的一个重要问题。必须要选择资信好、经营能力强并对我方友好的客户作为交易对象。此外，根据不同的进口商品，尽量选择商品制造厂商直接交易，以便减少中间环节，节约外汇。在直接采购有困难的情况下，也可以通过中间商代购。

（4）交易价格的把握。根据国际市场近期成交价格，并结合采购意图，拟定出价格变动的幅度，作为进口洽商的依据。此外，在谈判时还要充分考虑融资成本以及汇率变动等因素对价格的影响。

（5）贸易方式的运用。贸易方式的种类很多，如补偿贸易、易货贸易、来料加工、来件装配等，各种贸易方式具有不同的特点和利弊，应根据企业具体情况选择可行性较强、风险较小、收益较大的贸易方式。

（6）交易条件的掌握。关于国际贸易条件在以前章节已经详细叙述。应当注意的是，有些商品是受国家进口管制的，进口商必须先从有关国家机构办理进口许可证方能办理进口手续。另外，如果进口商还没有自营进口的权利，则必须先与有进口经营权的企业签订代理进口的合同，由后者代理进口其所需商品。

第二节 交易磋商的形式与内容

交易磋商又称贸易谈判，是指买卖双方以买卖某种商品为目的，通过一定程序就交易的各项条件进行洽商，以期达成交易的全过程。交易磋商的好坏直接关系将来买卖双方之间的权利、义务和经济利益，是签订货物买卖合同的基础。因此磋商谈判人员不仅要熟悉掌握国际贸易合同条款内容、订立方法，而且还要熟悉掌握交易磋商谈判的策略技巧，掌握国际贸易方面的各项政策、法规和惯例。

一、交易磋商的形式

交易磋商分为口头磋商和书面磋商两种形式。

（一）口头磋商

口头磋商也称面对面谈判，是指通过参加各种国际商品交易会、博览会、展销会、随团出访、邀请外商来访等形式面对面地协商有关交易条件，以期达成交易的全过程。此外，交易双方通过电话、视频等形式进行洽谈，也属于口头磋商。口头磋商有集体谈判和个人谈判两种形式。集体谈判适用于金额巨大或交易内容比较复杂、条件较多的情况，如涉及商务、技术、法律等多方面谈判内容的合同磋商；个人谈判适用于交易简单、金额较少的常规性贸易谈判。

口头磋商是交易双方面对面的直接交流。在这种磋商形式下，谈判双方更容易相互了解，并且可以根据谈判进展及时调整谈判策略，便于达到预期的谈判目的。因此，口头磋商有利于谈判双方产生互惠需求，建立长期的伙伴关系。

（二）书面磋商

书面磋商是指买卖双方通过信函、电报、传真、电传和电子邮件等通信方式进行的不见面的谈判。其中电传、电子邮件因其快捷、成本低廉的优势在实际业务中受到欢迎，并逐渐成为当今社会主要的协商方式之一。但应注意的是，传真件不能长期保存，而且容易作伪，其是否可以作为法律上有效的书面文件，当前法律尚无统一的规定。至于电子邮件及电子数据电文的电子签名、认证和电子数据效力等问题，目前各国法律和《公约》的有关规定不尽一致。因此最好以信函补寄正本文件或另行签订合同书，以掌握合同成立的可靠证据。

随着现代通信技术的发展，由于书面磋商成本费用低廉且越来越简便易行，在国际贸易中，已经形成一定规模。书面磋商适合于有潜在交易意向，或已有贸易往来，或需要寻求新的交易对象时采用。

二、交易磋商的内容

交易磋商的目的是为了达成交易，订立合同。因此，双方磋商的内容是围绕合同条款进行的，合同中的各项条款是交易磋商的核心内容。

合同中的各项条款按照在交易中的性质，可分为主要交易条款和一般交易条款。

主要交易条款包括货物的品名、质量、数量、包装、价格、装运、保险和支付八项内容，它们是国际货物买卖合同中不可或缺的条款，也是进出口交易磋商的必谈内容。

一般交易条款是指商品的检验、索赔、不可抗力和仲裁四项条款，其主要作用是保障交易的实施，预防争议的发生和解决争议。一般交易条款通常印在合同的背面，只要对方不提出异议，就不需要逐条磋商了。因此，一般交易条款又称为背面条款或者格式条款。当然，如果双方在洽谈时对合同中已印制的格式条款不能接受，则需要另行起草交易条款，并将其签订在合同中。关于这一点，我国《合同法》第 41 条明确规定："格式条款与非格式条款不一致的，应当选择非格式条款。"

不论是主要交易条款还是一般交易条款都是合同中不可分割的部分，具有同等的法律效力。为了提高合同的品质，避免争议和纠纷，企业在签订合同时任何一个条款都不能轻易忽略。

第三节　交易磋商的一般程序

在商务谈判中，交易磋商的基本程序包括询盘（Inquiry）、发盘（Offer）、还盘（Counter Offer）和接受（Acceptance）四个环节，其中发盘和接受是达成交易、合同成立的不可缺少的两个基本环节和必经的法律步骤。

一、询盘

询盘又称询价，是指交易的一方为了购买或出售某种商品，向对方询问买卖该商品的有关交易条件。询盘的内容可繁可简，一般涉及商品的价格、品质、规格、数量、包装运输等成交条件，也可以索取样品，其中大多数是询问价格。

在国际贸易业务中，买卖双方均可以发出询盘，通常采用下列一类词语来表示询盘，如：Please let us have information as to the price and quality of the goods.

询盘对买卖双方无法律约束力，在国际贸易中，其直接作用是传递消息，寻求贸易伙伴，是交易磋商的起点，但询盘并不是交易的必经环节。

二、发盘

（一）发盘的定义

发盘又叫发价或报价，法律上称要约。《公约》规定："凡向一个或一个以上的特定人提出的订立合同的建议，如果其内容十分确定并且表明发盘人有在其发盘一旦得到接受就受其约束的意思，即构成发盘。"

发盘是交易磋商中必不可少的一个环节，根据《公约》的规定，构成一项发盘，必须具备以下四个要素。

1. 发盘必须向一个或一个以上的特定人提出

所谓特定的人是指在发盘中指明个人姓名或企业名称的受盘人。《公约》规定：非向一个或一个以上的特定的人提出建议，仅视为发盘的邀请，除非提出建议的人明确表示相反意见。根据发盘的这个条件来分析，发盘必须指定可以表示接受的受盘人。不指定受盘人的发盘，应仅视为发盘的邀请，或称邀请做出发盘。例如：普通的商业广告或向广大公众散发商品目录、价目表等就不是发盘，因为它们的对象是公众，而不是特定的人，一般被视为"发盘的邀请"。

2. 表明发盘人受该发盘的约束

发盘人在发盘中应明确向对方表示，愿意按发盘的内容进行交易并订立合同。在发盘有效期内，发盘人不得任意撤销或修改其内容。一旦受盘人在有效期内表示无条件接受发盘内容，发盘人必须承担按发盘条件与对方订立合同的责任。表明发盘人受该发盘的约束的词句一般用"发盘"、"递盘"、"订购"、"报价"等字样表示。

3. 发盘的内容必须十分确定

根据《公约》第 14 条第 1 款的规定：发盘的内容必须十分确定（Sufficiently Definite）。所谓"十分确定"是指在提出的订约建议中，至少应包括下列三个基本要素：① 标明货物的名称；② 明示或默示地规定货物的数量或规定数量的方法；③ 明示或默示地规定货物的价格或规定确定价格的方法。凡包含上述三项基本因素的订约建议，即可构成一项发盘。但在实际业务中，如发盘的交易条件太少或者过于简单，会给合同的履行造成困难，甚至引起争议。因此，企业在对外发盘时，最好将主要交易条款和一般交易条款逐项列明。

4. 发盘必须送达受盘人

根据《公约》规定，发盘于送达受盘人时生效。如发盘在传递过程中丢失致使受盘人未能收到，则该发盘无效。

（二）发盘的有效期

发盘的有效期是指发盘中规定受盘人做出接受的期限，即受盘人表示接受的时间限制，超过发盘规定的期限，发盘人不受约束。发盘的有效期既是对发盘人的一种限制，也是对发盘人的一种保障。发盘的有效期通常有两种表示方式。

1. 有明确规定的有效期

（1）规定最迟接受期限。例如：9 月 15 日复到有效。但由于进出口双方所在地时间经常存在差异，因此发盘中应明确以何方所在地时间为准。一般情况下均以发盘人所在地时间为准。例：发盘限我方时间 9 月 15 日复到有效。

（2）规定接受的一段期间。例如：发盘 5 日内有效。发盘的有效期规定为接受的一段期间时，应注意计算"接受的一段期间"的起讫问题。计算有效期的起止时间一般依据《公约》规定，发盘人在电报或信件中订立的接受期间，从电报交发时刻或信封上载明的发信日期（无发信日期则依据信封上的邮戳日期）起算；发盘人以电话、电传或其他可立即传达到对方的方法订立的接受期间，从发盘到达受盘人时起算。在计算接受期间时，正式假日或非营业日应计算在内。但是，如果接受通知在接受期间的最后一天未能送达发盘人地址，是因为那天在发盘人的营业所所在地是正式假日或非营业日，则这段期间应顺延至下一个营业日。

此外，明确规定有效期时，企业应慎重选择有效期的长短：如有效期太短，则对方无暇考虑；如有效期太长，则发盘人承受风险加大。可见适度把握有效期长短对交易双方都很重要。当事人必须根据货物市场情况、双方距离以及通信方式不同合理确定。通常来说，发盘有效期以3～5天最为适宜。

2. 没有明确规定有效期

在通常情况下，如果发盘人没有对有效期做出明确规定，那么应理解为在合理时间内发盘有效。根据《公约》规定：采用口头发盘时，除发盘人发盘时另有声明外，受盘人只有当场表示接受才有效。其他方式则无明确规定。一旦发生纠纷则由仲裁机构或法庭根据具体情况而定。因此在国际贸易中应明确发盘的有效期。

案例9-2 关于发盘有效期的案例

2008年8月1日，我国某外贸企业在参加商品展销会时，向一名法国商人口头发盘，出售陶瓷工艺品1000件，每件100美元。对方当时未置可否。第二天，法商再次来访表述无条件接受我方发盘，并要求我方履行协议。此时我方已经收到该商品在国际市场上价格上涨的消息。对此，我方应如何处理？

提示：根据《公约》规定：采用口头发盘时，除发盘人发盘时另有声明外，受盘人只有当场表示接受才有效。在本案例中，我方8月1日发盘时，法商并未接受该发盘，合同不成立。待到8月2日时，我方发盘已经失效，因此对于法商的要求我方可以不予理会或者重新谈判。

（三）发盘生效、撤回、撤销、终止

1. 发盘的生效时间

按照《公约》第15条的解释，“发盘于送达受盘人时生效”。即发盘在到达受盘人之前并不产生对发盘人的约束力，受盘人只有在接到发盘后，才可考虑接受与否的问题。以口头方式做出的发盘，其法律效力自对方了解发盘内容时生效；以书面形式做出的发盘，其法律效力于发盘送达受盘人时生效。

关于发盘生效时间的确认的不同规定

英美法系认为对于以书面形式做出的发盘，其法律效力在发盘人将发盘发出的同时生效。即投邮主义（Despatch Theory），或称发信主义。《公约》规定，以书面形式做出的发盘，其法律效力在发盘送达受盘人时生效。即到达主义（Arrival / Theory），或称受信主义。我国《合同法》规定采用到达主义。

2. 发盘的撤回

发盘的撤回（With Drawal）是指发盘人在发盘送达受盘人之前予以取消的行为。

按照《公约》第 15 条第 2 款规定："一项发盘，即使是不可撤销的，也可以撤回，如果撤回的通知在发盘到达受盘人之前或同时到达受盘人。"这一规定是基于发盘到达受盘人之前对于发盘人没有产生约束力，所以，发盘人可以将其撤回。其撤回的条件是发盘人必须向受盘人发出撤回的通知，且该通知必须在发盘到达受盘人之前或与发盘同时到达受盘人。在实际业务中，如果发盘人发现发盘内容有误或其他原因想撤回或修改发盘，可以采用更迅速的通信方法将发盘撤回或更改的通知赶在受盘人收到该发盘之前或同时送达受盘人，发盘才可以撤回。但在现代通信技术条件下，发盘撤回的可能性越来越小。

3. 发盘的撤销

发盘的撤销（Revocation）是指发盘人在发盘送达受盘人后，即发盘生效之后，将发盘取消，使其失去效力。

《公约》规定，在发盘已送达受盘人，而受盘人尚未表示接受之前这一段时间内，只要发盘人将撤销通知送达受盘人，仍可将其发盘撤销。但是，受盘人一旦发出接受通知，则发盘人就不能撤销发盘。此外，《公约》还规定，在下列两种情况下，发盘不得撤销：① 在发盘中规定了有效期，或以其他方式表示该发盘是不可撤销的；② 受盘人有理由信赖该发盘是不可撤销的，并本着对该发盘的信赖采取了行动。

我国《合同法》也规定："要约可以撤销。撤销要约的通知应当在受要约人发出承诺通知之前到达受要约人。"同时又规定："有下列情形之一的，要约不得撤销：① 要约人确定了承诺期限或者以其他形式明示要约不可撤销；② 受要约人有理由认为要约是不可撤销的，并已经为履行合同作了准备工作。"

由此可见，发盘基本是不可撤销的。因此，在对外发盘时，必须认真对待，审慎从事，谨防差错，以免造成难以挽回的损失。

关于发盘撤销的不同规定

关于发盘能否撤销的问题，英美法系与大陆法系存在明显的分歧。

英美法系认为：在受盘人表示接受之前，即使发盘中规定了有效期，发盘人也可以随时予以撤销发盘，这显然对发盘人有利。

大陆法系国家对此问题的看法相反，他们认为：发盘人原则上应受发盘的约束，不得随意将其发盘撤销。例如：德国法律规定，发盘在有效期内，或没有规定有效期则依照通常情况在可望得到答复之前不得将其撤销。

4. 发盘效力的终止

发盘效力的终止是指发盘人不再受发盘的约束，受盘人失去接受发盘的权利。发盘效力终止的原因很多，归纳起来，主要有以下几种情况。

（1）在发盘规定的有效期内未被接受，或虽未规定有效期，但在合理时间内未被接受，发盘的效力终止。

（2）发盘被发盘人依法撤回或撤销，发盘的效力终止。

（3）被受盘人拒绝或还盘之后，即拒绝或还盘通知送达发盘人时，发盘的效力终止。

（4）发盘人发盘之后，发生了不可抗力事件，如所在国政府对发盘中的商品或所需外汇发布禁令等。在这种情况下，按出现不可抗力可免除责任的一般原则，发盘的效力终止。

（5）发盘人或受盘人在发盘被接受前丧失行为能力（如得精神病等），则该发盘的效力终止。

案例 9-3 关于发盘撤销的案例

6月5日，加拿大A公司向我国某电子集团公司提出出售集成电路板20万块，每块FOB维多利亚港25美元的发盘。我方接到发盘后，于6月7日去电还盘，请求将集成电路板的数量减少到10万块，价格降为20美元/块，并要求对方即期装运。6月10日，A公司电传告知我国某公司，同意把集成电路板的数量减少到10万块，保证能即期装运，但集成电路板的价格每块只能降到22美元，同时规定，新发盘的有效期为10天。接到新发盘后，我方经多次研究，决定接受该新发盘，并于6月15日向A公司发出电传，表示接受新的发盘。6月18日，A公司再次发来电传声称，货已与其他公司签约售出，现已无货可供，要求取消6月10日的发盘。6月19日，我方复电："我公司已按10万块集成电路板制订生产计划，不同意撤销6月10日的发盘，请贵公司执行合同。"A公司则称："发盘已经撤销，合同无效。"问合同是否成立，并说明理由？

提示：本案涉及的关键是有效发盘的撤销问题。根据《公约》规定，在下列两种情况下，发盘不得撤销：

① 在发盘中规定了有效期，或以其他方式表示该发盘是不可撤销的；

② 受盘人有理由信赖该发盘是不可撤销的，并本着对该发盘的信赖采取了行动。

在本案中，A公司6月5日向我国某公司的报盘，在6月7日由我公司做了还盘，因而6月10日A公司再次向我方公司发盘，这项新的发盘规定了发盘期限，该新发盘在送达我方公司后，我方公司电传接受新发盘时合同即告成立并发生法律效力。A公司6月18日电传撤销6月10日的新发盘，但因6月15日我方公司已对A公司6月10日的新发盘作出了接受的电传，并制订了相应的生产计划，因此，A公司6月18日电传所做的撤销发盘的行为是无效的，即6月10日的发盘是不能撤销的，合同成立。

三、还盘

还盘又称还价或者拒绝要约，在法律上称为反要约，是指受盘人对发盘的内容不完全同意而提出修改或变更的表示。即还盘是对发盘的拒绝或否定。一项发盘一旦被受盘人还盘，原发盘即失去效力，原发盘人就不再受其约束。所以还盘人不得在还盘后再接受原发盘，即使在原发盘的有效期内也如此，除非原发盘人对该项"接受"给予确认。从法律上讲，还盘并非交易磋商的必经环节，然而在实际业务中，交易磋商中还盘的情况很多，特别是复杂的交易经常需要多次还盘才能最后达成交易。

四、接受

（一）接受的含义

接受在法律上称为"承诺"，是指受盘人在规定的有效期内，以声明或行为表示同意发盘人提出的交易条件，受盘人对发盘（或还盘）一旦表示接受，合同即告成立。发盘（或还盘）中的交易条件对发盘人（或还盘人）、受盘人都构成法律约束力。可见，接受与发盘一样，既是一种商业行为又是一种法律行为。

根据《公约》规定：① 受盘人声明或做出其他行为表示同意一项发盘，即是接受。缄默或不行动本身不等于接受。② 接受于表示同意的通知送达发盘人时生效。如果接受的通知在发盘所规定的时间内或一段合理的时间内未送达发盘人，接受无效。对口头发盘必须立即接受，但特别情况不在此限。

（二）构成接受的要件

根据《公约》规定，一项有效的接受应符合下列条件。

（1）接受必须由受盘人做出。发盘是向特定人提出的，因此，接受也只能由受盘人做出才具有法律效力。任何第三者所做出的接受均是无效的接受，不具有法律效力。但可以作为一项新的发盘，经原发盘人予以确认后合同成立。

（2）接受必须表示出来，缄默或不行动本身不等于接受。受盘人表示接受的方式有以下两种。① 用声明（Statement）做出表示，即受盘人用口头或书面形式向发盘人表示同意发盘。在实际业务中，发盘人如果以口头形式发盘，受盘人一般也要以口头形式接受。发盘人如果以书面形式发盘，受盘人一般也要以书面形式接受。② 用做出行为（Performing an Act）来表示，通常是由卖方发运货物或由买方支付价款来表示。

（3）接受必须是无条件同意发盘提出的交易条件。从原则上讲，对发盘的内容有增减或者修改，即为拒绝，该项发盘构成还盘。但根据《公约》规定“有关货物价格、付款方式、货物质量和数量、交货地点和时间、一方当事人对另一方当事人的赔偿责任范围或对发盘做出实质性修改视为还盘，但对非实质性修改（Non-Material Alteration），除发盘人在不过分延迟的时间内表示反对其中的差异之外，一般视为有效接受；同时合同的条件以该发盘和接受中所提出的某些更改为准”。可见，在实际业务中，外贸企业必须准确区分发盘条件的添加或者更改是否属于实质性修改，及时做出适当的决策。

案例 9-4 关于 A 公司还盘的案例

我国某公司 8 月 4 日向法国 A 公司发盘“中国大豆 1000 吨，每吨 220 美元，CIF 纽约，11 月装运，即期 L/C，即 8 月 10 日复到有效”。A 公司于 8 月 8 日回电，“接受你的发盘，立即装运”，并于 8 月 10 日开来信用证。这时大豆价格上涨，我方立即退回信用证。我方这样做是否合理？为什么？

提示：合理。根据《公约》的规定，受盘人对货物的价格、付款、品质、数量、交货时间与地点、一方当事人对另一方当事人的赔偿责任范围或解决争端的办法等条件提出添加或更改，均作为实质性变更发盘条件。在本案例中 A 公司要求我方立即装运，即对我方发盘中的装运期进行修改，属于实质性变更，构成还盘，致使我方原发盘失效。因此我方以对方更改装运条款为由退回信用证，是完全合理的。

（4）接受必须在发盘有效期内送达发盘人。发盘通常都具有有效期，受盘人必须在发盘规定的有效期内（若发盘未规定具体有效期，则在“合理时间”内）做出接受的表示并送达发盘人，才具有法律效力。

（5）接受的传递方式应符合发盘的要求。即如果发盘人在发盘时对接受的传递方式有具体规定，则必须按照该种方式传递。如果发盘没有规定传递方式，则受盘人可按发盘所采用的或比其更快的传递方式将接受通知送达发盘人。

（三）接受生效的时间

接受是一种法律行为，这种行为何时生效，各国法律有不同的规定。

（1）英美法系采用“投邮生效”的原则，即接受通知书一经投递或发出，立即生效。

（2）大陆法系和《公约》采用“到达生效”的原则，即接受通知书必须到达发盘人才生效。《公约》第8条第3款还规定，如根据发盘或依照当事人业已确定的习惯做法或惯例，受盘人可以做出某种行为来表示接受，无须向发盘人发出接受通知。即接受还可以在受盘人采取某种行为时生效。例如：发盘人在发盘中要求“立即装运”，受盘人可做出立即发运货物的行为对发盘表示同意，而且这种以行为表示的接受，在装运货物时立即生效。合同即告成立，发盘人就应受其约束。

（四）逾期接受

接受通知超过发盘的有效期才到达的接受称为逾期接受（Late Acceptance）。按各国法律规定，逾期接受无效，但可视为一项新的发盘。 但《公约》规定，只要发盘人毫不迟延地用口头或书面通知受盘人，认为该项逾期的接受可以有效并愿意承受逾期接受的约束，合同仍可于接受通知送达发盘人时生效。如果发盘人对逾期的接受表示拒绝或不立即向受盘人发出通知，则该项逾期接受无效，合同不能成立。

《公约》还规定，如果载有逾期接受的信件或其他书面文件显示，依照当时寄发情况，只要传递正常，它本来是能够及时送达发盘人的，则此项逾期接受应当有效，合同于接受通知送达发盘人时成立。除非发盘人毫不迟延地用口头或书面方式通知受盘人，认为其发盘因逾期接受而失效。

可见，逾期接受是否有效，关键要看发盘人如何表态。

案例9-5　关于逾期接受的案例

我国某出口企业于9月2日向外商发盘供应盘锦大米2000公吨，9月8日复到有效，但外商表示接受的电传于9月9日上午送到我方，当时我方立即以电话通知对方其接受有效，并着手备货。一周后，大米价格剧烈下跌，外商于9月17日来电称：“9日电传在你方发盘已失效时做出，属无效接受，故合同不能成立。”你认为外商这一说法合理吗?

提示：不合理。根据《公约》规定，只要发盘人毫不迟延地用口头或书面通知受盘人，认为该项逾期的接受可以有效，愿意承受逾期接受的约束，合同仍可于接受通知送达发盘人时订立。在本案例中，虽然我方发盘有效期是9月8日，但是我方立即以电话通知法商接受有效，外商并未表示异议，合同成立，所以外商说法不合理。

（五）接受的撤回或修改

《公约》规定，如果撤回通知于接受原发盘应生效之前或同时送达发盘人，接受可以撤回。如接受已送达发盘人，合同即告成立，就不得撤回接受或修改其内容。撤销一项已生效的接受，实质上等于撤销一项合同，即构成违约，必须承担相应的法律责任。

第四节 书面合同的订立

在国际贸易中，买卖双方无论是通过口头磋商还是书面磋商，只要各项交易条件达成一致，即其中一方的发盘被另一方接受时，在法律上就确立了合同关系。

一、合同生效的要件

一项合同，除买卖双方就交易条件通过发盘、接受达成协议外，还需要具备以下条件才能成为一项具有法律约束力的合同。

（一）合同当事人必须要有签订合同的行为能力

签订买卖合同的当事人，主要为自然人或法人。所谓自然人签订合同的行为能力是指精神正常的成年人才能订立合同；所谓法人签订合同的行为能力，各国法律一般认为法人必须通过其代理人在法人的经营范围内签订合同，越权合同不能发生法律效力。如无外贸许可权的企业无权订立外贸合同。同时，签订合同的企业法人和自然人都必须具有法律行为能力，没有法律行为能力的人或限定法律行为能力的人，如未成年人、精神病患者和醉酒的人等都被视为没有签订合同行为能力的人。

（二）合同必须具有对价或约因

英美法系和大陆法系规定合同只有在有对价或约因时，才是法律上有效的合同。无对价或无约因的合同，是得不到法律保障的。英美法系认为对价（Consideration）是指当事人为了取得合同利益所付出的代价。大陆法系认为，约因（Cause）是指当事人签订合同所追求的直接目的，即合同中一方所享有的权利应该以对方的义务为基础，对方的权利以这一方的义务为代价，双方都具有相应的权利和义务。如卖方交货，买方付款，互为有偿。

（三）合同的标的和内容必须合法

合同的标的是指合同中的货物和货款，合同的内容是指合同的各项条款。合同的标的和内容均不得违反法律、公共秩序或公共政策以及风俗或道德，否则合同无效或可以被撤销。

（四）合同必须符合法律规定的形式

《公约》规定："买卖合同无须以书面订立或书面证明，在形式方面也不受任何其他条件的限制。销售合同可以用包括证言在内的任何方法证明。"但我国《合同法》规定："当事人订立合同有书面形式、口头形式和其他形式。法律行政法规规定采用书面形式的，应当采用书面形式。"书面形式是指合同书、信件和数据电文（包括电传、传真、电子数据交换和电子邮件）等可以有形地表现所载内容的形式。我国签订的贸易合同均要以书面形式订立，否则合同无效。

（五）合同当事人的意思表示必须真实

合同的各项交易条件必须真实地反映缔约方的意愿。采用欺诈或胁迫手段而订立的合同在法律上是无效的，或者是可以撤销的。

案例 9-6 关于电子合同的案例

我国某公司就某项产品贸易的进口事宜与国外某客户进行洽谈，经过双方多次的函电往来，最终使交易得以达成。根据双方的函电往来表明，对方应于 2010 年 10 月前向我方交货，而时至 2010 年 12 月，对方仍未按规定交货。我方曾多次要求对方履行合约，对方却以未订立正式书面合同为由否认合约已达成。问：① 双方的交易是否已达成？为什么？② 我方应如何处理此案例？

提示：① 双方的交易已经达成。根据我国的《合同法》规定，我国与国外当事人订立的国际货物买卖合同必须采用书面形式，书面形式包括电报和电传。此案中，我国某贸易公司与国外某客户之间的交易是经过双方多次的函电往来达成的，尽管双方未签订正式的书面合同，但双方函电往来的内容已构成了合同生效的要件，所以，双方的交易已经达成。② 就此案例，我方应责成对方履行合同，按双方的约定尽快向我方提供贸易出口，另外，我方仍保留索赔的权利。

二、书面合同的形式

在国际上，对书面合同的形式没有特定的限制，有正式的合同、确认书，也有协议、备忘录等多种形式。在我国进出口业务中，书面合同主要采用“合同”、“确认书”两种形式。

合同的内容比较全面，除商品的名称、规格、包装、单价、装运港、交货期、付款方式、运输标志、商品检验条款外，还有异议索赔、仲裁、不可抗力等条款。合同有利于明确双方的责任，避免贸易纠纷。一般适用于大宗商品或交易金额较大的交易。

确认书是一种简式合同，它的内容一般包括：商品的名称、规格、包装、数量、单价、交货期、装运港和目的港、付款方式、运输标志、商品检验等项主要条款。但对于异议索赔、仲裁、不可抗力等条款一般不予列入。一般适用于金额不大、批数较多的小土特产品、轻工产品或者已订有代理、包销等长期协议的交易。

三、书面合同的基本内容

在进出口贸易中，书面合同的内容一般包括三个部分：约首部分、基本条款、约尾部分。

（一）约首部分

约首（Preamble），顾名思义是指合同的序言部分，包括合同名称、缔约双方的名称和地址（要求写全称）、合同编号、订约时间、订约地点、买卖双方订立合同的意愿和执行合同的保证等。

（二）基本条款

基本条款（Body）是合同的核心内容，它详细地列明了买卖双方的各项交易条件或条款。这些条款体现了买卖双方当事人的权利和义务。合同的基本条款主要包括品名条款、品质条款、数量条款、包装条款、价格条款、运输条款、保险条款、商检条款、索赔条款、支付条款、免责条款、仲裁条款、法律适用条款、备注等内容。

（三）约尾部分

约尾（Witiness Clause）是合同的结尾部分。一般包括合同的正本份数、副本效力、使用的文字及其效力、缔约双方的签字等。

小结

本章重点介绍了两个方面的问题，即交易的磋商和合同的订立。国际贸易合同的订立，必须经过买卖双方就各项交易条件进行磋商后才能达成协议。交易磋商的形式有口头磋商和书面磋商两种。交易磋商的程序包括询盘、发盘、还盘和接受四个环节，其中发盘和接受是不可缺少的两个环节，具有法律效力。一方发盘经对方接受，交易达成，合同成立。在签订合同时，合同的形式、内容要符合法律和合同的要求，有效合同才能受到法律的保护，最大限度地避免贸易纠纷。

思考题

（1）简述磋商的程序。

（2）简述书面磋商的内容。

（3）什么是发盘？简述构成有效发盘的条件。

（4）如何认定发盘的有效期？

（5）发盘的撤回和发盘的撤销有何不同？

（6）简述发盘效力终止的原因。

（7）什么条件下发盘不可以撤销？

（8）简述构成有效接受的必要条件。

（9）书面合同的内容包括哪些？

（10）简述合同生效的必要条件。

案例分析

（1）我国某外贸企业于 8 月 10 日以传真方式发盘，销售东北大豆，200 美元 CIF 洛杉矶，即期信用证支付，并规定“限 8 月 17 日复到有效”，国外客户于 8 月 15 日回复“同意，但要求将即期信用证改为远期信用证且见票后 30 天即付”。我方不同意，8 月 16 日对方又发来电传，表示无条件接受我方 8 月 10 日发盘，问此笔交易是否达成？

（2）我国外贸企业于 8 月 20 日向美国厂商发盘，该发盘限 7 日复到有效，美商于 8 月 30 日电传我方表示接受，我方立即电告对方接受有效，并着手备货。随后国际市场价格大跌，美商来电称 30 日电传已经超出发盘有效期，属于无效接受，认为合同关系不成立。问美商的做法是否合理？

（3）法国A公司向中国B公司发盘："供应50台拖拉机，每台CIF北京4000美元，合同订立后三个月装船，不可撤销即期信用证付款。请电复。"B公司还盘："接受你的发盘，在订立合同后即装船。"问：双方的合同是否成立？为什么？

（4）我国某建筑公司于10月3日电传美国某供应商发盘出售一批钢材。我方在电传中声明：这一发盘是为了计算一幢大楼的标价和确定是否参加投标之用，我方必须于10月15日向招标人送交投标书，而开标日期为10月24日。美国供应商于10月10日就上述钢材向我方发盘。我方据以计算标价，并于10月15日向招标人递交投标书。10月20日供应商因钢材市价上涨，发来电传通知撤销10月10日的发盘。我方当即复电表示不同意撤盘。于是，双方为能否撤销发盘发生争执。及至10月24日招标人开标，我方中标，随即电传通知美国供应商我方接受该企业10月10日的发盘。但美商坚持该发盘已于10月20日撤销，合同不能成立。而我方则认为合同已经成立。对此，双方争执不下，提交仲裁。试问，如果你是仲裁员，将如何裁决，并说明理由。

（5）我国某进出口公司向国外某客商咨询，欲出售某商品，不久我方收到外商发盘，有效期至7月22日。我方于7月24日用电传表示接受对方发盘，对方一直没有音讯。后因该商品供求关系发生变化，市价上涨。8月26日对方突然来电要求我方必须在8月28日前将货物发出，否则，我方将要承担违约的法律责任。问：我方是否应该发货，为什么？

技能训练

（1）我国外贸企业于8月25日上午9点30分向国外客户以电报的方式发盘，公司原定价为300美元CIF旧金山，但是由于我方工作人员疏忽，将单价300美元CIF旧金山误报为300人民币CIF旧金山，请问在下列三种情况下，我方应如何处理？

① 我方在当天上午11点时发现问题；

② 我方在第二天上午11点时发现问题，对方尚未接受；

③ 我方在第二天上午11点时发现问题，对方已经接受；

（2）我国A公司向美国B公司洽购钢材，两家公司进行交易磋商的过程如下：

① 7月1日，A公司向B公司拟订购钢材20吨，请B公司报价；

② 7月4日，B公司回复热轧带钢产品每吨950美元CIF旧金山，有效期为15天；

③ 7月6日，我方收到电传，经研究报价每吨930美元CIF旧金山，有效期为10天；

④ 7月10日，我方收到电传，B公司同意我方报价；

⑤ 7月12日，B公司来电取消7月10日电传，我方收到后未作答复。

问：① 分析电传的交易性质；

② A公司与B公司之间合同是否成立，阐明原因。

第十章

合同的履行

案例导引

我国某出口公司与法国A公司签订贸易合同，出口一批货物，并与8月10日收到银行开来装船期为8月25日有效期为9月5日的不可撤销信用证。经审核与合同相符，其中保险金额为发票金额的100%。我方正在备货期间，法国A公司通过银行传递给我方一份信用证修改书，要求我方将保险金额改为发票金额的110%，我方没有回应，仍按原信用证规定投保发货，并于9月1日向议付行议付货款。议付行议付货款后将全套单据寄开证行，开证行以保险单与信用证修改书不符为由拒付。

问题：开证行拒付理由是否成立，为什么？

评析：开证行拒付理由不成立。根据跟单信用证统一规定，不可撤销信用证一经开出在有效期内未经信用证各有关当事人的同意，开证行不得单方面修改或撤销信用证。同时，在受益人对信用证的修改表示同意之前，原信用证的条款仍然有效。在本案例中，我方收到信用证修改通知后，并没有表示同意，并仍按原信用证发货投保，以行动表示我方拒绝修改。因此信用证修改不成立，开证行不得拒绝付款。

本章导读

合同的履行是实现合同目的的最关键的环节，直接关系合同当事人的利益。因此，合同的履行已经成为国际贸易中最容易出现争议的问题。在合同的履行过程中，主要以货（货物）、证（信用证）、船（租船装运）、款（货款收付）四个环节最为重要。本章将分两节内容介绍出口贸易合同的履行和进口贸易合同的履行，并列举进出口所需的各种单据。

学习目标

掌握催证、审证和改证的方法及注意事项；

掌握开立信用证的方法；

掌握进出口索赔的方法；

熟悉备货、报检、租船订舱、报检、保险、报关、装运等手续的办理；

熟悉出口结汇和出口退税的做法；

了解进出口合同履行的过程。

第一节　出口合同的履行

在出口贸易中，由于交易双方所采用的贸易术语和支付方式不同，其履约的程序也有所不同。例如：如果采用托收方式和 CIF 价格术语成交的合同，出口方履约的程序为：备货、签约委托协议、租船订舱、报检、投保、报关、装运、制单、交单和结汇；如果采用信用证方式和 CIF 价格贸易术语成交，那么其程序则为备货、催证、审证、改证、租船订舱、报检、投保、报关、装运、制单、交单和结汇。在我国出口贸易中普遍使用的是信用证支付方式和 CIF 价格贸易术语成交。在这些履约环节中，以货（货物）、证（信用证）、船（租船装运）、款（货款收付）四个环节最为重要。

一、备货

备货是指卖方根据出口合同的规定，按时、按质、按量地准备好应交的货物，并做好包装、刷唛等工作，并对要求检验和需要申领出口许可证的商品做好申请报验和领证工作。

备货工作是卖方履行合同的基础，在出口备货时应注意下列事项。

（1）保证货物的品质、规格、花色与合同和信用证规定相符。

（2）货物的数量与合同和信用证规定相符，一般情况下，备货的数量应比合同规定的稍多一些，如发现货物短缺或损坏时，能及时补充或更换。

（3）货物的包装和唛头必须符合合同和信用证规定及运输要求。

（4）备货的时间应与合同和信用证规定的装运期以及船期紧密衔接，保证按时装船。

（5）交付货物必须是第三方不能根据工业产权或其他知识产权提出任何权利或请求的，即卖方应保证对所售货物享有合法的所有权。

二、催证、审证和改证

催证、审证和改证这三项工作主要适用于以信用证方式结算的出口合同，是保证卖方交货的前提，是安全收汇和得到资金融通的保证。

（一）催证

催证是指在采用信用证支付方式下，当进口商未按合同规定的时间开来信用证或出口商根据货源和运输情况可提前装运时，出口商通过通信方式或其他方式催促对方迅速开出信用证的业务环节。

在正常情况下，买方信用证最少应在货物装运期前 15 天开到卖方手中。对于资信情况不是很了解的新客户原则上坚持在装运期前 30 天或 45 天甚至更长的期限开立，必须配合生产加工期限和客户的要求灵活掌握信用证的开证日期。在实际业务中，国外客户在遇到市场行情变化或缺乏资金的情况下，往往拖延开证，因此出口商应及时检查买方的开证情况。

案例 10-1　关于信用证开立时间的案例

我国某出口公司与美国 A 公司签订销售合同，出售一批机械零部件，价值 10 万美元。合同规定 8 月底以前开来信用证，9 月 20 日装船。该商品是以销定产，我方为此安排工厂加班生产。但到 9 月 15 日，仍未见 A 公司开来信用证，经一再催证，对方回电因市场发生变化，需要更改零部件规格后方能开证，但此时大部分货物已备妥，已无法更换，对此如何处理？我方应吸取哪些教训？

提示： 我方应按照合同要求 A 公司履行合约。如果 A 公司仍然拒绝开来信用证，我方应根据合同提起诉讼，并向 A 公司提出索赔。在本案中我方应该吸取的教训是，在信用证付款方式下，一定要买方开立信用证之后，卖方才能开始备货。尤其是以销定产的合同，一旦买方违约，将很难再找到买主，更应该在对方开立信用证之后，才能开始着手备货，以避免不必要的麻烦。

（二）审证

信用证是依据合同开立的，信用证内容应该与合同条款一致。但在实际业务中，由于种种因素，如工作疏忽、电文传递错误、贸易习惯不同、市场行情变化或进口商有意用开证的主动权加列有利于他方利益的条款等，往往会出现开立的信用证条款与合同规定不符。为确保收汇安全和合同顺利执行，防止在经济上和政治上造成我方不应有的损失，我方应该在国家对外政策的指导下，对不同国家、不同地区以及不同银行的来证依据合同进行认真的核对与审查。审核信用证主要是由银行（通知行）和出口企业共同进行。

1. 银行审证

银行主要从以下三方面重点审核开证行的政治背景、资信能力、付款责任、索汇路线以及信用证的真伪等内容。

（1）从政策上进行审核。主要审查信用证各项内容是否符合我国的方针政策以及是否具有歧视性内容等。如果有，则须根据不同情况向开证行交涉。

（2）对开证行的审核。主要对开证行所在国家的政治经济状况、开证行的资信能力、经营作风等进行审查。对于资信欠佳的银行应酌情采取适当的保全措施。

（3）对信用证性质与开证行付款责任的审核。在出口业务中，我方不接受带“可撤销”字样的信用证；对于不可撤销的信用证，如附有限制性条款或保留字句，使“不可撤销”名不符实，应要求对方修改或拒绝接受。

2. 出口企业审证

出口企业主要审核信用证的内容与买卖合同是否一致。具体包括以下几个方面。

（1）对信用证金额与货币的审核。即审核信用证金额、币别是否与合同金额、币别一致，以及信用证上金额总值的阿拉伯数字和大写文字是否一致。如合同订有溢短装条款，还应注意在数量增减的同时，信用证金额是否有所增减。

（2）对有关货物条款的审核。主要是对商品的品质、规格、数量、包装等依次进行审核，如发现信用证内容与合同规定不一致，原则上必须要求对方修改信用证。

（3）对信用证的装运期、有效期和交货地点的审核。信用证的装运期必须与合同的规定一致。如国外信用证迟开，无法按期装运，应及时要求国外买方延展装运期限。信用证的有效期一般规定在装运期限后 7~15 天，以方便卖方制单；关于信用证的交单地点，应该与信用证所规定的兑付方式一致。通常要求在中国境内，而对于在国外到期的信用证，一般不予接受。

（4）对开证申请人和受益人的审核。开证申请人、受益人的名称和地址与合同所开列的名称和地址必须一致，以防错发错运，保证收汇安全。

（5）对提交单据的审核。主要对信用证中要求提供的单据种类、份数及填制方法等进行审核，如发现有不符合正常规定或我方难以办到的事项，则应要求对方修改信用证。

（6）对其他运输条款、保险、商检等条款的审核。信用证对分批装运、转船、保险险别、投保加成以及商检条款的规定与合同必须一致，如有不符，应要求对方修改。

（7）对特殊条款的审核。审证时，如发现超越合同规定的附加或特殊条款，一般不应轻易接受，如对我方无太大影响，也可酌情接受一部分。

“四排队”、“三平衡”法

我国外贸企业通过长期处理进出口业务总结出“四排队”、“三平衡”法。“四排队”是指以买卖合同为对象，根据合同项下的货物是否备妥、信用证是否开到，按四种情况进行排队，即“有证有货”、“有证无货”、“无证有货”、“无证无货”；“三平衡”是指以信用证为依据，根据信用证规定的装运期和到期日的远近，结合货源和运输能力的具体情况，分清轻重缓急，力求做到证、货、船三方面的衔接和平衡。

（三）改证

改证是指如果在审核过程中发现信用证与合同规定不符，则必须要求国外客户通过开证行进行修改。

信用证的修改要求通常由出口人（受益人）提出，但有时也由进口人主动向开证行提出。对此须经开证行同意后，由开证行经通知行转告出口人，并经出口人同意接受后才能生效。如出口人拒绝接受，则此项修改不能确定，信用证仍以原款为准。

改证时需要注意以下事项。

（1）对于需要修改的内容应一次向国外客户提出，尽量避免一证多改。以免增加双方的手续和费用，造成不良影响。

（2）收到银行信用证修改通知书后，应再次进行审核，如所修改内容仍难以接受，则应及时退回。

（3）如果一份信用证包括两个或两个以上内容的修改时，要接受必须全部接受，否则全部拒绝，部分接受修改内容无效。

（4）对于已接受的信用证修改书，应立即将其与原证附在一起，并注明修改次数，以免与原证脱节，造成信用证条款不齐，影响企业办理议付手续。

（5）必须在收到通知银行的“修改通知书”后，才能办理装运事宜，绝不可仅凭买方通知“证已照改”或其他类似的词句的通知就发货装船。

案例 10-2 信用证修改案例

我国某出口公司与法国企业签订货物出口合同，定于4月30日发货。4月2日我方收到国外A银行开来的信用证，经我方审核无误。4月10我方又收到信用证项下的改证通知，要求将装运期改为4月20日，并修改了货物描述等内容，我方立即向A银行发出书面确认，拒绝修改，并于4月30日发货。5月10日我方向A银行寄单索汇，A银行以货物迟装为由拒付，并准备退单。请问A银行拒付是否合理，为什么？

提示：A银行拒付不合理。根据规定“改证必须经开证行同意后，由开证行经通知行转告出口人，并经出口人同意接受后方为有效。如遭出口人拒绝接受，则此项修改不能确定，信用证仍以原款为准”。在本案中，我方拒绝修改信用证，并按时发货，并无过错，因此A银行拒付理由是不成立的。

三、办理货运、投保、报检、报关

在备妥货物和审核信用证无误后，出口方应及时办理租船订舱、保险、报检和报关等手续，并按信用证和合同规定将货物装船出口。

（一）租船订舱

在CIF或CFR条件下，租船订舱是卖方的责任之一。对于出口数量较大、需要整船运载的货物，卖方可租船运输；对于出口数量不大，不需整船装运的货物，可安排班轮或租定部分舱位运输。租船订舱的基本程序如下。

（1）出口商缮制海运货物订舱委托书后，向货运代理公司签发，并委托货运代理公司代理租船订舱。

（2）货运代理公司接受货主委托后，向船公司或船公司代理签发海运出口托运单，办理租船订舱手续。

（3）船公司或其代理确认货运代理公司的订舱后，向货运代理公司签发配舱回单等运输单据，作为订舱的确认通知。

（4）出口商将货物运至指定的码头等待检验、报关和装船。

（5）出口商按照合同要求办理保险、检验检疫证书后，在装船前24小时内办理报关手续，并凭报关单办理货物装运。

（6）货物装船后，即由船长或大副签发收货单，即大副收据。托运人凭收货单向船公司或其代理人结算运费并取得海运提单。

（7）货物装船并取得海运提单后，出口企业应根据合同向买方发出已装船通知，以便买方了解装运情况并及时进行接货准备。

案例 10-3 关于清洁提单的案例

2009年1月，中国某服装进出口公司与美国A公司签订了一项关于运动衫的货物买卖合同。双方在合同中约定：由中国某服装进出口公司作为卖方向美国A公司出售一批运动衫，数量60 000件，合同采用的贸易术语为FOB大连。双方还约定这批货物应当在当年的2月15日前交付给美国A公司指定的承运人以便运输。

2009年2月9日，该公司将生产好的60 000件运动衫分别装在1000个纸箱中，交付美国A公司指定的承运人——香港B运输公司进行运输。船长在对这批货物进行了初步的检查以后，向该公司签发了清洁提单。该公司收到清洁提单后到银行议付了货款。

但是当这批运动衫运抵美国后，美国A公司立即对这批货物进行了检查。结果发现这批货物并没有达到合同约定的数量60 000件。在这1000个纸箱中有大约50余个纸箱出现了运动衫数量短少的情况，短少的数量从几件到几十件不等。美国A公司随后又立即请一家商品检验机构对这批货物进行了检验。这家商品检验机构也随即出具了有关这批货物数量短少的证明。

鉴于此时中国某服装进出口公司已经从银行议付了货款，美国A公司根据双方在买卖合同中签订的仲裁条款，向中国国际经济贸易仲裁机构提交了仲裁申请。中国某服装进出口公司在收到仲裁通知以后，立即进行了答辩。认为承运公司签订的是清洁提单，因此货物数量短少的责任应由承运公司负担，请问：如果你是仲裁员，应如何处理？

提示：尽管中国某服装进出口公司在交付货物后取得了证明这批运动衫表面状况良好的清洁提单，但是清洁提单只能说明这批货物的表面情况良好，至于这批货物的真实情况如何并不能得到证明。而香港B运输公司在无法对每个装有运动衫的纸箱都检查的情况下签发了清洁提单，由此产生的任何责任都不应当由运输公司承担。只要运输公司能够证明其在运输途中没有任何过失，就不应当在本案中承担任何责任。由此可见，中国某服装进出口公司最终要承担这批运动衫数量短缺的责任。

（二）投保

货物在运输过程中面临较大风险，办理货运保险至关重要。凡是按CIF价格成交的出口合同，卖方在装船前应及时向保险公司办理投保手续，编制投保单。出口商品的投保手续，一般都是逐笔办理的。投保人在投保时，应将货物名称、投保金额、运输路线、运输工具、开航日期、投保险别等内容列明。保险公司接受投保后，即签发保险单或保险凭证。保险公司出立保险单以投保人的填报内容为准。填报时应注意以下事项：

（1）投保申报内容必须真实、可靠。

（2）投保险别、币制与其他条件必须和信用证上所列保险条件的要求相一致。

（3）投保险别和条件要和买卖合同上所列保险条件相一致。

（4）投保后如发现投保项目有错漏或者变动，要及时向保险公司申请批改。如保险目的地变动、船名错误以及保险金额增减等。

（三）报检

报检是指外贸企业根据有关法律、行政法规的规定或对外贸易合同的相关约定，向检验检疫机构申请检验检疫鉴定，以获得出入境的合法凭证所必须履行的法定程序和手续。报检所需材料包括报检单、工厂检验报告、出口合同等。

我国自2000年1月1日起全面实施先报检、后报关的通关模式。对实施检验检疫的货物，必须先在入境货物的通关单和出境货物通关单上加盖"检验检验专用章"。也就是说凡属国家规定或合同规定必须经检验机构检验出证的商品，在货物备齐后，必须向商检机构申请检验，只有取得商检机构的合格检验证书后，海关才能放行。凡经商检不合格的商品，一律不得出口。

1. 报检范围

（1）国家法律、行政法规或规章规定的应检对象。

（2）有关国际公约规定须经出入境检验检疫机构检验检疫的对象。

（3）输入国有规定或与我国有协议/协定，必须凭检验检疫机构出具有关证书（明）方准入境的对象。

（4）对外贸易合同、信用证规定由检验检疫机构出证的出入境对象。

（5）对外贸易关系人申请的鉴定业务。

（6）委托检验检疫的业务。

（7）一般原产地证和普惠制原产地证的签证业务。

一般产地证和普惠制产地证

产地证分为一般产地证和普惠制产地证。一般产地证的全称 Certificate of Origin，是证明货物原产于某一特定国家或地区，享受进口国正常关税（最惠国）待遇的证明文件。它的适用范围是：征收关税、贸易统计、保障措施、歧视性数量限制、反倾销和反补贴、原产地标记、政府采购等方面。普惠制产地证全称 Generalized System of Preferences，是我国出口产品在给惠国享受在最惠国税率基础上进一步减免进口关税的官方凭证。

目前给予我国普惠制待遇的国家共 38 个：欧盟 27 国（比利时、丹麦、英国、德国、法国、爱尔兰、意大利、卢森堡、荷兰、希腊、葡萄牙、西班牙、奥地利、芬兰、瑞典、波兰、捷克、斯洛伐克、拉脱维亚、爱沙尼亚、立陶宛、匈牙利、马耳他、塞浦路斯、斯洛文尼亚、保加利亚、罗马尼亚）、挪威、瑞士、土耳其、俄罗斯、白俄罗斯、乌克兰、哈萨克斯坦、日本、加拿大、澳大利亚和新西兰。

2. 报检地点

法定检验检疫的出口货物除活物需要在出境口岸报检外，其他产品均可在产地报检。出境的运输工具及其人员应在出境口岸报检或申报。

3. 缮制报检单

报检单必须按照所申报的货物内容填写，做到完整、准确、真实，且书写工整，字迹清晰，不得随意涂改。擅自涂改已受理报检的单据无效。

申请报验后，如出口公司发现“出口检验申请单”内容填写有误，或因国外进口人修改信用证以致货物规格有所变动时，应提出更改申请。填制“申请单”，说明更改事项和更改原因。

货物经检验合格，即由商检局发给检验证书，进出口公司应在检验证书规定的有效期内将货物出运。如超过有效期装运出口，应向商检局申请展期，并由商检局进行复验，经复验合格货物才能出口。

（四）报关

报关是指进出口货物出运前向海关申报放行的手续，是履行海关进出境手续的必要环节。按照我国《海关法》规定：凡是进出国境的货物，必须经由设有海关的港口、车站、国际航空站进出，并由货物的发货人或其代理人向海关如实申报，交验规定的单据文件，请求办理查验放行手续。经过海关放行后，货物才可提取或者装运出口。

目前，我国的出口企业在办理报关时，可以自行办理报关手续，也可以通过专业的报关经纪行或代理报关企业来办理。

无论是自行报关，还是由报关行来办理，都必须填写出口货物报关单，连同其他必要的单证，如出口合同副本、信用证副本、发票、装箱单或重量单、商品检验证书及其他有关证件一同提交，向海关申报出口。此外，企业在填制报关单时必须做到三个相符：一是符合海关对报关单填制规范的要求，准确填制报关单的有关栏目；二是单证相符，即报关单与合同、发票、装箱单等相符；三是单货相符，即报关单申报内容与实际出口货物相符。

报关和报检的区别与联系

报关和报检都是办理进出口通关的过程之一,但报关的对象是海关,报检的对象是进出口商品检验检疫部门。报检先于报关,只有在商检部门检验完毕后,海关才可以接受报关申请,此外并不是所有的进出口商品都需要报检,只有国家规定的商品才需要报检,而所有进出口商品（除自带、绿色通道外）都需要报关。

四、制单结汇

制单结汇是指货物装运后，出口企业应按信用证要求，整理和缮制各种单据，在信用证规定的交单有效期内，填写出口结汇申请书，连同全套正本单据，递交银行办理议付结汇手续的过程。

（一）结汇单据

缮制正确的结汇单据是出口商在以信用证为支付方式的出口交易中及时、安全收取货款的前提和保证。在实际业务中，出口商按照办理出口结汇的单据由谁签发制作为依据可分为商业单据、官方单据、协作单据三种。商业单据是指汇票、商业发票、装箱单、重量单等需由出口商自己制作的单据；官方单据是指须由官方部门签证的单据，如商检检验证明书、原产地证明书（包括一般原产地证和普惠制产地证）等；协作单据是指需由出口协作单位船公司、保险公司出具的单证，如提单、保险单等。

（二）结汇的方式

结汇指出口商将所得外汇根据外汇管理规定按牌价卖给国家外汇银行的行为。目前，我国出口业务中，有三种结汇办法：收妥结汇、出口押汇（买单结汇）、定期结汇。其中，出口押汇是国际上比较通行的做法。

1. 收妥结汇

收妥结汇又称收妥付款，是指议付行寄出出口单据向外索汇，待开证行或付款行通知已将货款划入议付行的账户，议付行才按当日的外汇牌价将货款折成人民币或直接划入外贸公司的账户。收妥结汇主要用于托收方式的出口业务。

中国银行收妥结汇业务流程

（1）出口商（受益人）按信用证条款备货装运后，向中国银行提交出口单据；
（2）中国银行审核单据后，将单据寄往国外开证行或指定银行进行索汇；
（3）国外开证行收到单据后提示给信用证项下开征申请人；
（4）国外开证行到期向中国银行付款，中国银行向出口商解付。

2. 出口押汇

出口押汇也称买单结汇。是指企业（信用证受益人）在向银行提交信用证项下单据议付时，议付行根据企业的申请，凭企业提交的全套单证相符的单据作为质押进行审核，审核无误后，参照票面金额将款项垫付给企业，然后向开证行寄单索汇，并向企业收取押汇利息和银行费用，同时保留追索权的一种短期出口融资业务。出口押汇对议付行来说存在着一定的风险，因此议付行一般只做信用证项下单证一致的押汇。

银行拒绝办理出口押汇的情况

对有下列情况之一的，银行将拒绝接受押汇申请：
（1）来证限制其他银行议付；
（2）远期信用证超过180天；
（3）运输单据为非物权凭证；
（4）未能提交全套物权凭证；
（5）带有软条款的信用证；
（6）转让行不承担独立付款责任的转让信用证；
（7）单证或单单间有实质性不符点；
（8）索汇路线迂回曲折，影响安全及时收汇；
（9）开证行或付款行所在地是局势紧张或发生战争的国家或地区；
（10）收汇地区外汇短缺，管制较严，或发生金融危机，收汇无把握的；
（11）其他银行认为不宜提供押汇的情况。

3. 定期结汇

定期结汇指出口地银行在收到受益人提交的单据并经审核无误后，将单据寄给国外银行索偿，并自交单日起在事先规定期限内（通常为7~14天不等）将货款外汇结算成人民币交付给受益人的一种方式。

对受益人而言，定期结汇与出口押汇相比，虽然收汇时间要晚，但无须向银行支付押汇时要付的利息。

（三）缮制出口单据的基本要求

根据《UCP600》第十三条规定：银行必须要合理小心地审核信用证规定的一切单据，以确定是否表面与信用证条款相符。因此，在信用证出口交单时，出口商必须按照“正确、完整、及时、简明、整洁”的要求提供相关单据。

（1）正确。正确是指出口商所缮制的单据必须与合同、信用证和货物的要求一致，即做到“单证一致”、“单单一致”、“单货一致”。

（2）完整。完整是指信用证规定的各项单据必须齐全，不可短缺，包括单据的种类、份数以及单据本身是否填制完整等。

（3）及时。缮制单据必须在信用证规定的交单期或《跟单信用证统一惯例（UCP600）》规定的交单期内将各项单据送交指定的银行办理议付或承兑业务。

（4）简明。简明是指单据内容应按信用证规定和有关惯例填写，力求简洁，切勿加列不必要的内容，以免弄巧成拙。

（5）整洁。整洁是指单据格式的设计和缮制力求标准化和规范化，整体美观大方。

此外，各种单据都有一个更改次数的限制，多次更改容易引起不必要的麻烦。而且一些重要的单据，如提单、汇票的金额、数量、重量等主要项目都不允许修改。

五、索赔

在国际货物贸易中，如果出现进口商违反合同的行为或事项时，出口商可依据贸易合同和违约的事实提出索赔。例如：要求进口商在一段合理的时间内实际履行合同；请求损害赔偿或者撤销合同等补救方法。

此外，在出口贸易中,经常会遇到国外买主以我方所交货物的品质不符贸易合同规定而提出索赔,其中除部分确因我方商品有缺陷理应按实际情况进行理赔外,也有不少是由于国外企业借口挑剔,甚至弄虚作假,企图骗取赔款和非法利润。因此,在处理国外客户索赔时，必须做好调查研究，分清责任，正确做好理赔工作。这是维护我方权益,巩固和发展客户关系,扩大出口业务的重要一环,绝不可等闲视之。

六、出口退税

出口货物退税，简称出口退税，是指对出口货物退还其在国内生产和流通环节实际缴纳的增值税、营业税和消费税等税款。出口退税的意义在于通过退还出口货物国内已纳税款来平衡国内产品的税收负担，使本国产品以不含税成本进入国际市场，与国外产品在同等条件下进行竞争，从而增强产品竞争能力，扩大出口业务。

第二节　进口合同的履行

国际货物买卖合同中，买方的基本义务是接货、付款。目前我国进口货物，大多数是按 FOB 条件和采用信用证付款方式成交，按此条件签订的进口合同，其履行的一般程序包括：开立信用证、租船订舱、接运货物、办理货运保险、审单付款、报关提货验收、拨交货款和办理索赔等。进口商应与各个部门密切配合，逐项完成。

一、申请开立信用证

买方开立信用证是履行合同的前提条件，因此，签订进口合同后，应按合同规定办理开证手续。如合同规定在收到卖方货物备妥通知或在卖方确定装运期后开证，应在接到上述通知后及时开证；如合同规定在卖方领到出口许可证或支付履约保证金后开证，买方应在收到对方已领到许可证的通知，或银行通知履约保证金已付讫后开证。买方向银行办理开证手续时，应填写开证申请书，连同所需附件交开证银行，开征银行则按开证申请书内容开立信用证。信用证内容必须与合同内容完全一致。例如品质规格、数量、价格、交货期、装货期、装运条件及装运单据等。

卖方收到信用证后，如提出修改信用证的请求，经进口方同意后，即可向银行办理改证手续。最常见的修改内容有展延装运期和信用证有效期、变更装运港口等。如企业不同意修改，也应及时通知出口商，以避免因拖延时间过长，造成银行认为我方已接受的误解。

银行进口信用证业务流程

（1）申请人填写开证申请书，并加签章；

（2）审核贸易合同副本、进口批文；

（3）审核外经贸部（委）核准批件；

（4）审核企业营业执照；

（5）企业预留印签；

（6）按银行要求交纳开证保证金或抵押、质押担保或办理购汇手续；

（7）经银行对开证申请书内容的合规性与表现一致性审核无误后，开出信用证；

（8）开证行审核出口商委托其银行寄来的信用证项下规定的全套单据，开证行根据单据中有无不符点，在七个工作日内向寄单行作出拒付或同意承兑/付款的决定；

（9）审核来单无误，由进口商赎单并到银行办理该信用证项下对外付款手续。

二、租船、订舱和催装

FOB 条件下签订进口合同时，应由买方安排船舶。如买方自己没有船舶，则应负责租船订舱或委托租船代理公司办理租船订舱手续，当办妥租船订舱手续并接到运输机构的配船通知后，按规定期限及时将船名及预计到港日期通知卖方，以便卖方备货装船。

买方备妥船后，应做好催装工作，特别是对于数量大或重要的进口货物，在交货期前一、两个月应发函电催装，必要时可委托我方驻外商务机构就近协助了解和督促对方根据规定，按时、按质、按量履行交货义务。或派人员前往出口地点监督装运。卖方在货物装船后应立即向我方发出装船通知，以便我方及时办理保险和接货等各项工作。

应当注意的是采用 CIF 和 CFR 条件下的进口合同时，应由卖方负责租船、订舱，安排装运。

三、投保

FOB 和 CFR 价格条件下的进口合同，货物运输保险由买方办理。进口货物运输保险办理一般有两种方式。

（一）预约保险

预约保险合同一般要求投保单位所有的运输业务都要投保，双方对保险标的、保险险别、保险费率、适用保险条款、保险费和赔款的支付方法等都做了具体规定。并按照预约保险合同的规定，所有按 FOB 及 CFR 条件进口货物的保险，都由中国人民保险公司承保。因此，每批进口货物在收到国外装船通知后，只要将船名、提单号、开船日期、商品名称、数量、装运港、目的港等项内容通知保险公司，即可办妥保险手续。

（二）逐笔投保

未与保险公司签订预约保险合同的企业对进口货物需逐笔办理保险。进口企业在收到国外卖方的装船通知后，应立即填制投保单，向保险公司投保。否则货物于投保之前在运输途中发生损失，保险公司不负责赔偿。

四、审单、付款

货物装船后，卖方凭提单等有关单据向当地银行议付货款，议付行将全套货运单据寄交开证行，由银行会同有关外贸公司进行审单，经银行审核无误后，即可通知买方付款赎单。开证行或保兑行经审单后付款是终局性的，无追索权。

如果经银行审单发现单证不符或单单不符，应于收到单据次日起五个银行工作日内，以电信方式通知寄单银行，说明单据的所有不符点，并说明是否保留单据以待交单人处理或退还交单人。

五、报关、验收和拨交货物

（一）进口报关

进口报关是指进口货物必须按照海关规定的手续向海关办理申报验放的过程。进口货物到货后，由进出口公司或委托外运公司根据进口单据填写“进口货物报关单”向海关申报，并随附发票、提单及保险单。如属法定检验的进口商品，还须随附商品检验证书。货、证经海关查验无误后，按国家规定缴纳税费。法定申报时限为自交通工具申报进境之日起 14 天内，超过 14 天期限未向海关申报的，由海关按日征收进口货物 CIF 或 CIP 价格 0.05%的滞报金。超过 3 个月未向海关申报的，由海关提取变卖。

（二）验收货物

进口货物运达港口卸货时，港务局要进行卸货核对。如发现短缺，应及时填制“短卸报告”交由船方签认，并根据短缺情况向船方提出保留索赔权的书面声明。卸货时如发现残损，货物应存放于海关指定仓库，待保险公司会同商检局检验后做出处理。凡属法定检验的进口货物，必须向卸货地或到达地的商品检验检疫机构报检，未经检验的货物不准投产、销售和使用。如进口货物经商品检验检疫机构检验，发现有残缺短损，应凭检验机构出具的证书对外索赔。

（三）拨交货物

在办完上述手续后，进出口公司委托中国对外贸易运输公司提取货物并拨交给订货部门，外运公司以“进口物资代运发货通知书”通知订货部门在目的地办理收货手续。同时通知进出口公司代运手续已办理完毕。如订货部门不在港口，所有关税及运往内地费用由外运公司向进出口公司结算后，进出口公司再向订货部门结算货款。

六、进口索赔

在国际货物贸易中，有时会发生出口商未按期交货或商品的品质、数量和包装等方面存在缺陷，致使进口商遭受损失。此时进口商需向有关责任人提出索赔。进口索赔的对象主要有三个方面，即卖方、承运人和保险人。在办理对外索赔时，一般应考虑以下几个方面。

（一）查明原因，在分清责任的基础上确定索赔对象

根据事故性质和致损原因的不同向责任方提出索赔。例如：原装短缺、商品品质、商品规格与合同不符时，应向进口商提出索赔；货物数量少于提单所载数量或在签发清洁提单的情况下货物出现残损短缺时，则应向船公司索赔；由于自然灾害、意外事故而使货物遭受承保险别范围内损失时，则应向保险公司索赔。

（二）提供索赔证据

为了保证索赔工作的顺利进行，必须提供足够的证据。常见的索赔证据有公证报告、保险单正本、事故记录、短卸或残损证明、检验证书、提单、发票、装箱单、磅码单、买卖合同及往来函电、索赔清单等，必要时还可提供物证或实物照片等。此外面对不同的索赔对象还要另附有关证件，如向卖方索赔时，应在索赔证件中提出确切根据和理由，随附保险单一份；向轮船公司索赔时，须另附由船长及港务局理货员签证的理货报告，船长签证短卸或残损证明；向保险公司索赔时，须另附保险公司与买方的联合检验报告等。

（三）掌握索赔的时效

向责任方提出索赔，应在规定的期限内提出，逾期索赔，对方有权不予受理。

1. 向卖方索赔的时效

在实际业务中，如果合同中具体规定了索赔的时效，则买方应在合同规定的具体时效内向卖方提出索赔；如果合同中没有明确规定索赔期限的，则将合同中的品质保证期作为向卖方索赔的有效期限；如果合同中既没有规定索赔期也没有品质保质期，则按《公约》的规定处理，即买方必须在发现或理应发现不符情况后一段合理的期限内通知卖方，否则就丧失索赔的权利，但无论如何最长的索赔时效为买方收到货物起不超过两年。

2. 向运输公司索赔的时效

《海牙规则》规定：收货人最迟应在卸货港收到货物以前或当时，将货物灭失或损坏的情况书面通知承运人，向其索赔。如果货物损坏或灭失情况不明显，应在三日内提出索赔通知。有关货物灭失或损坏的诉讼时效为一年，从货物交付之日或应交付之日起计算。而《汉堡规则》则规定：如果货物灭失或损坏明显，收货人应在货物移交给收货人的下一个工作日提出书面索赔通知。如果货物损坏或灭失不明显，可延长至15天。有关货物灭失或损坏的诉讼时效为两年，而且经双方协商，还可以延长。

3. 向保险公司索赔的时效

按中国人民保险公司制定的《海洋运输货物保险条款》规定，被保险人发现保险货物受损后，应立即通知当地的理赔、检验代理人进行检验。索赔时效为两年，即从被保险货物在卸载港全部卸离海轮后起算，不超过两年。

案例 10-4　索赔案例

我国某进口商从国外进口一批商品，合同检验条款规定："由装运港检验局出具的有关证书证明的品质和重量是终局的。"货到目的港后，我国海关发现部分商品发生霉变，经当地检验机构出具检验证书后我方向卖方提出索赔，而卖方以检验条款为由拒绝赔付，为此双方提请仲裁解决。请问我方索赔理由是否充分，应如何解决？

提示：索赔理由不充分。根据合同规定"由装运港检验局出具的有关证书证明的品质和重量是终局的"，因此我方无商品的复检权，即无权对装运港商检机构出具的各项检验证书提出任何异议。我方只能找出有利证据证明商品霉变是由于卖方未履行合同的约定或是货物本身的瑕疵造成的，再次提出复检，并依据检验结果向有关责任方索赔。

（四）索赔金额

索赔金额应适当确定，除包括受损商品价值外，相关的费用也可提出。如商品检验费、装卸费、银行手续费、仓租、利息等，都可包括在索赔金额内。至于包括哪几项，应根据具体情况确定。

目前，我们的进口索赔工作，属于船方和保险公司责任的由外运公司代办；属于卖方责任的由进出口公司直接办理。为了做好索赔工作，务必要求进出口公司、外运公司、订货部门、商检局等各有关单位密切协作。要做到检验结果正确，证据属实，理由充分，赔偿责任明确，力争把货物所受到的损失如数取得赔偿。

小　结

本章主要介绍了两个方面的问题，即出口合同的履行和进口合同的履行。在履行信用证支付方式和 CIF 价格贸易术语下的出口合同时，一般程序包括备货、催证、审证、改证、租船订舱、报检、投保、报关、装运、制单、交单和结汇工作；在履行信用证支付方式和 FOB 价格贸易术语下的进口合同时，一般程序包括开立信用证、租船订舱、接运货物、办理货运保险、审单付款、报关提货验收与拨交货款和办理索赔等。

思考题

（1）简述按 CIF 条件和信用证结算方式成交的出口合同履行时需经历哪些环节？

（2）出口企业审证的主要内容有哪些？

（3）出口企业改证时需要注意哪些问题？

（4）简述按 FOB 条件成交、信用证结算方式的进口合同在履约时要经历哪些环节。

（5）简述如何申请信用证。

（6）简述在进口索赔时需要注意哪些问题。

案例分析

（1）9 月 5 日我国某出口公司和加拿大进口商按 CIF 条件签订了一份出口羊绒的合同，10 月 20 日我公司收到加拿大商人开来的信用证，经我方审核与合同不符，我方立即向对方提出异议，对方复电称“请立即装船，信用证正在申请修改办理中”。我公司随即安排 10 月 23 日装船，但装船一周后仍未收到修改信用证。考虑信用证有效期将至，我方随即向银行办理交单议付，开证行却以单证不符为由拒绝付款。问我方应如何处理此事并从中吸取哪些教训？

（2）9 月 10 日我国某出口公司收到一份美国发来的即期信用证，金额为 1200 万美元，当地银行审核后发现该证交货期及受益人名称均有涂改痕迹，问该信用证可不可以接受，如何处理？

（3）某代运公司接受货主委托，安排一批茶叶海运出口。代运公司在提取船公司提供的集装箱并装箱后，将整箱货交于船公司。同时货主自行办理了货物运输保险。

① 如果到达时货物发生短缺，收货人应该向谁理赔？

② 如果由于集装箱混装的原因导致部分茶叶串味，应如何处理？

（4）我国某进出口公司签订一份大豆出口合约，信用证规定我方的交货数量为 6 000 公吨，1 月份至 6 月份分批装运，每月装运 1 000 公吨。1 月份至 3 月份，卖方每月装运 1 000 公吨，对此开证银行已凭单分批付款。第四批货物原定 4 月 25 日装运，但由于台风登陆，货物延迟至 5 月 2 日才与第五批货物一起装船运出。装船后，我方凭 5 月 2 日的装船提单等单据要求银行付款时，遭到银行拒付。后来我方又以贸易合同中订立了“不可抗力”条款为由，要求银行付款，也遭银行拒绝。试问在上述情况下，银行有无拒付的权利，为什么？我方应如何处理。

（5）我国某公司向美国供应商进口一套大型设备，双方约定索赔时效为 3 个月。6 月 1 日我方收到该设备，但是由于我方厂房建设尚未完工，因此并未投入使用。11 月 10 日我方投产时才发现该设备部分零件老化，与合同规定不符。我方立即向美国供应商索赔，美国供应商以超出索赔时效为由拒绝理赔。如果你是仲裁员，应如何处理？

技能训练

（1）我国某服装公司出口一批服装，共计 800 箱，即期信用证付款，货物装运后，承运公司出具了清洁提单，我方凭提单和一切险的保险单向银行收款结汇。货物到达目的港后，经进口人员复检发现以下问题：

① 收货人共收到 798 箱货物，短少两箱；

② 有 10 箱货物外表状况良好，但箱内服装数量短缺；

③ 有 5 箱货物浸水，服装颜色、质量均受到影响，已无法出售；

④ 有 1 箱货物的规格与面料均与合同不符。

请问进口商应该向谁索赔，并说明理由。

（2）请根据下列条件安排 K 进出口公司的出口交易流程。

出口商：沈阳 K 进出口公司　　　　议付行/通知行：中国银行沈阳分行

进口商：美国 M 公司　　　　　　　开证行/付款行：花旗银行

合同主要内容：10 月 20 日签订合同，沈阳 K 进出口公司购入铁矿石 100 吨，800 美元 CIF 旧金山，不可撤销信用证，签约后 30 内开到，卖方见票后 60 天付款，15 天内交单。收到信用证后 1 个月内装船，要求办理清洁提单，并投保一切险。

（3）请根据上述条件安排美国 M 公司的进口交易流程。

第十一章

国际贸易方式

案例导引

我国某公司与美国一家公司签订了一项包销电子商品的包销协议，期限为一年。年末临近，由于技术发生重大突破，新产品大量上市，导致该商品销售量大幅度下降。我国包销商要求退货并索赔广告宣传费用。

问题：我国包销商提出此类要求是否合理，为什么？

评析：不合理。根据包销协议规定：包销商自筹资金买入出口商提供的商品，自行在包销地区内销售，在经营中自担风险、自负盈亏。在本案例中，由于技术更新所产生的风险应由我国某公司自行承担，包销商无权要求退货并索赔广告宣传费用。

本章导读

国际贸易方式，是一种用于国际间的贸易方式。随着国际贸易的发展，贸易方式亦日趋多样化。除采用逐笔售定的方式外，还有包销、代理、寄售、拍卖、招标与投标、期货交易、对销贸易、加工贸易与期货贸易等。本章将主要介绍包销、代理、招（投）标、对销贸易、加工贸易的种类、基本操作程序和注意事项。通过本章学习，可以增强对国际贸易方式的理解，有利于在实际业务中根据不同的情况选择不同的贸易方式，规避贸易风险。

学习目标

掌握经销、包销、代理与寄售的概念及区别；
掌握对销贸易与加工贸易的概念及种类；
熟悉招投标、拍卖与租赁的方式；
熟悉期货贸易的特点及流程；
了解电子商务在国际贸易中的应用。

第一节　经销、包销、代理与寄售

随着国际贸易的发展，贸易方式日趋多样化，目前国际贸易方式可以分为两大类：一类是单纯销售方式，如逐笔售定、包销、代理、寄售、拍卖、招标与投标等；另一类是将销售与生产融资等结合起来的销售方式，如对销贸易、加工贸易、期货交易、租赁贸易等。

一、经销与包销

（一）经销

经销（Distribution）是指在国际贸易中，经销商按照约定条件为国外供货商销售产品。双方订立协议或相互约定由供货商向经销商定期、定量供应货物，经销商在本国市场上销售。经销商与供货商之间是买卖关系，经销商必须自垫资金购买供货商的货物，自行销售，自负盈亏，自担风险。

按经销商权限的不同，经销可分为以下两种。

（1）独家经销，亦称包销，是指经销商在规定的期限和地域内，对指定的商品享有独家专营权。

（2）一般经销，亦称定销，是指经销商不享有独家专营权，供货商可在同一时间、同一地区委派几家商号来经销同类商品。

（二）包销

1. 包销的含义

包销（Sales Exclusive）是指出口人与国外经销商达成协议，在一定地区、一定期限内把指定商品独家经营权授予该经销商。经销商则承诺不经营其他来源的同类或可替代的商品。买卖双方均受专营权的约束。

2. 包销协议

包销协议是指出口商与包销商签订的关于规定包销方式下双方权利和义务的书面文件，具有法律效力。包销协议主要包括以下内容。

（1）双方的基本关系。包销协议应明确出口方与包销商之间的关系为买卖关系，包销商应自筹资金买断商品，并自负盈亏进行销售。

（2）包销的商品的范围。协议应规定包销商品的种类或型号，一般情况下包销范围不宜过大。

（3）包销地区和期限。包销地区是指包销商行使经营权的地理范围，确定包销地区时，出口商与包销商必须结合出口商的营销意图、包销商的销售能力和销售网络、包销商品的性质、包销地区地理位置以及市场差异共同商定。包销期限即为包销协议的有效期限，通常规定为一年。此外也存在不规定期限，只规定中止条款或续约条款的包销协议。

（4）专营权。专营权包括专卖权和专买权。前者指出口方在包销期内，不得将包销商品向该包销地区内的其他客户出售。后者指包销商在包销期和包销地区内承诺只向出口方购买该项商品，不得向第三者购买同类商品或有竞争性的替代商品。其中专卖权是包销协议必不可少的内容，是区别于一般经销协议的主要条件。

（5）包销商品的最低数量或金额。即在协议规定期限内包销商必须向出口人承购的最低限额，同时协议还应规定在不能完成或超额完成销售额时的处理办法。

（6）包销商品的价格。包销商品的价格可以一次性规定，也可以在订立买卖合同时按市场行情商定。

（7）包销商品的一般贸易条件。一般贸易条件是指适用于协议期间每一笔交易的条件，如支付方式、检验索赔、保险以及不可抗力等贸易条件。一般贸易条件可在包销协议中予以规定，以简化日后买卖合同的内容。

（8）广告宣传费用的负担。包销商品的广告宣传和费用一律由包销商自行负担，自负盈亏。

3. 包销方式的应用

对出口商来说，采用包销方式的主要目的是利用包销商的资金和销售能力在特定的区域建立一个稳定发展的市场。对包销商来说，由于取得了专卖权，因而在指定商品的销售中处于有利的地位，避免了多头竞争而导致利润下滑的情况。因此，可以有力地调动包销商经营的积极性，有效利用各种包销渠道，实现巩固和扩大市场的目的。但是，如果出口商在运用包销方式时不谨慎，也可能使出口经营活动受到制约。比如包销商资金不足、缺少销售能力或资信不佳，就有可能形成“包而不销”的情况。因此，对出口商来说，正确选择包销商是其采用包销方式成功与否的关键所在。

二、代理

（一）代理的含义及其特点

1. 代理的含义

代理（Agency）是许多出口商在从事进出口业务时习惯采用的一种贸易做法。国际贸易中的代理主要是指销售代理，即由出口商作为委托人，通过签订代理协议，将商品委托给国外客户即代理人（Agent）在一定地区和一定时间内为出口人代售商品或招揽生意的贸易方式。代理人在委托人授权的范围内行事，不承担销售风险和费用，不必垫付资金，通常按达成交易的数额提取约定比例的佣金而不管交易的盈亏。

2. 代理的基本特点

代理方式与包销方式相比较，它具有下列基本特点。

（1）代理人与委托人之间的关系属于委托买卖关系。代理人在代理业务中，只是代表委托人行事，例如招揽客户、招揽订单、代表委托人签订买卖合同、处理委托人的货物、收受货款等，他本身并不作为合同的一方参与交易。

（2）代理人通常运用委托人的资金进行业务活动。

（3）代理人一般不以自己的名义与第三者签订合同。

（4）代理人赚取的报酬即为按交易数量提取的佣金。

（二）代理的种类

根据委托人授予代理人权限的不同，销售代理可分为下列几种。

1. 总代理

总代理（General Agent）是委托人的全权代表。在指定地区内，代表委托人从事销售活动和其他商务活动。他除了有权代表委托人进行买卖合同、处理货物等商务活动外，也可进行一些非商业性的活动。总代理有权指派代理并可分享代理佣金。

2. 独家代理

独家代理（Exclusive Agent or Sale Agent）是指委托人授予代理人在代理协议规定的时间、地区内，对指定商品享有专营权，委托人不得在这一范围内自行或通过其他代理人进

行销售。在出口业务中，采用独家代理这一方式时，委托人给予代理人在特定地区和一定期限内享有代销指定商品的专营权。通常，除非协议另有约定，一般也可允许委托人直接向指定的代理地区的买主进行交易。但为了不损害独家代理的利益，按照惯例，委托人直接与指定代理地区的买主达成交易，凡属独家代理人专营的商品，不论其是否通过该独家代理人，委托人都要向他支付约定比例的佣金。

3. 一般代理

一般代理（Agent）也称佣金代理，指不享有独家代理专营权的代理商，委托人可同时委托若干个代理人在同一地区推销相同商品。一般代理根据推销商品的实际金额或根据协议规定的办法和百分率向委托人计收佣金。委托人可直接与该地区的实际买主成交，并无须向一般代理支付佣金。在我国出口业务中，大都采用这种代理方式。

（三）代理协议

代理协议也称代理合同，它是用以明确委托人和代理人之间权利与义务的法律文件，其主要内容如下。

（1）双方的基本关系。出口方与代理商之间的关系是委托代理关系。代理人应在委托人授权范围内行事，并应对委托人诚信忠实。委托人对代理人在上述范围内的代理行为，承担民事责任。

（2）代理的商品、地区和期限。委托人对代理人的授权中，应明确说明代理销售商品的类别和型号，代理权行使的地理范围，并约定代理协议有效期限或者规定中止条款。

（3）佣金条款。代理协议中必须规定佣金率、支付佣金的时间和方法。佣金率可与成交金额或数量相联系。

（4）最低成交额。代理通常承诺最低成交数量或金额。若未能达到该数额，委托人有权中止协议或按协议规定调整佣金率。

（5）商情报告。代理人有义务向委托人定期或不定期提供商情报告，以便委托人了解当地的市场情况和代理人的工作业绩。能否提供合理的商情报告是考核代理人的重要依据。

（四）代理方式的应用

代理商熟悉销售地市场，有广泛的销售渠道，相对出口商而言更容易开拓市场。因此，在当前国际市场上，不少跨国公司均进入了销售代理的领域。如何借助跨国公司的良好信誉去开拓市场，是代理商的又一课题。

三、寄售

（一）寄售的概念

寄售（Consignment）是一种委托代售的贸易方式，它是指委托人（货主）先将货物运往寄售地，委托国外一个代销人（受托人）按照寄售协议规定的条件，由代销人代替货主进行销售。在货物出售后，由代销人向货主结算货款的一种贸易做法。在外贸交易中，寄售人通常是委托人，即委托他人在国外销售货物的出口商，而代销人通常是出口商在进口国的受托人。

（二）寄售的特点

（1）寄售是一种先发运后销售的现货买卖方式。以寄售方式销售，可以让商品在市场上与用户直接见面，并按需要的数量随意购买，有助于销售商抓住销售时机。所以对于开拓新市场，特别是消费品市场，寄售是一种行之有效的方式 。

（2）代销人不承担任何风险和费用，只收取佣金。因此寄售人要承担货物出售前的一切风险和费用。

（三）寄售协议

寄售协议是寄售人和代销人为了明确双方的权利和义务以及有关寄售条件而签订的协议，其主要内容如下。

（1）双方的基本关系。寄售人和代销人之间的关系，是一种委托代理关系。货物在出售前所有权仍属寄售人。其中的风险和费用由寄售人承担。

（2）寄售商品的价格。寄售商品价格有三种规定方式：① 规定最低售价；② 代销人按市场行情自行定价；③ 代销人向寄售人报价，征得寄售人同意后确定价格，这种做法在实际交易中应用较为普遍。

（3）代销人的报酬。寄售人和代销人商定佣金的比率，由代销人在货款中自行扣除佣金。

（4）代销人的义务。包括保管货物，代办进口报关、存仓、保险等手续并及时向寄售人通报商情。

（5）货款的收付方式和时间。寄售人和代销人之间通常采用记账的方法，定期或不定期地结算，由代销人将货款汇给寄售人，或者由寄售人用托收方式向代销人收款。同时为了保证收汇的安全，一般在寄售协议中均加订保证收取货款的条款。

（四）选择寄售方式的注意事项

1. 选择适合的寄售地点

寄售地点应选择交通便捷的贸易中心或自由港、自由贸易区，以方便货物进出转运，降低相关费用。

2. 选择适合的代销人

代销人应在当地有良好的商誉，有相关商品的营销经验和推销能力，并有能力代办报关、存仓等业务。

第二节　招投标、拍卖与租赁

招投标、拍卖与租赁是一种传统的贸易方式，它在国内外贸易中应用较为广泛。

一、招投标

（一）招投标的含义

招投标包括招标和投标两个方面。

1. 招标

招标是由招标人（采购方或工程业主）发出招标通知，说明拟采购商品的名称、规格、数量或发包工程项目的具体内容，邀请投标人（卖方或工程承包商）在规定的时间、地点按照一定的程序投标，并与所提条件对招标人最为有利的投标人订约的一种行为。

招标文件一般应至少包括下列内容：① 招标人须知；② 招标项目的性质、数量；③ 技术规格；④ 招标价格的要求及其计算方式；⑤ 评标的标准和方法；⑥ 交货、竣工或提供服务的时间；⑦ 投标人应当提供的有关资格和资信证明文件；⑧ 投标保证金的数额或其他形式的担保；⑨ 投标文件的编制要求；⑩ 提供投标文件的方式、地点和截止时间；⑪ 开标、评标的日程安排；⑫ 主要合同条款。

2. 投标

投标是投标人（卖方或工程承包商）应招标人的邀请，根据招标人规定的要求和条件，在规定的时间和地点，向招标人递盘，争取中标，达成交易的一种行为。

招标与投标实际上是一种贸易方式的两个方面。

（二）招投标的特点

与其他贸易方式相比，招投标具有明显的特点。

（1）招投标通常都是不经过交易磋商，投标人只需按照招标人规定的招标条件进行报盘，招标人则从中选择对其最为有利的投标人进行订约。

（2）招投标属于竞买方式，标的公开，成交迅速。

（三）招投标的一般程序

商品采购中的招投标业务，主要包括下列四个步骤，即招标、投标、评标和开标、签订合约。

1. 招标

目前，国际上采用的招标方式归纳起来有三类、四种方式。

（1）竞争性招标（Intenational Competitive Bidding，ICB）是指招标人邀请几个乃至几十个投标人参加投标，通过多数投标人竞争，选择其中对招标人最有利的投标人达成交易。目前国际性竞争投标有两种做法。

① 公开招标（Open Bidding）。公开招标是一种无限竞争性招标，采用这种做法时，招标人要在国内外报纸杂志上发布招标通告，凡对该项招标内容有兴趣的人均有机会购买招标资料进行投标。政府采购物资，大部分采用竞争性的公开招标方法。

② 选择性招标（Selected Bidding）。选择性招标又称邀请招标，它是一种有限竞争性招标（Limited Competitive Bidding）。采用这种做法时，招标人不公开发布招标通告，而是根据以往的业务关系和情报资料或通过咨询公司提供的投标者情况，由招标人对少数客户进行邀请，进行资格预审后，再由他们进行投标。

（2）谈判招标（Negotiated Bidding）

谈判招标又叫议标，它是一种非竞争性的招标。具体做法是由招标人直接委托买方进行合同谈判，确定标价，达成交易，签订合同。严格地说，谈判招标不是通常意义上的招标。

（3）两段招标（Two-Stage Bidding）

两段招标又称为两步招标，其具体做法是先邀请投标人提出不包括报价的技术投标，然后再邀请投标人进行价格投标。在采购某些复杂的货物时，通常采用此种招标方式。

2. 投标

投标是一种对投标人有约束力的法律行为，一旦投标人违约，应向招标人支付违约金。

因此，投标人必须谨慎对待。投标主要包括获取招标文件、缮制投标书、提供投标担保和递送投标文件四个环节。

（1）获取招标文件。招标文件是招标人为投标人指定的规范性文件，投标人应严格按照招标文件对商品或工程所要求的质量、技术标准、交货期限、工程量和进度安排等进行核算，并结合自身的条件和市场竞争态势，编制投标书。

（2）编制投标书。投标书是投标人对招标人的一项不可撤销的发盘。其主要内容包括对招标条件的确认、商品或各个项目的有关指标和工程进度、技术说明和图纸、投标人应承担的责任以及总价和单价分析表等。投标人在投标书中提出的各项条件是否合适，直接关系到中标可能性的大小，必须慎重对待。

（3）提供投标担保。投标人投标必须提供投标担保金，按照惯例，开标后，如果投标人未中标，可收回其提供的保证金。如投标人在投标有效期内撤回投标书或投标人中标后拒绝签约，则招标人可没收该项保证金作为补偿。通常要求投标人提交投标保证金，一般为总价款的3%～10%。也可以采用银行保函或备用信用证代替现金作保。

（4）递送投标文件。投标文件包括投标书、投标保函或备用信用证、关于投标书中单项说明的附件以及其他必要文件。投标文件密封后应在规定的时间内送达指定收件人，逾期无效。

3. 开标和评标

开标是指招标人在预先公布的时间和地点，当众开启密封的投标文件，宣布投标人（或单位）的名称、投标价格以及投标价格的修改的过程。投标书一经启封，投标人不得更改投标内容。

开标后，招标人对各个投标书的内容进行评审。首先审查投标文件，看其内容是否符合招标文件的要求，计算是否正确，技术是否可行等；其次比较投标人的交易条件，可采取逐项打分、集体评议或投票表决的方式确定中标人选；最后对中标人选进行资格复审。如招标人认为所有投标均不理想或所报条件不符合要求，可宣布招标失败，重新组织第二轮招标。造成招标失败的原因主要有以下几种情况。

（1）最低标价超过了招标人预定的标准。

（2）参加投标人太少，缺乏竞争性。

（3）所有投标书和招标要求不符。

4. 签订合约

确定中标人后，招标人以书面通知中标人在规定的期限内到达招标人所在地签订合同，并缴纳履约保证金。在实际业务中，保证金一般以银行保函代替，有时也可以由银行开出信用证作为履约担保。

二、拍卖

（一）拍卖的含义

拍卖（Auction）是指专门经营拍卖业务的拍卖行接受货主的委托，在规定时间和地点，按照一定的章程和规则以公开叫价的方式进行竞买，最后由拍卖人把货物卖给出价最高的买主的一种现货交易方式。

（二）拍卖的竞价方式

1. 增价拍卖

这是最常见的一种拍卖方式。拍卖时，由拍卖人宣布预定的最低价，然后竞买者按规定的增价额度竞相加价。增至某一价格，经拍卖人三次提示而无人加价时，则为最高价，由拍卖人击槌表示成交。

2. 减价拍卖

减价拍卖又称荷兰式拍卖，源于世界上最大的荷兰花卉拍卖市场，由拍卖人先开出最高价格，无人接受就逐渐降低价格，直到竞买者表示接受，即达成交易。这种拍卖方式买主之间无反复竞价的过程，成交迅速，特别适合于数量大，批次多的易腐和鲜活商品，如水果、花卉、鲜鱼等。

3. 密封递价拍卖

密封递价拍卖又称招标式拍卖。由拍卖人首先公布商品的具体情况和拍卖条件，然后由竞买者在规定的时间内将密封的报价单（也称标书）递交拍卖人，由拍卖人选择条件适合的买主。这种拍卖方式，已失去了公开竞争的性质。一般拍卖大型设施或数量较大的库存物资或政府罚没物资时，有可能采用这种方式。

（三）拍卖的一般程序

拍卖业务一般可分为四个阶段，依次为委托拍卖、公告、拍卖、付款和交货。

1. 委托拍卖的阶段

委托拍卖阶段分为四个步骤：

（1）拍卖人需要确定委托人身份，主要指身份证明以及证明委托人身份的文件。

（2）拍卖人需要确定委托人的权利，即拍卖标的物所有权证明或依法可以处置拍卖标的物的证明。

（3）拍卖人必须了解委托人委托拍卖标的物的性质，即委托人必须提供拍卖标的物的详细资料，包括拍卖标的物的名称、数量、质量、新旧程度及存放地点等。

（4）经拍卖人与委托人协商，最终确定拍卖标的物的保留价，佣金收取的比例及拍卖方式等，并签订《委托拍卖协议书》。

2. 拍卖公告

拍卖公告是指拍卖人将拍卖的大概情况告知于社会公众的途径。根据《中华人民共和国拍卖法》规定，拍卖必须于拍卖日七日前在报纸、杂志或其他媒介上刊登广告。在实际业务中，拍卖行为了使拍卖标的物有更多买主，通常会适当延长公告及展示的时间。此外，在拍卖物的展示期间，拍卖人必须提供拍卖标的物的详细资料，如《拍卖须知》、《拍品目录》等。

3. 拍卖过程

竞买人经过咨询和看样后，如果有参加竞买的意愿，则必须进行竞买登记并交付保证金，领取竞价号牌以取得竞买资格。然后按照公告规定的时间和地点参加拍卖会，参与竞买。当竞买人成为买受人后，应与拍卖人签署《拍卖成交确认书》，“拍卖成交确认书”是买受人与拍卖人之间约定的再确认。“拍卖成交确认书”也是确定拍卖人和买受人权利、义务的一种买卖合同，具有法律约束力。

4. 拍卖的结算和标的物的交付

买受人在拍卖人规定的时间内支付全部的价款和拍卖手续费后，拍卖人才可将拍卖的标的物交给买受人，同时拍卖人亦提供票据给买受人。依标的物的情况不同拍卖人还应协助买受人办理某些权属变更的手续，为买受人提供良好的售后服务。而拍卖人收到买受人的价款后，应及时与委托人进行结算，在扣除了佣金后将剩余价款交付委托人。

三、租赁

租赁贸易始于第二次世界大战后，在20世纪50年代末开始迅速发展，目前已经成为当代经济交易中最为活跃的一种贸易方式。

（一）租赁的含义

租赁贸易是指企业之间较长期的动产租赁，即根据出租人向承租人订立的租赁契约，以收取一定数量的租金为代价，把设备交给承租人在一定时间内使用的一种贸易方式。在租期内，设备的所有权属于出租人，设备的使用权则归承租人所有。

在租赁贸易业务中，租赁对象主要是资本货物，如机电设备、运输设备、建筑机械、医疗器械、飞机船舶以及各种大型成套设备和设施等。

（二）租赁贸易的种类

目前，在国际市场上，租赁贸易主要有以下几种形式。

1. 融资租赁（Financial Lease）

融资租赁是指由租赁公司出资购买用户选定的设备，然后出租给用户收取租金的一种贸易方式。租赁期内由用户自行维修保养，租赁期满，设备归用户所有或者由用户支付残值后拥有设备。由于在整个设备使用期内租赁公司只租给一个用户，故而又称为“完全支付租赁”或“一次性租赁”。融资租赁是最基本的租赁形式。

2. 经营租赁（Operating Lease）

经营租赁也称使用租赁或服务租赁，是指出租人不仅向承租人提供设备，也提供其他服务，如设备的维修、保养等。这种形式的租赁期限较短，在设备使用的有效期内，不仅仅租给一个用户，每个用户所缴付的租金只相当于设备投资的一部分，故又称为“不完全支付”租赁。经营租赁的出租人通常是生产制造商兼营的租赁公司或者专业租赁公司。

3. 转租租赁

转租租赁是指在以租赁方式引进国外设备时，由本国的租赁公司作为承租人向国外租赁公司租用设备，然后再将该设备转租给国内用户。经营转租业务的租赁公司，一方面为用户企业提供了信用担保，即以本公司的名义承担了支付租金的责任。另一方面又为用户承办涉外租赁合同的洽谈和签订，以及各项进口手续和费用。为中小企业的发展提供了便利条件。

4. 回租租赁

回租租赁是指承租人向出租人租赁原来属于自己的设施。即先由承租人和出租人签订租赁协议，然后双方再签订买卖合同。即由出租人购进承租人的设备，再将其租给承租人。这种租赁方式主要用于不动产，是承租人由于缺少资金出售不动产以筹措所需资金的一种手段。

第三节 对销贸易与加工贸易

一、对销贸易

（一）对销贸易的含义

对销贸易（Counter Trade）又称对等贸易、方向贸易、互抵贸易，是指在互惠的前提下，由两个或两个以上的贸易方达成协议，即在规定的期限内，一方的进口产品可以部分或者全部以对等的出口产品来进行支付。这种贸易方式把进口和出口有机地结合起来，用出口来抵偿或部分抵偿进口，保证了进出口贸易的基本平衡。

（二）对销贸易的优势

目前随着国际经济环境的变化，对销贸易越来越受到世界各国的重视，其优势主要表现在以下几个方面。

（1）对销贸易具有互惠性。对销贸易不同于单边进出口贸易，它是进口和出口的有机结合，一方商品或劳务的出口必须以进口为条件，即相互提供出口机会，体现了互惠的特点。

（2）对销贸易能够在不动用或少动用外汇的条件下进行进出口贸易，这样做有利于保持国际收支的平衡，对于外汇储备较紧张的国家具有重要意义。

（3）通过对销贸易以进带出，有利于带动某些产业的产品出口，打入国际市场。

（4）通过对销贸易可以引进国外先进技术和资金，改造本国老企业，提高产品质量，增强国际竞争力。

（三）对销贸易的种类

在当前的国际贸易中，对销贸易的种类较多，最基本的形式有三种：即易货贸易（Barter Trade）、互购贸易（Counter Purchase）、补偿贸易（Compensation Trade）。

1. *易货贸易*

易货贸易是把进口与出口结合起来组成相互联系的整体交易，有狭义和广义两种方式。狭义的易货贸易是纯粹的以货换货方式，其特征是双方交换商品的价值相等或相近，没有第三人参加，一次性交易，履约期较短。这种传统的直接易货贸易，由于交换的货物必须是双方需要的，货值和交货时间又要一致，所以具有很大局限性，在实际交易中应用较少。广义的易货贸易较狭义的易货贸易灵活，一般采取记账结汇和对开信用证结算的方式进行。

（1）记账结汇，即任何一方的进口或出口货物，双方都将货值记账，相互抵冲，不需使用现汇支付。一般规定在一定时期内平衡，如有逆差，再用现汇或商品支付。这种方式下，进口和出口可以同时进行，也可以有先有后。

（2）对开信用证结算，即交易双方先签订易货合同，进口和出口同时成交，金额大致相等，双方都采用信用证方式付款，并在信用证中规定，一方开出的信用证要在收到对方开出的信用证时方能生效。也可以采用保留押金信用证，即第一张信用证先生效，但结汇后银行把货款扣下，作为向对方开立信用证的押金。需要说明的是，这种做法仍是以货换货，而非现货交易。

2. 互购贸易

互购贸易（Counter Purchase），又称互惠贸易（Reciprocal）、平行贸易（Parallel Trade），是指出口的一方向进口一方承担购买相当于他出口货值一定比例的产品。即双方签订两份既独立又有联系的合同，一份约定先由进口的一方用现汇购买对方的货物；另一份则由先出口的一方承诺在一定期限内购买对方的货物。由于双方都承担了互相购买对方产品的义务，尽管采用货币支付，但在一定时期内还是相互交换货物。这种方式在一定程度上可以克服一方支付能力不足的问题。

3. 补偿贸易

补偿贸易（Compensation Trade）是指交易的一方在对方提供信用的基础上进口机器、设备技术或原材料，无须现汇支付，而用向对方回销上述进口设备或原料所生产的产品或其他产品或劳务所得的价款分期摊还欠款的一种贸易做法。目前在我国实行的补偿贸易基本上有三种形式。

（1）直接产品补偿。在协议中双方约定由设备供应方承诺定期购买一定数量的进口设备生产的产品。由进口方用所得外汇分期偿还设备的价款与利息，这是补偿贸易的基本形式。

（2）间接产品补偿。即设备进口方不是用上述直接产品分期偿还设备的价款与利息，而是用其他产品偿付。

（3）劳务补偿。双方根据协议，进口方按对方要求加工生产后，从应收的工缴费中分期偿还设备的价款与利息。

案例 11-1　对销贸易案例

我国 A 公司与美国 S 公司于 2008 年 1 月 26 日签订了贸易合同。合同规定 S 公司向 A 公司提供由本国生产的加工番茄酱成套设备，生产能力为每小时 15 吨原料，并提供该设备二年的零配件、备用件、检测化验用仪器、设备的安装和技术服务。设备主要部件装船离岸的最后日期不迟于 2008 年 5 月 20 日，剩余部件在 2008 年 6 月 15 日前空运到北京机场。合同总金额 330 万美元，A 公司分三年以该设备生产的番茄酱偿还全部款项。合同于 2008 年 3 月 14 日经对外经济合作厅批准生效。请问该合同是属于哪种贸易形式，有何优势？

提示：该合同属于补偿贸易中的直接产品补偿。通过直接产品补偿贸易可以引进国外先进技术，改造本国老企业，提高产品质量，且有利于带动产品出口，打入国际市场，增强国际竞争力。

二、加工装配贸易

（一）加工装配贸易的含义

加工装配贸易（Processing and Assembling Trade），是指一国通过各种方式进口全部或部分原材料（主料）、辅料、零部件、元器件、配套件、包装物料或者必要的机器设备及生产技术，利用本国的生产能力，加工成成品后再出口，从而获得以外汇体现的附加价值。加工贸易是以加工为特征的再出口业务，其方式多种多样。

(二）加工装配贸易的基本形式

1. 进料加工

进料加工（Processing with Imported Materials）又称以进养出，是指国内有进出口经营权的单位用外汇购买进口的原料、材料、辅料、零部件、配套件和包装物料等，将其加工或装配成成品或半成品后再外销出口的贸易形式。在这类业务中，经营的企业以买主的身份与国外签订购买原材料的合同，又以卖主的身份签订成品的出口合同。两个合同体现为两笔交易，他们都是以所有权转移为特征的货物买卖。进料加工贸易要注意所加工的成品在国际市场上要有销路。否则，进口原料外汇很难平衡，可见进料加工要承担原料的价格风险和成品的销售风险。

2. 来料加工

来料加工（Processing with Customer's Materials），通常是指加工一方由国外另一方提供原料、辅料和包装材料，按照双方商定的质量、规格、款式加工为成品，交给对方，自己收取加工费。有的是全部由对方来料，有的是一部分由对方来料，一部分由加工方采用本国原料的辅料。此外，有时对方只提出式样、规格等要求，而由加工方使用当地的原、辅料进行加工生产。这种做法常被称为"来样加工"。

（三）采用加工装配贸易应注意的问题

1. 注意国外商标的合法性

为了避免因第三者控告侵权造成被动，可以在加工装配协议中规定："乙方（委托方）提供的商标保证具有合法性，如果有第三者控告加工装配产品的商标侵权，概由乙方与第三者交涉，与甲方（我方）无关，同时应承担由此给甲方造成的损失。"

2. 来料来件加工装配要按有关法规办事

加工装配业务法律性较强，有关来料来件一定要按我国政策规定办理，并按有关法律办事。如加工装配的成品一定要保证全部返销国外，除国家政策允许，否则不能在国内销售。

3. 防止外商拒绝返销现象的出现

对国外厂商仅来料、来件，不购买成品，或借故产品质量不合格等拒绝返销现象，可以采取由国外厂商出具银行保证函，或者采取"先收后付"的方法，加以防范。

第四节 期货贸易

期货交易是在现货交易的基础上发展起来的，通过在期货交易所买卖标准化的期货合约而进行的一种有组织的交易方式。期货的产生为投资者提供了一个相对有效的规避市场价格风险的渠道，具有价格导向（Price Discovery）与风险转移（Risk Transfer）的功能，已经成为现代市场经济运行中不可或缺的重要组成部分，在整个经济体系运行中具有不可估量的作用。

一、期货交易的含义及特点

期货交易也叫期货合同或纸合同交易，是众多的买主与卖主在期货交易所内按照一定的规则,通过公开、公平、公正的方式而进行的期货合约的买卖。这种交易是由回避价格风险的生产者、经营者和愿意承担风险以及获取风险利润的投机者组成的。

期货交易作为市场经济条件下交易制度的一种创新，它具有以下几个特点。

（一）期货合约的标准化

期货交易的买卖合约是标准化的合约。这种标准化是指进行期货交易的商品的品级、数量、质量等都是既定的，只有价格是变动的。这种方式简化了交易手续，降低了交易成本，最大程度地减少了交易双方因对合约条款理解不同而产生的争议与纠纷。

（二）期货交易的集中化

期货交易是在期货交易所内进行的，一般不允许进行场外交易。那些处在场外的大客户若想参与期货交易，只能委托期货经纪公司代理交易，并通过各种严格的制度对交易行为进行规范，为交易履约提供担保。

（三）保证金制度和杠杆机制

期货交易需要交纳一定数额的履约保证金。一般只需交纳交易额的 5%~15%的就能完成数倍乃至数十倍的合约交易。保证金制度的实施，不仅使期货交易获得高杠杆效益，而且为在交易所内达成并经结算后的交易提供履约担保。

（四）双向交易和对冲机制

期货交易可以双向操作、简便、灵活。交纳保证金后即可买进或卖出合约。大部分交易可以通过“对冲”接触履约责任。 因此，期货交易一般是一种见钱不见物的交易，即所谓“买空卖空”。

（五）期货交易商品的特殊性

期货交易的商品具有特殊性，不是所有商品都适合期货交易。一般而言， 商品是否能进行期货交易，取决于四个条件：一是商品是否具有价格风险即价格是否波动频繁； 二是商品的拥有者和需求者是否渴求避险保护；三是商品能否耐贮藏并运输；四是商品的等级、规格、质量等是否比较容易划分。不同等级的， 需要升贴水。这是四个最基本条件，只有符合这些条件的商品，才有可能作为期货商品进行期货交易。

二、期货交易市场的组织机构

现代期货交易市场是一个具有高度系统性和严密性的规范化市场。即期货交易者委托经纪公司（或经纪人）作为代理，在商品交易所内按照一定的交易规则，通过公开、公正、公平的竞争来进行期货合约的买卖，而后经结算所登记确认后才算交易过程的终结。完整的期货交易市场是由期货交易所、期货结算所、期货经纪公司和期货投资者构成的。

（一）期货交易所

期货交易所就是进行期货合约买卖的场所，是期货交易运作的载体。它是由生产、经营或代理买卖同类或几类商品的企业和个人为进行期货交易而设立的经纪组织。

（二）期货结算所

期货结算所又称“票据交易所”或者“期货清算所”，主要负责期货交易的结算，包括到期合约的平仓，并承担每笔交易的清算和期货合约到期履约等责任。目前，期货结算所有两种类型，一类是分离于期货交易所之外的独立的期货结算所，如芝加哥期货交易所、清算公司；另一类期货结算所则包含于期货交易所中，是期货交易所下设的一个职能部门。我国的期货结算所属于后一种类型。

（三）期货经纪公司

期货经纪公司就是专门从事接受非期货交易所会员（客户）的委托进行期货交易并收取佣金的代理公司。期货经纪公司一般自身不参与交易，主要是代客户进行交易，佣金是它主要的收入来源。

（四）期货交易者

期货交易者是期货市场的交易主体，是指所有进行期货合约交易的企业或个人。根据期货交易者的动机不同，期货交易可分为套期保值者和期货投资者两类。

套期保值是指把期货市场当作转移价格风险的场所，利用期货合约作为将来在现货市场上买卖商品的临时替代物，对其现在买进，准备以后售出商品或对将来需要买进商品的价格进行保险的交易活动。

期货投资是指在期货市场上通过预测期货价格的未来变动趋势，以获取期货价格变动差额为目的的期货交易业务，又称为投机业务。对于未来的价格走势，在任何时候都会存在着不同的看法，这和现货交易、股票交易是一样的。有人看涨就会买入，有人看跌就会卖出，最后预测正确与否市场会给出答案，预测正确者获利，反之亏损。

三、期货交易的一般流程

期货交易的业务流程一般包括开户、合约买卖、结算、平仓与交割四个方面。

（一）开户

由于期货交易所对进场交易的人和机构条件要求严格，所以交易者在进入期货市场的首要步骤是选择一个具有代理资格的期货经纪机构，并在该机构开立账户。在投资者进行开户时要注意以下问题。

（1）客户在开户前必须仔细阅读《期货交易风险揭示书》，《期货交易风险揭示书》内容包括头寸风险、保证金损失和追加的风险、被强行平仓的风险、交易指令不能成交的风险、套期保值面临的风险和不可抗力所导致的风险等。

（2）签署委托代理协议书，其主要内容包括委托内容、保证金及强制平仓、指令和指令表达、报告和确认、交割、账户管理、账户清算、信息的培训与咨询、费用、不可抗力和非市场因素、合同的生效和修改、合同的终止、纠纷的处理方式、其他文件和本合同的关系和其他事项等。

（3）缴纳保证金。保证金是交易者进入期货市场的“入场券”，也是保证期货市场安全正常进行的资金保证。通常由交易所规定出一个最低限额，然后由各会员单位或经纪公司根据实际情况而定。在我国期货交易中保证金通常为成交合约总金额的5%~10%。

（二）合约买卖

经纪人接到客户的订单后，应立即用电话、电传或其他方法迅速通知经纪公司驻在交易所的代表。经纪公司交易代表将收到的订单进行审单，然后打上时间印戳，送至交易大厅内的出市代表，由场内出市代表将客户的指令输入计算机进行交易。订单完成后，场内出市代表须将交易记录通知场外经纪人，并通知客户。

（三）结算

期货交易的结算是对期货交易市场各个环节进行的清算，它包括两个方面的内容：一方面是对市场的全部成交情况进行核对、登记和计算；另一方面是根据计算的结果调整保证金账户及根据账户的盈亏情况处理有关资金的清退和收缴。

（四）平仓与交割

当客户要求将期货合约平仓时，要立即通知经纪人，由经纪人用电话通知驻在交易所的交易代表，通过场内出市代表将该笔期货合约进行对冲，同时通过交易电脑进行清算，并由经纪人将对冲后的纯利或亏损报表寄给客户。

第五节 电子商务在国际贸易中的应用

21 世纪是一个以数字化、网络化和信息化为特征，以网络通信为核心的信息时代。电子商务作为信息时代的一种新的贸易形式，从根本上改变了传统商务运作的过程和方法，对社会的产生和管理、人们的生活和就业、政府职能、法律制度以及文化教育各个领域产生了巨大的影响，并且从多个方面促使人们的思想观念、思维方式和交易方式的转变，电子商务给我们这个时代带来了一场革命。

一、电子商务的概念及其特点

电子商务是指在全球各地广泛的商业贸易活动中，在因特网开放的网络环境下，基于浏览器/服务器应用方式，买卖双方不见面地进行各种商贸活动，包括商务广告、商品交易、资金支付等相关的综合服务活动的一种新型的商业运营模式。

和传统的商务模式相比，以信息和网络技术为基础的电子商务具有很多明显的特点，具体可以归纳为以下五个方面。

（一）虚拟性

电子商务是在互联网的平台上进行的。这种由数字化技术支持的互联网平台构成电子商务主体活动的一个虚拟空间。在这一虚拟空间中，商务活动中的生产者、中间商和消费者在很大程度上以数字方式进行信息交互，市场经营主体、市场经营客体以及经营活动的实现形式全部或部分地通过数字信息和网络技术的媒介转化为数字形态存在，或者通过数字和虚拟的技术展现为可视的文字、声音、图像等虚拟的动态形态。例如网上订货、网上促销、网上谈判等，为企业贸易活动开辟了新的发展形式。

（二）高效性

电子商务将传统的商务流程电子化、数字化，从而突破了时间和空间的限制，使得交易活动可以在任何时间、任何地点进行，各种相关单证在网上实现瞬间传递，大大节省了单证的传输时间，而且还能有效地减少因纸面单证中数据重复录入导致的各种错误，从而提高了工作效率。因而，无论是对大型企业还是中小企业来说，电子商务都是一种机遇。

（三）互动性

在电子商务环境中，客户不出门即可享受到各种消费和服务，通过因特网可以在更大的范围甚至是全球范围内寻找交易伙伴、选择商品。商家之间可以直接交流,谈判,签合同,消费者也可以把自己的反馈建议反映到企业或商家的网站,而企业或者商家则要根据消费者的反馈及时调查产品种类及服务品质,做到良性互动，从而为消费者和企业提供便利。电子商务的全天候、不间断运作，使全球范围内的客户随时得到所需的信息，大大提高交易的成功率。

（四）交易成本低

传统的企业开展贸易活动都必须拥有相应的基础设施，如办公用房、仓储设施、产品展示厅、销售店铺等，同时还要雇佣大量的人员实行管理，成本较高。而利用电子商务开展贸易活动的话，则在这方面的投入显然要小很多，如美国亚马逊网上书店与传统的实物书店相比，几乎找不到豪华的办公楼、宽敞的营业大厅，甚至除了少量的畅销书有部分库存外，其他绝大多数的图书品种都是在接到顾客的订单后再向各出版社订购的，几乎不占库存。可见电子商务各个方面大大降低了买卖双方的交易成本。

（五）集成性

电子商务是一种新兴产物，其中用到了大量新技术，但这些新技术的应用并非意味着原有信息系统和设备的淘汰。电子商务系统将对原有技术设备进行改造，充分利用已有信息资源和技术，从而更加高效地为企业的生产、销售和客户服务提供优质服务。电子商务的集成性，还体现在事务处理的整体性和统一性，它能规范事务处理的工作流程，将人工操作和电子信息处理集成为一个不可分割的整体。这样不仅能提高人力和物力的利用，也提高了系统运行的严密性，优化了社会资源配置。

二、电子商务在国际贸易中的应用

作为一种以电子数据交换为主要内容的全新贸易运作方式，电子商务打破了时空的限制、加快了商业周期循环，高效地利用有限资源、降低成本、提高利润，有利于增强企业的国际竞争力。电子商务正在掀起国际贸易领域里的一场新的革命。它的运用，拓展了国际贸易的空间和场所，缩短了国际贸易的距离和时间，简化了国际贸易的程序和过程，使国际贸易活动全球化、智能化、无纸化和简易化，实现了划时代的深刻变革。全球最大的在线交易市场会员组织——GTWA（全球贸易网络协会）宣布，2008 年中国电子商务市场交易额达到 24000 亿元，同比增值达到 41.2%。在新经济时代，电子商务将成为一种新的贸易壁垒，引起了国际贸易的一系列变化，不适应这个游戏规则的企业,将在竞争中被淘汰。

三、电子商务在我国国际贸易中所面临的问题

电子商务取代传统贸易方式已成为不可逆转的潮流。面对严峻的挑战，我国的企业必须加快贸易方式的转变，才能在国际竞争中占据主动。然而我国电子商务发展还存在一些问题，其主要体现在以下几个方面。

(一) 跨国界物流运输困难

实现网络贸易高度依赖于跨国界有形商品的配送基础设施。我国进出口货物的运输可由国际航空公司承担，但国内物流系统效率很低，如海运集装箱和公路集装箱的衔接缺乏统一规划。公司内部建立的物流平台规模不大且较为零散,国家有关部门应在原有基础上,整合货站，成立综合物流中心，改善配送渠道。

(二) 信息基础设施和互联网普及率低

虽然我国近年来在信息基础设施投资和建设方面取得了很大成就，但与发达国家的高投入及密如蛛网的信息高速公路相比较，中国在信息基础设施建设上明显投入不足、基础薄弱。“信息贫困化”已经成为制约中国电子商务发展的瓶颈。加快信息基础设施建设已刻不容缓。

(三) 企业缺乏电子商务人才

电子商务是信息现代化与商务的有机结合，所以能够掌握运用电子商务理论与技术的人必然是掌握现代信息技术、掌握现代商贸理论与实务的复合型人才。而一个国家、一个地区能否培养出大批这样的复合人才，就成为该国、该地区发展电子商务的最关键因素。政府应充分利用各种途径和手段培养、引进并合理使用好一批素质较高、层次合理、专业配套的网络、计算机及经营管理等方面的专业人才，以加快我国电子商务的建设步伐。

(四) 电子商务的法律法规不健全

我国虽然已在网络、信息和电子商务方面制定了相关的条例,但采用的都是部门割裂管理模式,缺乏权威的法律来全面、有效地解决争端。目前我国电子商务首先所面临的就是法律风险,它严重地制约了我国电子商务的稳定和快速发展。因此，我国外贸领域务必尽快建立必要的法律法规，以确定企业和企业间、政府和企业间、企业和消费者间、政府和政府间进行电子商务时所必需明确和遵守的法律义务和责任，并严格依法管理，规范外贸电子商务的市场秩序。尽快与国际上电子商务的政策接轨，使中国电子商务交易政策、制度规范化。

随着世界经济一体化、全球化进程加快，电子商务的应用对于扩大贸易机会、提高贸易效率、降低贸易成本、增强企业竞争力和应变能力有着不可估量的作用。世界各国、WTO和世界其他一些经济组织对电子商务的发展都极为关注。因此，探索电子商务在国际贸易中的应用有着重要的现实意义。

小 结

本章讲授了国际贸易方式中的经销、包销、代理、寄售、招投标、拍卖、租赁、对销贸易、加工贸易、期货贸易和电子商务贸易，其中包销、代理、招投标、加工贸易和期货贸易在我国应用较为广泛。在理解和掌握这些贸易方式的同时，要注意它们的性质和特点。在国际贸易中，要根据具体情况采用不同的贸易方式，在获取收益的同时注意规避贸易风险。

思考题

(1) 什么是包销和代理，有什么区别？

（2）什么是投招标，国际上的招标方式有哪几种？

（3）什么是租赁贸易，租赁贸易的种类？

（4）什么是加工贸易？

（5）比较来料加工和进料加工有哪些区别？

（6）什么是对销贸易，对销贸易的种类？

（7）简述期货交易的特点。

案例分析

（1）我国某外贸公司与法国一家公司签订独家代理合同，指定由该外贸公司在国内进行独家代理。不久，法国公司产品更新换代，并指定了另外一家企业进行独家代理，问法国公司的做法是否正确，为什么？

（2）2010 年 9 月我国 A 公司与美国一家服饰公司签订包销协议销售女装，包销期为一年，包销地点为辽宁省。为扩大企业规模，2011 年 1 月 A 公司又与美国另一家服饰公司签订男装的包销协议。问 A 公司的做法是否合理，为什么？

（3）2010 年 10 月我国某公司与美国 B 公司签订了独家代理协议，代理期限为一年，代理权行使范围为东北三省。2011 年 2 月，我方得知 B 公司与长春一家企业私下签订了销售合同，于是我方向 B 公司提出索赔要求，我方的要求是否合理，应如何解决？

技能训练

某公司决定投资一亿元，4 月 10 日开始兴建一幢现代化的工厂，预计 11 月 30 日完工，其中土建工程采用公开招标的方式选定施工单位，请你为该公司设计一个招投标流程。

各式单证样本

1. 销售合同样本

销售合同（SALE CONTRACT）

卖方: SELLER:		合同编号: NO:
地址: ADDRESS:	电传/传真: TELEX/FAX:	签约日期: DATE:
买方: BUYER:		
地址: ADDRESS:	电传/传真: TELEX/FAX:	签约地点: SIGN AT:

兹经买卖双方同意，成交下列商品，订立条款如下：

The undersogned buyers and sellers have agreed to closr the following transactions according to the terms and conditions stipulated below.

品名及规格 Commodity & Specification	数量 Quantity	单价及价格条款 Unit Price & Trade Terms	金额 Amount

数量及总值均允许增加或减少__%，由卖方决定。

With__percent more or less both in the amount and quantity of the S/C allowed.

总金额:

Total Value:

包装:

Packing:

唛头:

Shipping Marks:

装运期及运输方式

Time of Shipment & means of Transportation:

装运港及目的地:

Port of Loading & Destination:

保险:

Insurance:

付款方式:

Terms of Payment:

一般条款:（请参见合同背面）

General terms and conditions:（Please see overleaf）

买方签字 The signature of Buyers	卖方签字 The signature of Sellers

2. 发票

发　票

INVOICE

To:

合约第　　　号

S/C No.

发票第　　　号

INV No.

日期

DATE

信用证第　　号

L/C No.

下列商品自　　　　　　　　　　运至

Undermentioned Goods from　　　　　　　　　　to

唛头号码 Marks&Numbers	数量与品名 Quantities and Description	单价 Unit Price	金额 Amount

3. 跟单信用证项下汇票

BILL　OF　EXCHANGE

凭　　　　　　　　信用证　　　　　　　　日期

Drawn under__________　L/C NO.__________　Date __________

支取　　　　按　　　　息　　　　号码

Payable with Interest @__________ % __________　NO. __________

汇票金额　　　　　　　　上海

Exchange for　　　　　　　　Shanghai

见票　　　　日后（本汇票之副本未付）

At__________sight of this FIRST of Exchange（Second of Exchange being unpaid）

付交

Pay to the Order of ______________________________________

金额

the Sum of

致:

To:_______________

____

4. 海运提单

BILL OF LOADING

<table>
<tr><td colspan="2">SHIPPER</td><td colspan="4" rowspan="4">B/L NO.

中国远洋运输（集团）总公司
CHINA OCEAN SHIPPING(GROUP)CO.
CABLE:COSCO BEIJING
TEL:210740 CPC CN

ORINGINAL

COMBINED TRANSPORT BILL OF LOADING</td></tr>
<tr><td colspan="2">CONSIGNEE</td></tr>
<tr><td colspan="2">NOTIFY PARTY</td></tr>
<tr><td>PLACE OF RECEIPT

VOYAGE NO.

PORT OF DISCHARGE</td><td>OCEAN VESSEL

PORT OF LOADING

PLACE OF DELIVERY</td></tr>
<tr><td>MARKS&NOS</td><td>NOS.&KINDS OF PKGS</td><td colspan="2">DESCRIPTION OF GOODS</td><td>G.W.(kg)</td><td>MEAS(m^3)</td></tr>
<tr><td></td><td></td><td colspan="2"></td><td></td><td></td></tr>
<tr><td colspan="6">TOTAL UNMBER OF CONTAINERS
OR PACKAGES(IN WBORDS)</td></tr>
<tr><td>FREIGHT&CHARGES</td><td>REVENUE TONS</td><td>RATE</td><td>PER</td><td>PREPAID</td><td>COLLECT</td></tr>
<tr><td>PREPAID AT</td><td colspan="2">PAYABLE AT</td><td colspan="3" rowspan="4">PLACE AND DATE OF ISSUE</td></tr>
<tr><td>TOTAL PREPAID</td><td colspan="2">NUMBER OF ORIGINAL B(s)L</td></tr>
<tr><td colspan="3">LOADING ON BOARD THE VESSEL</td></tr>
<tr><td>DATE</td><td colspan="2">BY</td></tr>
</table>

5. 保险单

中国人民保险公司
THE PEOPLE'S INSURANCE COMPANY OF CHINA
总公司设于北京　　　一九四九年创立
Head Office:BEIJING　　Established in 1949
保 险 单
INSURANCE POLICY

发票号码　　　　　　　　保险单号次
Invoice No.　　　　　　　　Policy No.

中国人民保险公司（以下简称本公司）
This policy of Insurance witnesses that the People's Insurance Company of China（hereinafter called "The Company"）
根据
at the request of
（以下简称被保险人）的要求，由被保险人向本公司缴付约定的保险费，按照本保险单承担险别和背面所载条款与下列特别条款承保下列货物运输保险，特签发本保险单。
（hereinafter called "the Insured"） and in consideration of the agreed premium paid to Company by the Insured, undertakes to insure the undermentioned goods in transportation subject to conditions of the Policy as per the Clauses printed overleaf and other special clauses attached hereon.

标记 Marks & Nos.	包装及数量 Package & Quantity	保险货物项目 Description of Goods	保险金额 Amount Insured

总保险金额
Total Amount Insured:

保费 Premium	费率 Rate	装载运输工具 conveyance S.S
开航日期 Sig. on or abt	自 From	至 To

承保险别
Conditions

所保货物，如遇出险，本公司凭本保险单及其他有关证件给付赔款。所保货物，如发生本保险单项下负责赔偿的损失或事故，应立即通知本公司下述代理人查勘。
Claims,if any,payable on, surrender of this policy together with other relevant documents.In the event of accident whereby loss or damage may result in claim under this Policy immediate notice applying for survey must be given to the Company's Agent as mentioned hereunder.

赔款偿付地点
Claim payable at
日期
Date

中国人民保险公司
THE PEOPLE'S INSURANCE CO. OF CHINA

General Manager

6. 报关单

中华人民共和国海关出口货物报关单

预录入编号：　　　　　　　　　　　　海关编号：

出口口岸		备案号	出口日期		申报日期
I					
经营单位		运输方式	运输工具名称		提运单号
发货单位		贸易方式	征免性质		结汇方式
许可证号		运抵国（地区）	装运港		境内货源地
批准文号		成交方式	运费	保费	杂费
合同协议号		件数	包装种类	毛重（公斤）	净重（公斤）
F01LCB05127					
集装箱号		随附单据		生产厂家	

标记号码及备注

项号	商品编号	商品名称 规格型号	数量及单位	最终目的国 （地区）单价	总价	币制	征免

税费征收情况

录入员	录入单位	兹声明以上申报无讹 并承担法律责任	海关审单批注及放行日期（签章）
报关员申报单位（签章）			审单审价
			征税统计
单位地址			
邮编电话填制日期			查验放行

7. 出境报检单

中华人民共和国出入境检验检疫

出境货物报检单

报检单位　（加盖公章）：　　　　　　　　　　　　*编号

报检单位登记号：　　　　联系人：　　电话：　　报检日期：　　年　月　日

发货人	（中文）	
	（外文）	
收货人	（中文）	
	（外文）	

货物名称（中/外文）	H.S.编码	产地	数/重量	货物总值	包装种类及数量

运输工具名称号码		贸易方式		货物存放地点	
合同号		信用证号		用途	
发货日期		输往国家（地区）		许可证 / 审批号	
启运地		到达口岸		生产单位注册号	
集装箱规格、数量及号					

合同、信用证订立的检验检疫	标 记 及 号 码	随附单据（划“✓”或补填）	
		□合同 □信用证 □发票 □换证凭单 □装箱单 □厂检单	□包装性能结果单 □许可/审批文件 □ □ □

需要证单名称（划“✓”或补填）				*检验检疫费	
□品质证书	__正__副	□植物检疫证书		总金额（人民币元）	
□重量证书	__正__副	□熏蒸/消毒证书	__正__副		
□数量证书	__正__副	□出境货物换证凭单	__正__副	计费人	
□兽医卫生证书	__正__副	□	__正__副	收费人	
□健康证书	正　副	□			

报检人郑重声明：	领 取 证 单	
1. 本人被授权报检。 2. 上列填写内容正确属实，货物无伪造或冒用他人的厂名、标志、认证标志，并承担货物质量责任。 签名：＿＿＿＿＿＿	日期	
	签名	

注：有“*”号栏由出入境检验检疫机关填写　　　　◆国家出入境检验检疫局制

参考文献

1．黎孝先，石玉川主编．国际贸易实务［M］．北京：对外经济贸易大学出版社，2008．
2．吴百福．进出口贸易实务教程［M］．上海：上海人民出版社，2003．
3．顾民．最新信用证（UCP600）操作指南［M］．北京：对外经济贸易出版社，2007．
4．博斌，袁晓娜．国际贸易实务与案例［M］．北京：清华大学出版社，2007．
5．陈国武．新编进出口业务 300 题［M］．北京：中国商务出版社，2004．
6．冯静．国际贸易实务教程［M］．北京：北京大学出版社，2010．
7．安徽．国际贸易实务教程［M］．北京：北京大学出版社，2009．
8．彭福永．国际贸易实务教程［M］．上海：上海财经大学出版社，2009．
9．闫红珍．国际贸易实务［M］．北京：科学出版社，2009．
10．童宏祥，张蓓，胡娜．进出口贸易业务——模拟实训与操作指南［M］．上海：上海财经大学出版社，2008．